# AMA VITAM

## ZEIG MIR, WIE MAN L(I)EBT

JESSICA MARTIN

MAIN Verlag

Printausgabe, erschienen Dezember 2017

1. Auflage

ISBN: 978-3-95949-185-3



www.main-verlag.de

www.facebook.com/MAIN.Verlag

order@main-verlag.de

Texte © Jessica Martin

Umschlaggestaltung: Cover Design by Chris

Umschlagmotiv: Shutterstock 767571682

Druck: Print Group Sp. z o.o., Szczecin



Bibliografische Information der Deutschen Nationalbibliothek:

Die Deutsche Nationalbibliothek verzeichnet diese Publikation in der Deutschen Nationalbibliografie; detaillierte bibliografische Daten sind im Internet über http://dnb.d-nb.de abrufbar.

# ERSTES KAPITEL

»Gary, bist du das?«

Bitte, jeder, nur nicht *er*! Gary schloss kurz die Augen, öffnete sie wieder und sah auf. Er war es tatsächlich. Der wahrscheinlich attraktivste, sexyeste und atemberaubendste Mann der nördlichen Hemisphäre stand vor ihm und sah ihn aufmerksam an. »Hallo, Jasper.«

»Hey. Was machst du hier? Geht's dir gut?«, wollte dieser wissen und hockte sich zu ihm.

»Alles bestens, ich warte nur auf Erik und Finn.« Gary zuckte mit den Schultern, um gelassen zu wirken. Die Tatsache, dass er neben zwei großen Reisetaschen sowie einem Rucksack auf dem Fußweg vor dem Hauseingang ihrer beider Freunde saß, ruinierte wahrscheinlich diesen Eindruck.

Jasper zog die Augenbrauen zusammen und sah ihn verdutzt an. »Die beiden sind gestern nach Italien geflogen.«

»Oh verdammt!« Daran hatte er überhaupt nicht gedacht. Seine Freunde wollten Weihnachten bei Finns Großmutter verbringen und würden erst in fünf Wochen, also Mitte Januar wiederkommen. »Shit!«, fluchte er, während er sich aufrappelte und nach seinen Taschen griff.

Jasper hielt ihn am Arm fest. »Warte mal. Was ist denn passiert?«

Gary vermied jeglichen Blickkontakt und sah stattdessen auf seine Taschen. »Nichts, alles bestens!«, log er. »Ich hab nur nicht daran gedacht, dass sie gestern schon geflogen sind.«

»Wolltest du bei ihnen übernachten?«, bohrte Jasper weiter.

Resigniert schloss Gary die Augen. »Ja, so in etwa. Aber ist nicht so wild, ich gehe einfach ins Hotel.« Nur dass er sich keines leisten konnte.

»Okay, ich frage noch mal: Was ist passiert? Sieht ganz so aus, als musstest du aus deiner Wohnung raus.« Jasper deutete auf Garys Habseligkeiten.

Er schluckte. »Ja, ähm … vorübergehend. Es gab ein Problem mit … der Gasleitung.«

»Und du erwartest sicher, dass ich dir das glaube.« Jaspers Stimme triefte nur so vor Sarkasmus.

Gary sah auf und blickte in zwei leuchtend grüne Augen, die ihn neugierig musterten. »Nein, aber es wäre nett, wenn du so tun könntest«, seufzte er resigniert.

»Ich mache dir einen besseren Vorschlag: du kommst erst mal mit rüber zu mir und dann erzählst du mir die wahre Geschichte.«

Bevor er protestieren konnte, griff Jasper nach einer seiner Taschen und lief über die Straße. Eilig schnappte Gary sich den Rucksack und die andere Tasche und rannte hinterher. Als er bei Jasper ankam, hielt dieser ihm bereits die Haustür auf. Zögerlich folgte er ihm in den Hausflur und die Treppen zur Hochparterre hinauf. Sie blieben stehen, während Jasper die erste Tür auf der linken Seite aufschloss.

Gary war noch nie in Jaspers Wohnung gewesen. Zwar waren seine besten Freunde auch Jaspers beste Freunde, das hieß jedoch nicht, dass sie beide sich ebenfalls nahestanden. Sie verstanden sich, keine Frage. Verbrachten hin und wieder das Wochenende mit Finn und Erik und hatten im *Heaven* auch schon miteinander getanzt, doch sie waren noch nie allein gewesen.

Das hatte Gary auch immer tunlichst vermieden, denn jedes Mal, wenn sie sich sahen, schien sein Verstand auszusetzen. Er schluckte, als er in die Wohnung trat, und sah sich unsicher in dem schmalen, langen Flur um. Ein kleiner Schuhschrank an der linken Seite sowie ein paar Haken daneben waren alles, wofür Platz war.

»Möchtest du etwas essen oder trinken?«, fragte Jasper freundlich, als sie die Taschen abgestellt hatten und er sich die Schuhe auszog.

Gary streifte sich ebenfalls die Stiefel ab, schließlich wollte er die fremde Wohnung nicht beschmutzen. »Ein Glas Wasser? Und kann ich vielleicht kurz in dein Bad?« Wenn er nun schon hier war, konnte er die Gelegenheit auch nutzen; wer wusste schon, wann die nächste käme.

»Sicher. Gleich hier vorn.« Jasper deutete auf die Tür links von sich. »Ich warte in der Küche«, fügte er hinzu, bevor er durch die gegenüberliegende Tür schlüpfte.

Sobald Gary die Badtür hinter sich geschlossen hatte, fischte Jasper sein Handy aus der Hosentasche und wählte die Nummer seines besten Freundes.

»Beer?«, ging dieser nach dem fünften Klingeln endlich ran.

»Ich bin's.«

»Jasper? Warum flüsterst du? Ich kann dich kaum verstehen«, sagte Finn.

»Gary ist hier, bei mir zu Hause«, erklärte er leise. »Er ist im Bad und ich glaube, dass etwas passiert ist.«

»Was soll ihm denn in deinem Bad passiert sein?«

Jasper verdrehte die Augen, auch wenn Finn das natürlich nicht sehen konnte. »Doch nicht im Bad. Generell. Ich habe ihn vor eurer Haustür aufgelesen. Er hat zwei Reisetaschen und einen Rucksack dabei«, erzählte er eilig, da er nicht wusste, wie lange er Zeit hatte. »Er wollte bei euch übernachten, hat aber vergessen, dass ihr nicht zu Hause seid. Ich konnte ihn da nicht sitzen lassen. Was mache ich denn jetzt?«

»Warum hat er Reisetaschen dabei?«

»Das weiß ich noch nicht«, antwortete Jasper flüsternd.

»Dann solltest du das als Erstes rausfinden.«

Er schnaubte. »Ja danke, das weiß ich auch. Verdammt, was mache ich denn jetzt? Er ist in meinem Badezimmer! Ich weiß nicht mal, wann ich da drin das letzte Mal geputzt habe!«

Finn lachte. »Das kannst du jetzt auch nicht mehr ändern. Bleib locker, Jasper.«

Wie sollte er locker bleiben, wenn sich gerade der Grund seiner feuchten Träume zwei Räume weiter in seiner Wohnung aufhielt? »Verdammt, ich muss auflegen.«

»Ruhig bleiben, Jasper, er weiß nicht, dass du dich in ihn verguckt hast«, erinnerte Finn ihn amüsiert.

Vielleicht sollte einer das mal seinem Magen sagen, in dem es gerade ordentlich zur Sache ging. »Ja, ja, du hast recht. Ich rufe wieder an.« Er schaffte es gerade noch, das Handy in die Tasche zurückzustecken, bevor Gary ins

Zimmer trat. Jasper kam nicht umhin zu bemerken, dass sein Gast müde aussah und es war offensichtlich, dass er nicht freiwillig auf der Straße unterwegs war.

»Hey, ähm ... danke, dass ich dein Bad benutzen durfte. Ich will dich wirklich nicht stören«, sagte Gary und ließ den Blick nervös durchs Zimmer schweifen.

»Ach, du störst doch nicht«, entgegnete Jasper und lief an der Theke vorbei in den angrenzenden offenen Küchenbereich. »Was möchtest du trinken? Immer noch Wasser? Ich hätte auch noch Milch, Saft und Cola«, zählte er auf, was er dahatte, während er zwei Gläser aus dem Schrank über der Spüle nahm. Für Bier war es wohl noch etwas zu früh.

»Wasser ist okay«, antwortete sein Gast und folgte ihm.

Als er ihm das Glas reichte, bemerkte er, dass Gary zitterte und musterte ihn genauer. Er war blass, sah nicht nur müde, sondern fertig aus. Eventuell war er nicht erst seit ein paar Stunden unterwegs gewesen. Seine Hose war zudem durchnässt und fleckig, wahrscheinlich vom Sitzen auf dem feuchten Asphalt.

»Setz dich doch erst mal.« Jasper deutete auf die Couch. »Ist dir kalt?« Er lief zur Heizung, um sie weiter aufzudrehen. Es war zwar ein milder Wintertag, doch wer wusste schon, wie lange Gary dort auf dem Fußweg gesessen hatte. Als er sich zu ihm umdrehte, stand dieser unschlüssig vor dem Sofa und sah an sich hinunter. Offensichtlich hatte er Angst, sich mit der schmutzigen Hose auf die Polster zu setzen. Jasper zog ihm einen Stuhl von der Küchentheke heran, auf den sein Gast sich mit rotem Kopf fallen ließ, und setzte sich dann selbst auf den anderen. Eine Weile schwiegen sie.

»Hast du einen Schlüssel zu Eriks und Finns Wohnung? Ich dachte, ich rufe sie vielleicht an und frage, ob ich so lange ihre Wohnung sitten kann, bis sie wieder da sind«, unterbrach Gary plötzlich die Stille.

»Nein, ich habe keinen Schlüssel, nur für den Briefkasten. Alex schaut in der Wohnung ab und an nach dem Rechten, soweit ich weiß«, erklärte Jasper wahrheitsgemäß. Es war die sinnvollere Wahl gewesen, da er selbst die meiste Zeit unterwegs und nur unregelmäßig zu Hause war, während Alex, ihr Chef, seine Büroräume direkt unter Finns und Eriks Wohnung hatte.

Garys Schultern sackten nach vorne, als er den Kopf hängen ließ.

»Warum musstest du wirklich aus deiner Wohnung?«, wagte Jasper sich vor.

»Ich möchte eigentlich nicht so gern darüber reden«, sagte Gary leise.

Jasper seufzte. »Kann ich dir dann sonst irgendwie helfen? Dich vielleicht irgendwo hinfahren?«

Sein Gegenüber zuckte mit den Schultern. »Ich glaube nicht.«

»Hast du noch andere Freunde, bei denen du unterkommen kannst? Oder bei deinen Eltern?«, fragte er weiter.

Gary schüttelte den Kopf. Gerade sah er bedeutend jünger als dreiunddreißig aus, wie er da auf seinem Stuhl kauerte.

»Na gut. Du kannst natürlich über Nacht bleiben, oder auch länger, bis du etwas anderes gefunden hast«, bot Jasper an. Er tat es nicht, weil er ihn in sein Bett kriegen wollte, sondern weil Gary offensichtlich dringend Hilfe brauchte.

Endlich sah dieser ihn an und seine Augen leuchteten zum ersten Mal hoffnungsvoll. »Wirklich? Ich … ich meine, ich würde nicht lange bleiben, eine Nacht, höchstens zwei.«

Jasper lächelte und wieder errötete sein Gast. »Solange

du willst. *Mi casa es su casa*, würde Finn jetzt bestimmt sagen, Erik mittlerweile wahrscheinlich auch.«

Gary lachte leise. »Nein, würden sie nicht. Das ist Spanisch.«

»Echt?«, fragte er mittelmäßig blamiert. »Na gut, dann eben das italienische Pendant dazu.«

»*La mia casa è la tua casa*", sagte Gary lächelnd.

Jasper hob überrascht die Augenbrauen, dann fiel ihm ein, dass Gary ja ebenfalls Italienisch sprach, auch wenn er es nicht so oft tat wie Finn und Erik und bei denen wollte er lieber nicht wissen, was sie sich so erzählten, das er nicht verstehen sollte. »Hattest du heute keinen Unterricht?«, fragte er, um so vielleicht etwas über Garys derzeitige Situation herauszufinden.

Gary war Lehrer an einem der Gymnasien in der Stadt und unterrichte Geschichte, Englisch und Italienisch, soweit er wusste. Jasper war sich sicher, dass sein Bruder noch diese und nächste Woche in die Schule musste, bevor die Weihnachtsferien anfingen, doch Gary sah nicht so aus, als hätte er heute unterrichtet.

»Ähm … nein«, stotterte der und betrachtete ausgiebig den Teppich. »Mir wurde fristlos gekündigt«, setzte er kaum hörbar hinzu. »Oder jedenfalls so ähnlich.«

»Oh, das tut mir leid.« Jasper beugte sich ein Stück vor und legte seine Hand vorsichtig auf Garys Knie, drückte es kurz, bevor er sie wieder wegnahm. »Darf ich fragen, warum?«

Sein Gast schluckte. »Ich habe am Domgymnasium unterrichtet. Eine katholische Schule.«

»Ja, ich weiß, mein Bruder Lennard geht dort in die achte Klasse.«

Gary sah überrascht auf. »Lennard Glaeser ist dein Bruder?«

»Ja«, bestätigte Jasper und wunderte sich mal wieder,

wie wenig sie übereinander wussten, obwohl sie sich nun schon eine ganze Weile kannten.

»Oh, das wusste ich gar nicht. Netter Junge.« Gary lächelte. »Und ein ziemlicher Altersunterschied.«

Jetzt musste Jasper lachen. »Allerdings, gut siebzehn Jahre. Er war eine Überraschung für uns alle. Meine Mutter dachte, sie sei schon in der Menopause und hätte etwas zugenommen, bis der Kleine mit den ersten Tritten auf sich aufmerksam gemacht hat.«

»Gruselig«, meinte Gary.

»Ja, wahrscheinlich. Aber zurück zum eigentlichen Thema. Warum haben sie dich fristlos entlassen?«, hakte er nach.

Gary seufzte. »Weil sie erfahren haben, dass ich auf Männer stehe.«

»Okay. Das passt wahrscheinlich wirklich nicht zusammen. Ich weiß, dass Lenni wegen mir von einigen Schülern und auch Lehrern schikaniert wurde, aber das hat sich gelegt«, erzählte er, dann sah er Gary, wie er hoffte, aufmunternd an. »Ich könnte jetzt noch ein paarmal warum dies, warum das fragen, aber vielleicht können wir das doch abkürzen, indem du mir einfach die ganze Geschichte erzählst.«

Gary schluckte und schloss die Augen. »Also gut.« Er schluckte wieder und begann die Hände in seinem Schoß zu kneten. »Ich bin heute Morgen in den Klassenraum gekommen und statt meiner Neunten wartete darin der Schulleiter. Er bat mich, mit in sein Büro zu kommen. Dort fragte er, ob ich schwul sei und als ich wissen wollte, wie er darauf käme, erklärte mir mein Chef, dass er einen Hinweis bekommen hätte, dass ich nicht nur auf Männer stünde, sondern obendrein noch jedes Wochenende mit einem anderen schlafen würde. Tja, was sollte ich dazu sagen? Selbst wenn es nicht stimmen würde, hätte er mir nicht geglaubt. Ich wusste ja, dass ich nicht ewig an der Schule bleiben würde, sondern wollte nur ein paar Jahre Berufserfahrung sammeln und mich dann an anderen Schulen bewerben. An Schulen, wo es egal ist, mit wem ich ins Bett gehe«, ratterte er runter. »Er hat mir das unschlagbare Angebot gemacht, gleich zu gehen, ohne Aufsehen zu erregen. Meine Kündigung und Beurlaubung hatte er netterweise schon vorbereitet, sodass ich nur noch unterschreiben musste. Ich war so überrascht und keine Ahnung … Jedenfalls hab ich unterschrieben, meine Sachen gepackt und bin nach Hause gefahren.«

Als Gary schwieg, legte Jasper ihm erneut die Hand aufs Knie, drückte es sanft. Offensichtlich wollte sein Gast nicht erzählen, was seitdem passiert war und wieso er auf der Straße gesessen hatte. Das war okay und er würde dies respektieren. »Hat er gesagt, wer ihm den Hinweis gegeben hat?«, fragte er stattdessen.

»Nein, aber ich weiß, wer es war«, entgegnete Gary fast schon trotzig.

Jasper sah ihn gespannt an. »Und wer?«

»Meine Ehefrau.«

Jasper war sich sicher, sich verhört zu haben. »Deine was?« Er zog seine Hand zurück und starrte ihn perplex an.

»Meine Ehefrau. Gattin, Angetraute, Hexe, Miststück, Verräterin, wie immer du sie nennen willst.«

»Du bist verheiratet?«

Gary seufzte. »Seit sechs Jahren.«

»Warum?« Jasper fühlte sich, als hätte ihm jemand den Boden unter den Füßen weggezogen. Der Mann, in den er seit mittlerweile zwei Jahren unsterblich verliebt war, war plötzlich verheiratet, arbeitslos und noch dazu offensichtlich gerade obdachlos.

»Warum ich verheiratet bin oder warum das Miststück

mich hintergangen hat?«, fragte Gary und sah ihm zum ersten Mal fest in die Augen.

»Ähm … beides.«

Er atmete tief durch. »Es ist eine Zweckehe. Sie brauchte einen Fake-Ehemann, um ihrer Familie vorzuspielen, dass sie ein sittsames Leben führt. Trotzdem wollte sie sich natürlich weiterhin durch die Stadt vögeln. Ich dagegen brauchte eine Ehefrau, um einen Job zu bekommen. Schwule haben es nicht gerade leicht, eine Anstellung als Lehrer zu finden, noch dazu frisch von der Uni, und unterrichten ist alles, was ich immer wollte. Wir wussten beide, worauf wir uns einlassen und eigentlich haben wir uns super verstanden. Sie hatte ihre Typen, ich meine, und wenn nötig, sind wir als Paar aufgetreten. Wir waren immer gute Freunde.«

»Aber … warum hat sie das dann getan?«, fragte Jasper noch immer völlig baff.

»Vor einer Woche kam ich nach Hause und sie eröffnete mir, dass sie schwanger ist. Ich habe ihr gesagt, dass sie das wohl eher dem Kindesvater sagen sollte. Sie meinte, sie wisse nicht, wer es sei und dass ich, als ihr Ehemann, automatisch der Vater wäre. Ich habe sie wirklich gern, aber ich bin kein Vater, wollte nie einer sein, schon gar nicht von einem fremden Kind. Himmel, ich habe in meinem Leben nie mit einer Frau geschlafen! Als ich versucht habe, ihr zu erklären, dass das so nicht funktioniert, wurde sie wütend, meinte, ich solle mir überlegen, was das eventuell für meine Karriere bedeuten könnte. Ich habe sie nicht ernst genommen. Ein Fehler, wie sich gezeigt hat.«

»Verfluchte Scheiße«, entfuhr es Jasper.

»Kann man wohl sagen.« Gary lacht trocken auf. »Aber das Beste kommt erst noch. Als ich heute früh mit einer Kiste voll Bürokram nach Hause kam, um meine Angetraute zur Rede zu stellen, stand eine Tasche Klamotten vor der Tür und mein Schlüssel passte nicht mehr. Also rief ich den Schlüsseldienst, damit der mich in meine eigene Wohnung lässt, was mich mein letztes Bargeld gekostet hat. Doreen war jedoch da, versteckte sich hinter zwei gefährlich aussehenden Typen und erklärte mir, dass sie mich gewarnt hätte und sollte ich nicht auf der Stelle ihre Wohnung verlassen, würden ihre Freunde mir dabei behilflich sein. Also habe ich die wichtigsten Unterlagen, meinen Laptop und die gepackte Tasche genommen und bin zum nächsten Geldautomaten gegangen, nur um festzustellen, dass meine EC-Karte nicht in meinem Portemonnaie war. Als ich in die Bank rein bin, habe ich erfahren, dass mein Konto leer ist.«

Jasper stand vor Entsetzen der Mund offen. »Oh Mann, Gary.« Was für eine beschissene Situation.

Sein Gegenüber zuckte mit den Schultern. »Mein nächstes Gehalt kriege ich erst Ende des Monats und ich wette, dass Doreen es sich schneller unter den Nagel reißt, als ich in der Bank bin.«

»Eröffne ein neues Konto und lass es dahin überweisen«, schlug Jasper sofort vor.

»Ja, das habe ich auch schon überlegt, aber wenn ich so und noch dazu mit meinen Taschen, die ich ja schlecht irgendwo stehen lassen kann, in eine Bank laufe, werden die sicher sehr begeistert sein, ein Konto für mich eröffnen zu dürfen. Die Blamage wollte ich mir ersparen.«

Mit geschlossenen Augen, hängenden Schultern und leichtem Kopfschütteln saß er vor ihm und Jasper hatte das dringende Bedürfnis, ihm zu versichern, dass alles wieder gut werden würde, aber er vermutete, dass Gary ihm nicht glauben würde. Stattdessen stand er auf und zog ihn auf die Beine.

»Wie wäre es, wenn du erst mal duschen gehst, während ich dir das Gästezimmer zurechtmache? Dann können wir einen Happen essen«, bot er an. »Ich komme gerade von einem Auftrag und würde mich dann selbst hinlegen wollen.« Wenn er es richtig verstanden hatte, war Gary seit dem Morgen unterwegs gewesen. Jetzt war es kurz nach 19 Uhr und er war sicher hungrig.

Sein Gast starrte ihn mit großen Augen an. »Nur, wenn es wirklich keine Umstände macht.«

»Unsinn!«, versicherte Jasper und schob ihn in den Flur.

Nach einem leichten Abendessen und einer schlaflosen Nacht sah Gary sich in Jaspers Gästezimmer um. Ein paar Poster verschiedener, bei den Jugendlichen derzeit angesagter Bands hingen an den Wänden. In der Ecke neben dem Fenster stand ein Schreibtisch, der über und über mit Bauteilen eines Modellautos sowie verschiedenen Farbtöpfchen, Pinseln und kleinen Tuben Klebstoff übersät war.

Eine weiße Kommode, dekoriert mit vielen Fotos, stand an der dem Bett gegenüberliegenden Wand. Er kroch unter der Decke hervor und nahm eines der Bilder, die Jasper und seinen Bruder zeigten, die in die Kamera grinsten. Mal nur die zwei, mal mit ihren Eltern. Manche davon waren Urlaubsbilder, eines zeigte die beiden unter dem Weihnachtsbaum, ein anderes einen jungen Jasper mit Baby im Arm. Eine glückliche Familie, wie sie im Buche stand.

Ein Klopfen an der Tür hielt ihn davon ab, in Selbstmitleid zu verfallen. »Gary, bist du wach?«

»Ja, ich komme gleich«, antwortete er und stellte schnell das Bild auf den Schrank zurück.

Ein leises Lachen drang durch die Tür. »Lass dir Zeit.«

Er spürte, dass er rot wurde und grinste zum ersten Mal seit vierundzwanzig Stunden, während er in seine letzte saubere Jeans stieg. Sein Herz von Frau hatte ihm eine bunte Mischung aus getragener und frischer Kleidung wahllos in die Tasche gestopft. Er hatte bisher drei Boxershorts, dafür zehn T-Shirts, alle bis auf eines benutzt, drei Jeans, allerdings nur zwei Paar Socken – ebenfalls ungewaschen – gefunden. Keine Pullover, keine Unterhemden, nichts, das warmhielt, was sicher kein Zufall war.

»Guten Morgen.« Er trat ins Wohnzimmer, das an die offene Wohnküche grenzte, und fand Jasper an der Kaffeemaschine. »Ich, ähm … Doreen hat mir hauptsächlich schmutzige Kleidung eingepackt, da dachte ich, also wenn es dir nichts ausmacht natürlich nur, wollte ich fragen, ob ich vielleicht deine Waschmaschine benutzen kann«, wagte er sich stotternd vor. Es sah ihm sonst nicht ähnlich, so schüchtern zu sein. Sobald er sich aber mit Jasper in einem Raum aufhielt, ließ seine Intelligenz ihn regelmäßig im Stich, was sonst nicht aufgefallen war, da sie nie allein gewesen waren.

Jasper schenkte ihm eines dieser Lächeln, die seine Knie weich werden ließen. »Sicher. Tu dir keinen Zwang an! Konntest du schlafen?«

»Ja, war okay«, log er. »Und danke!« Er ging ins Gästezimmer zurück und sammelte die wichtigsten Kleidungsstücke zusammen, die er in den nächsten Tagen brauchen würde. Er hatte noch genau sieben Euro fünfzehn im Portemonnaie und brauchte dringend einige Toilettenartikel, von denen seine Frau ihm natürlich keine eingepackt hatte, nicht mal eine Zahnbürste. In der Hektik gestern Vormittag hatte er selbst nicht daran gedacht. Außerdem war er davon ausgegangen, noch mehr als ein paar Münzen zu besitzen.

Auf dem Weg ins Bad traf er Jasper. »Ich habe noch

eine frisch verpackte Zahnbürste und Rasierklingen gefunden und wenn du sonst was brauchst, bedienst du dich einfach, okay?«

»Kannst du Gedanken lesen?«, fragte Gary erleichtert.

»Vielleicht.« Jasper lächelte geheimnisvoll und ging an ihm vorbei Richtung Küche.

Nachdem er die Waschmaschine angestellt, seine Zähne geputzt und sich rasiert hatte, folgte Gary seinem Gastgeber, der am Fenster stand und telefonierte. Er blieb in der Tür stehen und betrachtete den hauptberuflichen Personenschützer einen Moment.

Jasper trug eine blaue Jeans und ein schwarzes, verboten enges T-Shirt. Er war ein Stück größer als Gary, hatte breite Schultern, einen flachen Bauch, eine breite Brust und unglaublich muskulöse und sexy Oberarme. Seine kurzen schwarzen Haare waren vom Schlafen zerzaust und ein dunkler Bartschatten umgab sein Kinn.

»Ja, davon habe ich gehört«, brummte er ins Handy. »Das verstehe ich, aber Lenni, das geht nicht, nicht mitten im Schuljahr, das weißt du. Was sagen Mama und Papa denn dazu?«, fuhr er fort.

Gary räusperte sich, um auf sich aufmerksam zu machen, und trat in den Raum.

Jasper sah sich zu ihm um und deutete auf die Kaffeemaschine. »Nein, heut ist es schlecht, Kleiner. Natürlich nicht. Entschuldige, Zwerg.« Er lachte. »Nun los, ab zum Unterricht, und sag Mama, dass ich morgen Vormittag vorbeikomme.«

Gary goss sich Kaffee in die bereitstehende Tasse und sah sich nach Milch um.

Jasper schien seine Gedanken wieder zu lesen, denn er war schon am Kühlschrank und reichte ihm eine Flasche frische Vollmilch. Dann seufzte er. »Ja, ich weiß. Ich rede mit den beiden, okay? Na klar, immer. Bis morgen«, verabschiedete er sich schließlich von seinem Bruder.

Als er aufgelegt hatte, nahm er seine Tasse, füllte Kaffee nach und lehnte sich Gary gegenüber an den Tresen, der Wohnbereich und Küche voneinander trennte. »Dein unfreiwilliger Weggang macht bereits die Runde unter den Schülern«, erzählte er, woraufhin Gary resigniert die Augen schloss. »Mein Bruder meinte, es gibt verschiedene Theorien. In einer davon warst du ein geheimer Spion eines der anderen Gymnasien, aber daran glauben wohl nur die Fünft- und Sechstklässler.«

Gary sah ungläubig auf. »Und was glauben die oberen Stufen?«

»Es gibt ein paar Theorien, die der Wahrheit schon recht nahekommen, aber keine davon trifft es. Allerdings wurde wohl von Seiten der Lehrer verstärkt über Homosexualität, Sittenhaftigkeit und was sie sonst so zu diesem Thema lehren gesprochen. Selbst im Sportunterricht hatten sie eine Unterrichtseinheit zu unsittlichem Verhalten dem gleichen Geschlecht gegenüber, vor allem in den Umkleidekabinen.«

»Oh Mann«, stöhnte Gary und lehnte seinen Kopf gegen den Hängeschrank hinter ihm. »Dein Bruder hatte also gestern keinen leichten Tag, nehme ich an?«

»Nein, ganz und gar nicht. Aber er ist nicht der Einzige. Eine Mitschülerin hat eine lesbische Schwester und ein jüngeres Mädel einen schwulen Vater. Ein bisschen bin ich dankbar dafür, dass er da nicht allein durchmuss«, gab Jasper zu.

»Es tut mir so leid!«, versicherte Gary ernst.

»Nein!«, fuhr Jasper ihn an. »Die anderen Lehrer sind es, die sich entschuldigen müssten, nicht du!« Er sah ihn durchdringend an, dann wurden seine Gesichtszüge weicher. »Frühstück?«

»Ich möchte dir wirklich keine Umstände machen«, antwortete Gary zögerlich, doch sein knurrender Magen verriet ihn.

Jasper lachte und bedeutete ihm, sich an die Küchentheke zu setzen, was er schließlich ergeben tat. Dennoch fühlte er sich unwohl in Jaspers Gegenwart. Und das nicht nur, weil sein Herz unwillkürlich in einem fast schon beängstigenden Tempo schlug und er ununterbrochen nervös war, sobald er sich in Jaspers Nähe aufhielt. Auch die Tatsache, dass er vor ihm nicht als mittel- sowie obdachloser Versager, der er ganz eindeutig gerade war, dastehen wollte, trug nicht dazu bei, dass er wenigstens halbwegs so selbstsicher tun konnte wie sonst.

»Was hast du denn heute vor?«, wollte Jasper zehn Minuten später über Eiern, Toast und Kaffee wissen.

Ratlos kaute Gary auf seinem Rührei herum. »Ich sollte mich wohl erst mal nach einer neuen Bleibe umschauen, mir einen Job suchen und ein Konto eröffnen«, antwortete er schließlich.

Den durchdringenden Blick, mit dem Jasper ihn daraufhin bedachte, konnte er nicht deuten. »Dein Konto ist also komplett leer?«

Er spürte, wie ihm die Röte ins Gesicht schoss. »Ja.«

»Wenn deine Frau ohne dein Einverständnis Geld von deinem Konto abgehoben hat, ist das schlichtweg Diebstahl. Du solltest zur Polizei gehen.«

»Schon«, stimmte er zu. »Aber wie soll ich das beweisen?«

»Die Abhebungen sind doch sicher auf den Kontoauszügen verzeichnet, also sollte sich nachvollziehen lassen, wo du zu diesen Zeitpunkten warst und dass du sie nicht getätigt haben kannst«, meinte Jasper, während er sich einen weiteren Toast butterte.

»Und das beweist, dass sie es war?«, fragte Gary zweifelnd.

»Nein.« Jasper schüttelte den Kopf und legte sich eine Käsescheibe auf sein Brot. »Aber sie hatte Zugang zu deinem Portemonnaie und ist somit verdächtig. Sicher lässt sich nachvollziehen, wo und was sie gekauft hat und wer weiß, vielleicht findet die Polizei die Dinge in eurer Wohnung.«

Gary seufzte. »So blöd ist sie nicht. Aber ich werde in der Bank nachfragen, wo die Karte benutzt wurde. Gestohlen gemeldet habe ich sie gestern schon.«

»Wenn du möchtest, kannst du erst mal ein paar Tage hierbleiben«, meinte Jasper, stand auf und ging zur Kaffeemaschine, um sich nachzufüllen. »Noch Kaffee?«

»Ja.« Er nickte perplex. »Ich meine, ja, ich nehme noch einen Kaffee, aber ich will dir wirklich nicht länger zur Last fallen«, ruderte er dann schnell zurück. »Ich bin dir so dankbar, dass ich heute Nacht hier schlafen und meine Wäsche waschen durfte und für das Frühstück und das Abendessen gestern«, begann er zu stammeln.

»Herrgott, Gary!«, fiel Jasper ihm ins Wort, woraufhin er erschrocken zusammenzuckte und ihn mit offenem Mund anstarrte. »Hast du einen Ort, wo du heute Nacht schlafen kannst, ja oder nein?«

Gary schloss seinen Mund und blickte auf das Messer in seiner Hand. »Im Moment noch nicht«, gab er leise zu. Er besaß nicht mal ein Auto, in das er sich vorerst hätte verkriechen können.

»Also bleibst du erst mal hier«, entschied Jasper und setzte sich wieder auf den Platz neben ihm. »Und dann überlegen wir uns, wie du dein Geld zurückkriegst und an deine restlichen Sachen kommst.« Plötzlich hielt er inne. »Es sei denn, du hast vor, wieder zu ihr zurückzugehen?«

Gary schnaubte. »Weiter den liebenden Ehemann

spielen und noch dazu einen auf glücklichen Familienvater machen? Nein, das wird nicht passieren.«

»Gut«, meinte Jasper und lächelte kurz. »Ich muss um zwei los zum Auftrag und wollte gleich noch einkaufen fahren, Weihnachtsgeschenke und Lebensmittel besorgen. Soll ich dich in die Stadt mitnehmen?«

»Ähm … nein danke. Meine Bank ist hier gleich um die Ecke und zum Polizeirevier schaffe ich es zu Fuß. Ich warte dann einfach so lange, bis du zurück bist«, erklärte Gary eilig.

Jasper stand auf, ging in den Flur und kam kurz darauf mit einem Schlüsselbund in der Hand wieder. »Oder du nimmst die hier.«

»Du gibst mir einen Schlüssel zu deiner Wohnung?«, fragte er perplex und hielt mit einem Toast in der Hand inne.

Jasper sah ihn stirnrunzelnd an. »Warum nicht? Was ist denn los mir dir? Du bist doch sonst nicht so … zurückhaltend.«

Gary ließ sein Brot sinken, das er zwar geschmiert, jedoch nicht angerührt hatte, und schloss seufzend die Augen. Was sollte er darauf antworten? *Ich bin seit zwei Jahren in dich verliebt und jedes Mal, wenn du den Raum betrittst, habe ich Angst, mich wie ein Vollidiot zu benehmen und nun sitzt du neben mir und ich kann kaum noch klar denken?* Käme wohl eher nicht so gut an. Plötzlich fühlte er Jaspers Hand auf seiner Schulter. Seine Haut prickelte und er musste sich zurückhalten, nicht zu stöhnen.

»Ist alles ein bisschen viel gerade, hm?«, hörte er ihn leise fragen.

»Kann man so sagen«, presste Gary hervor und wurde kurz darauf in eine Umarmung gezogen. Mit angehaltenem Atem und klopfendem Herzen ließ er sich den Rücken tätscheln. Er zwang sich langsam aus- und wieder einzuatmen. Als er dabei Jaspers Duft, nach Mann, Deo und einfach nur Jasper, einsog, wanderte ein Kribbeln seine Wirbelsäule hinab. Zudem wurde es in seiner Hose ziemlich schnell ziemlich ungemütlich.

»Das wird schon wieder«, versicherte Jasper ihm, als er ihn endlich freigab und Gary das Gefühl hatte, dass sein Hirn rotierte. »Kann ich dir was aus der Stadt mitbringen? Brauchst du irgendwas?«

»Socken«, war das Erste, das ihm einfiel, und wenn er sich bisher nicht genug blamiert hatte, war er nun wohl auf dem absoluten Höhepunkt angekommen. Sein Kopf wurde heiß und er wagte es nicht, Jasper anzusehen. Stattdessen starrte in seine Kaffeetasse und betete, dass sich der Boden auftat. Was natürlich nicht geschah. Zu allem Überfluss schob sich Jaspers Hand auf sein linkes Bein und drückte sanft seinen Oberschenkel.

»Kein Problem. Noch etwas?«

Gary schüttelte den Kopf und begann in Gedanken langsam von hundert rückwärts zu zählen. Wenn Jasper nicht bald seine Hand wegnahm oder gar noch einmal sein Bein drückte, wäre seine letzte saubere Hose auch noch versaut. Von der Peinlichkeit, vor den Augen seines Traummannes wie ein Teenager in seine Jeans zu kommen, mal ganz zu schweigen. Himmel, er war dreiunddreißig Jahre alt und benahm sich wie ein hormongesteuerter Fünfzehnjähriger! Jasper schien seine stummen Gebete jedoch zu erhören.

»Okay, ich fahre dann erst mal los«, meinte er und rutschte vom Stuhl. Gary sah auf und blickte in Jaspers lächelndes Gesicht. »Schreib mir eine Nachricht, falls dir noch was einfällt. Hast du meine Nummer?«

»Ja.« Er hatte sie unter einer fadenscheinigen Ausrede vor einigen Monaten von Finn bekommen, fest entschlossen, Jasper um ein Date zu bitten. Mindestens fünfzig Nachrichten hatte er seitdem getippt, jedoch keine einzige abgeschickt. »Soll ich dir meine geben?«, platzte es aus ihm heraus.

»Nicht nötig.« Jasper grinste und zwinkerte. Garys Herz schlug Purzelbäume und ihm wurde übel vor lauter Schmetterlingen, die durch seinen Bauch tobten. »Sollten wir uns nicht mehr sehen, bevor ich zur Arbeit muss, melde dich ruhig, falls was ist, du etwas nicht findest oder so. Ansonsten fühl dich ganz wie zu Hause. Ähm … na, du weißt schon, wie ich es meine.«

Er erwachte aus seiner Starre und nickte eilig. »Ja, sicher. Und danke noch mal!«

Jasper schüttelte seufzend den Kopf. »Würdest du bitte aufhören, dich ständig zu bedanken, und stattdessen endlich mal was essen?«

»Ja, klar. Tut mir leid«, sagte er schnell. »Ich bin nur so …«, *nervös in deiner Gegenwart*, »verwirrt und …«, *mein Hirn wird gerade nicht mit Blut versorgt*, »etwas ratlos im Moment und arbeitslos und«, *kann es nicht fassen, dass du meine Nummer bereits hast*, »ich plappere. Tut mir leid.« *Bitte, bitte, erschieß mich einer.*

Jasper lachte leise. »Iss dein Frühstück.« Er trug sein Geschirr zu Spüle und ging anschließend in den Flur.

Gary ließ seinen Kopf auf die Theke sinken und atmete langsam aus.

»Ähm … Gary?«, hörte er plötzlich diese sexy Stimme von der Tür her.

Er schloss die Augen. »Ja?« Konnte man an Blamage sterben?

»Lass es heute langsam angehen.«

»Mhm …«, brummte er.

»Bist du okay?«

»Sicher.« Er zwang sich Jasper anzusehen. »Wann bist du heute Abend von deinem Auftrag zurück?«

Sein Gastgeber lächelte. »Ich muss um zwei los und bin gegen acht wieder da.«

»Okay.«

»Kann ich noch was für dich tun?«

*Küss mich.* »Im Moment nicht«, antwortete er jedoch und zwang sich zu einem Lächeln.

Jasper lächelte zurück. »Sag Bescheid, wenn sich das ändert.«

»Mache ich.«

Als die Wohnungstür ins Schloss fiel, atmete Gary tief durch. Jetzt, da seine Hormone sich beruhigten, konnte er sich Gedanken um den Scherbenhaufen machen, den sein Leben derzeit darstellte.

## ZWEITES KAPITEL

Jasper überlegte, was Gary wohl gerne aß, während er den Einkaufswagen durch die Gänge des Supermarkts schob. Er entschied sich für eine Schinken-Pizza, da er sich dabei sicher war, schließlich hatten sie diese bereits einige Male mit Finn und Erik gegessen. Er warf eine mit Thunfisch für sich selbst dazu, während er sich weiter durch die Kühlabteilung arbeitete.

Gary musste ziemlich durch den Wind sein, seinem Verhalten gestern Abend und heute Morgen nach zu urteilen. Beim Abendessen hatte er kaum gesprochen, ihn lediglich mit großen Augen angestarrt und einsilbig geantwortet. Beim Frühstück hingegen hatte er das Gefühl gehabt, dass Gary ihn gar nicht anschauen wollte, was er noch weniger verstanden hatte.

Normalerweise war sein Gast einer der aufgedrehtesten und redseligsten Menschen, die er kannte. Sobald Erik und er zusammen waren, hatte Jasper regelmäßig das Gefühl, dass jemand den Vorspulknopf gedrückt hatte. Die zwei konnten mühelos einen kompletten Abend wie Wasserfälle durchquatschen, ohne dass Finn und er sich daran beteiligen brauchten.

Aber der Gary, den Jasper in den letzten zwei Tagen erlebt hatte, war zurückhaltend, schüchtern, beinahe ängstlich und fast schon hilflos gewesen, wenn auch nicht weniger süß.

Er würde ihm helfen, die Füße wieder auf die Erde zu bekommen. Seine Gefühle für ihn spielten dabei eine untergeordnete Rolle. Aus ihnen beiden würde kein Paar werden können, das hatte Jasper von Anfang an gewusst, auch wenn sein Herz das offensichtlich nicht einsehen wollte.

Auf dem Weg zur Kasse kam er an der Textilabteilung vorbei. Er warf einen Fünfer-Pack schwarze Tennissocken in den Korb. Außerdem noch eine Jogginghose und einen dunkelblauen Pullover, da er keine Ahnung hatte, was Gary bei sich hatte, und dieser offensichtlich gerade kein Geld besaß.

Jasper entschied sich, noch einen Abstecher in die Drogerieabteilung zu machen und Rasierklingen, Duschgel, Shampoo und Deo zu besorgen. Vorsorglich und doch ein wenig optimistisch warf er eine Packung Kondome und Gleitgel dazu.

Sein Handy piepste und er zog es aus seiner Tasche.

*Hi. Kann der Trockner laufen, solange keiner da ist? Gary*, las er.

*Sicher. Bin in einer halben Stunde zurück*, antwortete er und schob den Wagen Richtung Kasse.

*Mache mich jetzt auf den Weg zur Polizei. Danach gehe ich zur Bank und zur Post*, lautete die nächste SMS.

*Post?*, fragte er.

*Nachsendeauftrag. Hab mit Erik telefoniert, er meinte, ich könne die Post zu ihnen umleiten lassen.*

*Gute Idee!*, bestätigte Jasper.

Nachdem er bezahlt und die Einkäufe im Kofferraum verstaut hatte, griff er erneut nach seinem Handy.

*Wie läuft's?*, schrieb er.

Die Antwort kam schon Sekunden später: *Herr Finke ist immer noch nicht wieder aufgetaucht.*

*Er wurde entlassen, Lenni. Er kommt nicht zurück. Wie geht's dir? Viel Schikane?*, schrieb er zurück.

Sein Handy piepste, als er den Sicherheitsgurt anlegte.

*Schade. Mochte ihn. Sonst alles okay, meine Freunde halten zu mir. Aber ich will nicht bleiben! Bitte, Jasi!!!*

*Wir werden sehen. Ich rede mit Mama und Papa.*

*Kann ich heute nicht doch bei dir schlafen?*

Er seufzte, während er die Antwort tippte.

*Sorry, habe später noch einen Auftrag. Fahre morgen VM zu Mama. Lass mich (!) mit ihr reden!*

Bei der nächsten Nachricht schloss er resigniert die Augen: *Meinst du, ich bin auch schwul?*

Seinen Bruder schien dies zurzeit sehr zu beschäftigen. Kein Wunder, bei allem, was in der Schule gerade vor sich ging. Außerdem war er in dem Alter, in dem er seine Sexualität erforschte.

*Vielleicht, vielleicht auch nicht. Das kannst nur du wissen.*

*Woher?*

*Du spürst es.*, antwortete er wie immer und startete den Motor.

Als er in seine Wohnung kam, war von seinem Gast keine Spur zu finden. Er hatte jedoch offensichtlich das Geschirr gespült, das Waschbecken im Badezimmer geputzt und der Trockner lief wie angekündigt. Bei einem Blick ins Gästezimmer deutete abgesehen von den zwei Reisetaschen, die am Fußende des Bettes standen, nichts darauf hin, dass Gary hier war. Jasper stellte die Tüte mit den Einkäufen für Gary aufs Bett und verstaute die Lebensmittel in der Küche.

Nach einem schnellen Mittagessen rief er seinen Chef an, um sich zu vergewissern, dass mit seinem Auftrag alles wie geplant laufen würde. Es war einer seiner einfacheren Jobs. Lediglich die Begleitfahrt eines hochkarätigen Geschäftsmannes zum Flughafen.

Als er gerade aus dem Badezimmer kam, klingelte sein Handy.

»Hallo, Mama«, ging er nach einem Blick auf das Display ran.

»Hallo, mein Schatz. Ich hoffe, ich störe gerade nicht?«

»Ich muss gleich los zur Arbeit. Wolltest du was Bestimmtes?«

»Darf eine Mutter ihren Sohn nicht mal anrufen und fragen, wie es ihm geht?«

Jasper grinste, während er sich das Telefon zwischen Schulter und Ohr klemmte und seine Jeans zuknöpfte. »Natürlich darfst du das. Mir geht es gut. Hat Lenni dir Bescheid gesagt, dass ich morgen Vormittag vorbeikomme?«

»Ja, das hat er, kaum dass er zur Tür reinkam. Er wollte heute bei dir schlafen, aber ich habe ihn daran erinnert, dass er dich erst fragen muss«, erzählte sie mit diesem bestimmten, vielsagenden Unterton.

Er entschied sich für die Halbwahrheit: »Ich weiß, ich habe vorhin kurz mit ihm getextet und ihm gesagt, dass es gerade schlecht ist. Ich bin erst spät zurück.«

Seine Mutter seufzte leise. »Vielleicht schafft ihr es ja noch vor dem Wochenende. Wir wollen Freitag bis Sonntag zu Tante Elsbeth, das hatte ich erwähnt, oder?«

»Ja, hattest du. Aber diese Woche wird es vermutlich eher nichts. Ich habe einen Gast«, gab er schließlich doch zu.

»Ach, tatsächlich?« Seine Mutter klang nun ziemlich aufgeregt. »Kennen wir ihn? Ist es etwas Ernstes? Oh Jasper, das wird aber auch langsam Zeit. Ist es dieser

Freund, von dem du hin und wieder erzählst? Dieser Gary?«

Jasper zog sich ein T-Shirt über. »Ja, es ist Gary, aber es ist nichts Ernstes. Ich hatte dir doch bereits erklärt, dass aus uns nichts werden kann. Er ist nicht das, was ich suche.«

»Menschen ändern sich, Jasper!«

»Ach, Mama«, seufzte er und wie aufs Stichwort hörte er einen Schlüssel im Schloss. Er trat in den Türrahmen und blickte den Flur entlang. Gary schüttelte sich die Jacke von den Schultern und zog sich dann die Stiefel aus.

»Bist du noch dran?«, fragte seine Mutter.

»Ja, bin ich«, sagte er schnell. »Tut mir leid, was hast du gesagt, Mama?«

Gary hielt inne und sah sich dann zu ihm um. »Oh, hey.« Er lächelte zaghaft.

Jasper deutete auf sein Handy und verdrehte die Augen.

»Weißt du schon, wann du morgen hier bist?«, wollte seine Mutter wissen.

»Gegen zehn? Passt dir das?«

»Ja, das passt gut. Dein Vater wird dann zwar bei der Arbeit sein, aber dann können wir ein wenig reden. Wird dein Gast dich begleiten?«

»Nein, ich denke eher nicht«, antwortete er, amüsiert über ihren betont beiläufigen Tonfall. »Ich muss dich mal auf Lautsprecher stellen.« Er legte das Handy auf die Kommode neben der Tür, bevor er die oberste Schublade aufzog und seinen Holster herausnahm.

»Kann dein Gast mich jetzt hören?«

»Ja, Mama, das wollte ich damit sagen«, antwortete er grinsend.

»Hallo, Gary? Hören Sie mich?«, schrie sie beinahe.

Mit einem Arm im Holster hielt Jasper inne. »Mama?«

Im gleichen Moment kam Gary zur Tür und sah ihn erschrocken an. »Ähm … ja, Frau Glaeser?«

»Hallo, nett Sie kennenzulernen«, flötete sie fröhlich, während Gary ungläubig zwischen Jasper und dem Handy hin und her sah. »Könnten Sie mir einen Gefallen tun?«

»Ähm … sicher.« Gary schien genauso perplex zu sein wie Jasper.

»Das ist nett von Ihnen. Könnten Sie bitte mal unter das Oberteil meines Sohnes fassen?«

Garys Augen wurden riesig und seine Kinnlade klappte nach unten. »Wie bitte?«

»Mama! Was soll das denn?«, fragte Jasper ebenfalls erschrocken, während er seinen Holster schloss und dann nach seinem Handy griff, um den Lautsprecher auszuschalten.

»Ich will nur sichergehen, dass du deine Weste trägst«, erklärte sie beleidigt.

»Das tue ich immer!«, versicherte er wahrheitsgemäß. Dann sah er Gary an, der ihn immer noch entsetzt anstarrte, dann aber den Blick über seinen Körper wandern ließ.

Seine Mutter schnaubte. »Dann dürfte es doch kein Problem sein, wenn dein Freund es mir bestätigt, nicht wahr?«

»Sicher«, seufzte Jasper. »Ich gebe ihn dir noch mal.« Gegen Mutterlogik war man einfach machtlos. Also hielt er Gary das Handy hin und als dieser es ihm abnahm, sich ans Ohr hielt und anschließend nickte, zog Jasper sich das T-Shirt hoch.

Gary schluckte sichtlich. »Ja, er hat sie an«, bestätigte er heiser. Plötzlich riss er die Augen noch weiter auf. »Es … das lässt sich nicht so einfach erklären … Nein, das … Ja, schon … Nein … Oh Mann … Frau Glaeser, das ist nicht so, wie sie denken …« Er sah Jasper beinahe panisch an. »Vielleicht gebe ich Ihnen Jasper lieber noch mal«, meinte er zögerlich. »Okay, ja klar, eine Minute.«

Jasper sah auf die Uhr und stellte erschrocken fest, dass er bereits spät dran war. Er ging zum Schrank, schloss ihn auf und holte seine Waffe hervor, um sie in seinen Holster zu stecken.

»Sind … sind Sie sicher?«, fragte Gary, woraufhin Jasper sich zu ihm umsah. Gary starrte ihn mit riesigen Augen an. Was auch immer seine Mutter gerade gesagt hatte, es konnte nichts Gutes bedeuten. »Oh mein Gott!«, flüsterte sein Gast, wobei seine Wangen feuerrot wurden.

»Gary?«, fragte Jasper argwöhnisch.

Dieser starrte ihn noch immer an. »Ja, ich gebe mal weiter. Danke.« Er hielt ihm das Handy hin. »Deine Mutter will noch mal mit dir sprechen.«

»Mama?«, fragte er und beobachtete, wie Gary beinahe ins Badezimmer rannte und die Tür hinter sich schloss. »Was hast du ihm gerade erzählt?«

»Nur ein Mutter-zukünftiger-Schwiegersohn-Gespräch«, erklärte sie fröhlich.

»*Was?* Was zum Teufel sollte das, Mutter?«, verlangte er zu erfahren.

»Nicht in diesem Ton, Jasper!«, mahnte sie. »Du kommst zu spät zu deinem Auftrag.«

Er zog verärgert die Augenbrauen zusammen. »Und wessen Schuld ist das? Was hast du ihm gesagt?«

»Wir sehen uns morgen, Schatz, pass gut auf dich auf!« Damit legte seine Mutter auf und Jasper blieb nichts weiter übrig, als das Handy in seine Jeans zu stecken und sich die Schuhe anzuziehen, bevor er seine Lederjacke vom Haken nahm.

»Gary?«, fragte er und klopfte etwas zu energisch an die Badezimmertür.

Selbige öffnete sich und sein Gast steckte den Kopf heraus. »Ja?«

»Ich muss jetzt los. Bin schon spät dran.«

»Okay. Pass auf dich auf«, meinte Gary in genau dem Sprechtempo, in das er eigentlich nur dann verfiel, wenn er mit Erik zusammen war. Oder betrunken, aber das war wohl gerade eher nicht der Fall.

»Was hat sie dir erzählt?«, fragte Jasper zähneknirschend, während er die Wohnungstür öffnete.

Garys Adamsapfel hüpfte. »Das ist gerade nicht der richtige Zeitpunkt. Du musst los, sonst kommst du wirklich noch zu spät. Heute Abend, okay?« Seine Stimme überschlug sich nur zweimal dabei.

»Pizza ist im Gefrierschrank«, knurrte Jasper und zog die Wohnungstür hinter sich zu.

»Oh mein Gott, Gary, das ist ja alles verrückt!«, schallte Eriks Stimme ihm entgegen. »Du bist verheiratet, also noch zumindest, und wohnst gerade bei Jasper, auf den du heimlich stehst, und er auch auf dich, was dir seine Mutter verraten hat – Unglaublich! Und wir sind nicht da. Also, nicht dass ich es hier nicht toll finde, Nonna ist großartig, aber verdammt, ich wäre jetzt so gern live dabei. Finn bestimmt auch, keine Ahnung, wo der sich schon wieder rumtreibt. Das letzte Mal, als ich ihn gesehen habe, hatte er seine Nichte auf den Schultern und ist durch den Garten getobt.«

Mit einem Grinsen im Gesicht beobachtete Gary seinen besten Freund, dessen Kopf wie ein Springball auf seinem Laptopbildschirm auf und ab hüpfte. Erik stand ständig unter Strom und konnte einfach nicht still sitzen, sehr zu

Finns Leidwesen, der manchmal durchaus am Verzweifeln war. Hin und wieder verschwand er sogar einfach mit einem Buch in der Hand wortlos im nächstbesten Zimmer und tauchte erst nach ein paar Kapiteln wieder auf, um dann seinen Freund in den Arm zu nehmen und ihm zu zeigen, wie sehr er ihn liebte. Es war einfach süß, die zwei zusammen zu erleben.

Gary zog skeptisch die Augenbrauen hoch. »Ehrlich, Finn? Reden wir hier von dem gleichen Griesgram, der mich neulich angeschnauzt hat, und das nur, weil ich während des Films mal pinkeln musste?«

»Du hast ja auch eine Blase wie eine Fliege!« Erik lachte. »Und dass du dabei jedes Mal über seine Beine gestolpert bist, hat sicher auch dazu beigetragen, dass er gegrummelt hat.«

»Es war dunkel! Und außerdem, was hält er sie in den Weg?« Finn war knapp zwei Meter groß und Gary hatte die Wahl gehabt, über ihn oder über Jasper zu klettern, was zu besagtem Zwischenfall im Kino geführt hatte.

»Was machst du denn da gerade? Kochst du?«

Resigniert schüttelte Gary den Kopf. »Nein, ich taue Pizza auf. Jasper hat nichts anderes als Tiefkühl- oder Dosenessen, außer ein paar Äpfeln und einer braunen Banane.«

»Oh Mann, wie hältst du das durch?«, fragte Erik mitfühlend.

»Ich bin froh, dass ich überhaupt ein Dach über dem Kopf habe. Ich hatte mich schon damit abgefunden, bis zu eurer Rückkehr hungernd auf einer Parkbank zu campieren.«

Er öffnete die Kühlschranktür und nahm ein paar runzlige Tomaten sowie eine bereits etwas matschig aussehende Gurke heraus und wusch alles in der Spüle ab. Jasper hatte gesagt, er solle sich wie zu Hause fühlen und wenn er schon

Tiefkühlpizza essen musste, würde er wenigstens einen Salat dazu machen – mit zwei Zutaten. Aber er konnte schließlich dankbar sein, überhaupt etwas zu essen zu bekommen.

»Na, zum Glück war Jasper ja da, *il tuo eroe.*« Erik grinste.

Jasper, sein Held? Gary musste lachen und trug das Gemüse zur Theke, bevor er sich auf einen der Stühle setzte. »Und da wunderst du dich noch, warum dir nie einer ein Geheimnis anvertraut. Dein Herzallergernster ist da sehr viel vertrauenswürdiger, weißt du das?«

»Jetzt sag nicht, Finn wusste, dass du auf Jasper abfährst! Ich glaub's ja nicht und ich dachte, *ich* wäre dein bester Freund! Und Finn hat nichts gesagt! Der Arsch! Wie lange geht das denn schon? Deswegen wollte er wohl, dass wir nicht mehr mit dir schlafen!«, echauffierte sich Erik.

»Was? Nein, das war ein Scherz! Ich habe ihm nichts gesagt, mir nur irgendwann mal Jaspers Handynummer geben lassen, aber ich habe natürlich nicht gesagt, warum. Keine Ahnung, wieso Finn keinen Sex mehr wollte«, erklärte Gary und drehte den Laptop zu sich rum. »Er hat doch gesagt, das würde die Freundschaft kaputt machen. Ich dachte immer, er meinte uns drei, aber wenn Jasper ihm erzählt hat, was seine Mutter mir gesagt hat, dann ergibt es natürlich Sinn«, überlegte er laut, während er an der Theke sitzend die Tomaten klein schnitt. »Dann meinte Finn wohl eher ihre Freundschaft, nicht unsere!«

»*Il tuo eroe è dietro di te*«, sagte Erik und Gary sah erschrocken auf. Sein Freund starrte ihn mit großen Augen an, schlug sich dann die Hand auf den Mund und brach in Gelächter aus.

»Damit macht man keine Scherze!«, rügte Gary verärgert, woraufhin Erik sich vor Lachen beinahe überschlug.

Plötzlich räusperte sich tatsächlich jemand hinter Gary und er widerstand dem Drang, sich das Messer in irgendein lebenswichtiges Organ zu rammen. Das konnte einfach nicht wahr sein!

»*La prego, mi dimmi che non è vero*«, flüsterte er, was Erik dazu brachte, hysterisch zu kichern. Das passierte gerade nicht wirklich, oder? So viel Pech konnte ein einziger Mensch doch nicht haben!

Finn tauchte auf dem Bildschirm auf. »Was treibst du denn hier?«, fragte er seinen Lebensgefährten und richtete dann den Blick auf den Laptop, der vor Erik stand. »Oh, hi Gary. Hi Jasper!«

»Hör auf! Ich kann nicht mehr«, keuchte Erik und prustete gleich darauf wieder los.

Gary schloss kurz die Augen, atmete tief durch und drehte sich dann langsam um. Jasper stand auf halbem Wege zwischen der Couch und ihm im Zimmer, starrte ihn entgeistert und mit offenem Mund an. Es herrschte Totenstille. Selbst Erik schien aufgehört zu haben, zu lachen. Dann hörte Gary, wie sein Kumpel leise begann, Finn in einer Mischung aus Deutsch und Italienisch eilig eine Kurzfassung der letzten Minuten zu erzählen.

»*Dio mio!*«, pfiff Finn hinter ihm und lachte dann leise. »Na, nun ist es endlich raus! Lassen wir sie den Rest allein klären! *Fidarti di lui, Gary. Jasper è uno dei buoni. Ciao!*«

Finns Worte hallten in seinem Kopf nach, als ein Piepen das Ende des Videochats signalisierte. Jasper und er starrten sich immer noch an. Keinem von ihnen schien etwas Intelligentes einzufallen.

»Was hat Finn gerade zum Schluss gesagt?«, durchbrach Jasper plötzlich die Stille.

Gary zog es kurz in Erwägung, zu lügen, entschied sich dann jedoch dagegen. »Dass ich dir vertrauen soll und du einer von den Guten bist.«

Jasper runzelte die Stirn, legte den Kopf etwas schief. »Und warum sagt er das zu dir?«

Gary wich seinem Blick aus und wischte sich stattdessen einen nicht vorhandenen Fussel von der Hose. »Keine Ahnung«, log er nun doch.

»Seit wann schläfst du nicht mehr mit den beiden?«

Er blinzelte perplex. Mit dieser Frage hatte er nicht gerechnet. »Keine Ahnung. Ewig. Anderthalb Jahre sicher schon nicht mehr.« Er hatte Erik und Finn im *Heaven* kennengelernt, als die zwei noch kein Paar, aber schon *Freunde mit Zusatznutzen* gewesen waren.

Finn hatte ihn angesprochen, ob er Lust auf einen Dreier hätte. Er war absolut Garys Typ gewesen, Erik fand er einfach nur süß und witzig, also waren sie nach einem kurzen Gespräch über die Rollenverteilung in Finns und Eriks Wohnung gefahren und hatten sich amüsiert. Was eine einmalige Angelegenheit bleiben sollte, wurde schnell zur Regelmäßigkeit und im Laufe der Zeit zu einer engen Freundschaft. Dass Erik und Finn zwischenzeitig ein Paar geworden waren, hatte ihrem Spaß keinen Abbruch getan, bis Finn irgendwann entschieden hatte, dass er keinen Sex mehr mit Gary haben würde, was weder Erik noch Gary wirklich verstanden, aber hingenommen hatten.

»Und wenn du bei ihnen übernachtest?«, fragte Jasper weiter. Er sah schon nicht mehr so geschockt aus, im Gegensatz zu Gary selbst vermutlich.

»Dann übernachte ich einfach nur bei ihnen. In Eriks ehemaligem Zimmer. Ich stehe nicht so drauf, Doreen beim Vögeln zuzuhören, und habe es daher vorgezogen, am Wochenende nicht zu Hause zu sein«, antwortete Gary bestimmt.

Jasper entspannte sich sichtlich. »Oh, okay. Gut.«

Der Herd piepste und um sich abzulenken und etwas zu tun zu haben, stand Gary auf und legte beide Pizzen auf die Teller, die er bereitgestellt hatte. »Wie war denn dein

Auftrag?«, fragte er, als er die angespannte Stille nicht mehr ertrug.

»Gut, keine Zwischenfälle.«

»Das ist wirklich gut«, meinte er etwas verzweifelt, denn ihm fiel nichts Sinnvolles ein.

Er schob die Teller über die Theke und goss sich Wasser an der Spüle nach. Mit dem Glas in der Hand lief er zum Esstisch, wo Jasper ihre Teller hingestellt hatte. Unschlüssig, was er machen sollte, wandte Gary sich wieder dem Gemüse zu, das halb fertig geschnitten auf dem Brett lag. Als er jedoch die Gurke anschnitt, verzog er das Gesicht.

»Das Gemüse ist bestimmt nicht mehr gut, oder?«, meinte Jasper leise. Er hatte bereits das Besteck rausgeholt und betrachtete die Gurke ebenfalls angewidert.

Gary zuckte mit den Schultern. »Die Tomaten schon noch.«

»Hast du sie mal probiert? Die lagen schon eine Weile im Kühlschrank.« Jasper beugte sich über die Theke, spießte ein Stück auf und schob es sich in dem Mund. Dann verzog er das Gesicht, drehte sich zur Spüle und spukte es wenig elegant hinein. »Lieber nicht.«

»Okay, dann nur Tiefkühlpizza«, seufzte Gary und zog sich einen Stuhl unter dem Tisch vor.

Jasper setzte sich ihm gegenüber und sah ihn nervös an. »Ich dachte, du magst Schinkenpizza.«

»Schon«, bestätigte Gary nickend. »Nur mache ich sie meist selbst, dann weiß ich, was drin ist.«

»Ach so. Hast du auch irgendeine Allergie?«, hakte sein Gastgeber nach und spielte damit sicher auf Finns Weizenallergie an.

Gary nutzte daher grundsätzlich nur noch Dinkelmehl, wenn er für seine Freunde und sich in deren Küche kochte. Die zwei schafften es gerade so, Omelett zu machen oder Nudeln zu kochen, was dann jedoch hauptsächlich Finns

Verdienst war, da Erik selbst Wasser anbrennen lassen würde, wie er ihm stets versicherte. Irgendwie war es daher zur Gewohnheit geworden, dass Gary etwas für sie alle kochte, wenn sie das Wochenende miteinander verbrachten.

»Nein, ich koche nur einfach lieber mit frischen Zutaten«, antwortete er. Er hatte sich lange genug von Dosenessen oder Schlimmerem ernährt, aber das konnte Jasper schließlich nicht wissen.

»Hm … davon gibt's hier nicht viele«, murmelte dieser und errötete leicht.

»Du bist ja auch nur unregelmäßig zu Hause, da würden die meisten Lebensmittel doch nur verderben«, versuchte Gary die Schmach abzumildern.

Sein Gegenüber lächelte und schnitt sich ein Stück Pizza ab. Gary tat es ihm gleich und schob es sich schnell in den Mund, um einer weiteren peinlichen Unterhaltung zu entgehen. Eine Weile aßen sie schweigend ihr Abendessen.

»Wie war es denn bei der Polizei?«, wollte Jasper irgendwann wissen.

Gary schluckte das letzte Stück Pizza hinunter und erzählte ihm dann von seinem Besuch bei der Bank und auf dem Revier. »Laut der Kontoauszüge waren es hauptsächlich Barabhebungen an verschiedenen Automaten. Ich konnte zwar nachvollziehen, welche definitiv nicht von mir waren, aber die von der Bank meinten, sie könnten mir den Schaden nicht ersetzen, da ich meine Karte ja erst gestern als gestohlen gemeldet habe. Bei der Polizei habe ich Anzeige gegen Doreen und sicherheitshalber gegen unbekannt erstattet. Mir wurde versichert, dass sie der Sache nachgehen und sich melden, sobald sie was wissen oder noch Fragen haben. Aber jetzt, zwei Wochen vor Weihnachten, habe ich da wenig Hoffnung, dass sie bald was rauskriegen.«

»Und hast du ein neues Konto eröffnet?«

Gary seufzte. »Das war nicht nötig. Die alte Karte wurde gesperrt und ich bekomme demnächst eine neue. Sie wird dann auch gleich zu Finn und Erik geschickt. Aber sie haben mich schon vorgewarnt, dass bereits jetzt einige Abbuchungen vorgenommen wurden und mein Gehalt für die paar Tage das nicht decken wird.«

Jasper sah ihn stirnrunzelnd an. »Was denn für Abbuchungen?«

»Handyrechnung, Haftpflichtversicherung und Strom«, zählte er auf.

»Und erwartest du noch mehr?«

Gary schüttelte den Kopf. »Nein, die Miete ist für diesen Monat bezahlt und andere Ausgaben habe ich nicht.«

»Ah, okay. Aber irgendwie musst du dein Konto wieder decken«, meinte Jasper nachdenklich.

Gary legte das Besteck auf den Teller und seufzte wieder. »Das ist mir schon klar. Ich werde morgen sämtliche Schulen in der Stadt anrufen und fragen, ob sie jemanden brauchen.«

»Tut mir leid, so war das nicht gemeint. Ich kann mir vorstellen, dass das alles gerade nicht so leicht für dich ist«, sagte sein Gastgeber leise und sah ihn mitfühlend an.

Gary zuckte mit den Schultern. »Hab schon Schlimmeres durch.«

»Ja?« Jasper sah ihn neugierig an.

Da Gary kein Bedürfnis hatte, über seine verkorkste Vergangenheit zu sprechen, beschloss er das Thema zu wechseln. »Wie geht es denn deinem Bruder? Hast du noch mal mit ihm gesprochen?«

»Nein, während eines Auftrags gehe ich selten ans Handy, das weiß er. Aber ich fahre morgen Vormittag zu meiner Mutter, da werde ich erfahren, was in der Schule so lief«, antwortete Jasper und sah ihn dann unsicher an.

Die Erwähnung von dessen Mutter schien sie beide daran zu erinnern, warum sie so darauf bedacht waren, das Gespräch weit weg von ihren Gefühlen füreinander zu halten, und nun breitete sich wieder Schweigen aus.

»Finn und Erik scheinen viel Spaß in Italien zu haben«, versuchte Gary einen weiteren Umweg zu nehmen, den Jasper auch gleich dankbar annahm.

»Das ist schön. Die zwei schwärmen ja regelmäßig von ihren Urlauben dort. Ich hatte schon hin und wieder die Befürchtung, dass sie, statt jedes Mal ihren Jahresurlaub zu opfern, irgendwann nicht wieder zurückkommen.«

Er schüttelte den Kopf. »Das glaube ich nicht. Finn alleine wäre vielleicht irgendwann wieder zurückgegangen, aber Erik hat hier noch eine Mission.«

Jasper zog die Augenbrauen hoch. »Eine Mission?«

»Ja. Er möchte ein Kind adoptieren. Da er selbst im Kinderheim aufgewachsen ist, weiß er, wie es ist, keine richtige Familie zu haben, und er möchte, dass es anderen besser geht als ihm damals. Er weiß, dass er sie nicht alle retten kann, aber eines oder zwei, da bin ich mir sicher, wird er früher oder später adoptieren.« Gary wusste, dass Erik mittlerweile mit Finn darüber gesprochen hatte und es kein Geheimnis mehr war.

»Was sagt Finn denn dazu?«, fragte Jasper prompt.

Gary lächelte. »Er ist sich noch nicht sicher. Aber ich denke, er wäre ein toller Vater.«

Jasper nickte. »Glaub ich auch.«

»Willst du mal Kinder haben?«, rutschte es Gary heraus.

Jasper sah auf und schüttelte dann den Kopf. »Nein. Ich habe Lenni, das reicht mir.«

»Aber der wird bald selbst erwachsen sein«, warf Gary zögerlich ein.

Jasper grinste. »Lieber heut als morgen!«

»Teenager sind nicht gerade einfach. Kann ich ein Lied von singen.«

»Stimmt wohl. Aber du kannst nach Hause gehen und sie wieder ihren Eltern überlassen. Bei mir ist es umgekehrt«, meinte Jasper lachend.

Gary schmunzelte. »Ja, da hast du recht.«

»Sollten wir über das reden, was vorhin war?«, fragte Jasper, nachdem sie wieder zum Schweigen übergegangen waren.

Er schluckte. »Müssen wir?«

»Müssen nicht, aber ignorieren können wir es auch nicht, oder?« Jasper sah ihn ebenso verzweifelt an, wie Gary sich fühlte.

»Vermutlich nicht«, stimmt er zu.

Einen Moment sahen sie sich in die Augen, dann schluckte Jasper und schob seinen leeren Teller zur Seite. »Ich weiß nicht, was meine Mutter dir erzählt hat, aber vermutlich so was wie, dass ich seit einiger Zeit in dich verliebt bin«, begann er und sah Gary abwartend an.

Er nickte mit wild klopfendem Herzen. »Und dass du denkst, ich sei nicht der Richtige für dich«, fügte er leise hinzu und ließ den Teil aus, in dem sie ihm erklärt hatte, dass ihr Sohn damit sicher unrecht hatte, was verrückt war, schließlich kannte die Frau ihn überhaupt nicht.

»Das stimmt«, bestätigte Jasper. »Ich suche etwas Dauerhaftes und Exklusives.«

»Und du meinst, dazu bin ich nicht in der Lage?«, fragte Gary perplex.

Sein Gegenüber lächelte entschuldigend. »Bisher hatte ich nicht das Gefühl, nein.«

Ungläubig zog er die Augenbrauen zusammen. »Weil du dachtest, ich würde immer noch mit Erik und Finn vögeln?«

»Ja, das auch, aber na ja, nicht nur«, murmelte Jasper und vermied seinen Blick.

»Ach so, dass ich eine Fake-Ehe führe, um mich durch die Betten der Stadt vögeln zu können, trägt wahrscheinlich auch nicht gerade dazu bei, als potenzieller fester Freund infrage zu kommen. Verstehe.« Er erhob sich und trug seinen Teller zur Spüle, damit Jasper nicht sah, wie weh er ihm getan hatte.

»Gary, warte!«, hörte er Jasper sagen, als er bereits das Zimmer verließ. »So war das nicht gemeint.«

»Lass gut sein, Jasper«, winkte Gary ab, wurde jedoch im Flur von zwei starken Händen an den Schultern festgehalten.

»Bitte, hör mir zu«, sagte Jasper leise hinter ihm. »Es ist nicht so, wie du denkst. Bitte lass es mich erklären.«

Gary rang mit sich, nickte dann jedoch seufzend und ließ sich zurück ins Wohnzimmer führen.

Als sie auf dem Sofa saßen, sah Jasper ihn kurz an, dann schaute er aus dem Terrassenfenster. »Ich bin nicht so gut darin, über meine Gefühle zu reden«, begann er und atmete tief durch. »Ich mag dich, Gary, sehr sogar, aber gleichzeitig habe ich das Gefühl, dich kaum zu kennen. Ich meine, wir haben uns vor über zwei Jahren kennengelernt und ich weiß so gut wie nichts über dich, außer dass du gern Schinkenpizza isst, und selbst das war ja nur die halbe Wahrheit. Ich bin mir nicht mal sicher, ob wir zwei uns überhaupt schon mal so lange allein unterhalten haben wie eben«, fuhr er mit einem kurzen Schulterzucken fort. »Ich muss zugeben, dass es mich abgeschreckt hat, zu beobachten, wie du oft mit irgendwelchen Typen aus dem *Heaven* abgehauen oder hinterher mit zu Finn und Erik gegangen bist. Und gleichzeitig hatte ich Angst, dass mir gefallen könnte, was ich erfahre, wenn ich dich näher kennenlerne und mich noch mehr in dich verlieben könnte. Ich dachte, wenn ich es ignoriere, würde es schon vorbeigehen, aber irgendwie tut es das nicht.«

Mit klopfendem Herzen lauschte Gary Jaspers Worten, hörte sie, konnte sie jedoch kaum glauben.

»Und nun weiß ich, dass du sogar verheiratet bist und um ehrlich zu sein, weiß ich nicht, was ich jetzt machen soll. Ich dachte, dass das meine Gefühle bremsen würde, aber nein, das ändert auch nichts«, sagte Jasper und fuhr sich mit der rechten Hand durch die Haare. »Und jetzt habe ich die Gelegenheit, dich näher kennenzulernen, und gleichzeitig die Befürchtung, dass ich erkenne, dass wir doch nicht zusammenpassen, was mir das Herz brechen würde und das ist ja das, was ich vermeiden wollte. Ergibt das Sinn?«

Gary nickte zögerlich. »Ähm … ich glaub schon. Irgendwie.«

»Okay.« Jasper sah ihn fragend und ein wenig verzweifelt an. »Kannst du bitte was dazu sagen?«

»Ich weiß nicht. Ich bin gerade etwas überwältigt«, gab Gary zu.

Sein Traummann riss die Augen auf. »Oh Gott, das war total egoistisch von mir! Du hast im Moment ganz andere Probleme, als dir eine neue Beziehung ans Bein zu binden.«

»Nein, warte«, unterbrach Gary ihn. »Das ist es nicht! Zweifellos habe ich im Moment ein paar Probleme und ich weiß nicht, was in Doreen gefahren ist, weil sie eigentlich nie so war, aber das ist nicht das, was mich so verwirrt.«

»Was denn dann?«, hakte Jasper nach, als Gary nicht weitersprach.

»Du, Jasper!«, flüsterte er und atmete tief durch. Wahrscheinlich war es Zeit, seine Gefühle und vor allem die Wahrheit auf den Tisch zu legen, schließlich hatte Jasper den Anfang gemacht und es war nur fair, nachzuziehen, also beschloss Gary es möglichst schnell hinter sich zu bringen. »Ich bin seit einer Ewigkeit in dich verliebt. Aber ich hätte nie gedacht, dass du dich für mich interessieren könntest. Ich bin ja nichts Besonderes. Die meisten Typen sehen mich nur als schnelle Nummer und geben sich nicht mal Mühe, mich kennenzulernen. Ich meine, selbst meine Ehe ist ein Fake. Erik und Finn sind meine einzigen Freunde und das auch nur, weil Erik das so beschlossen hat und sich keiner gegen ihn und seine Plapperei wehren kann. Ich war noch nie in der Lage, Freundschaften zu schließen oder jemanden an mich ranzulassen, weil … weil …« Tränen schossen ihm in die Augen, die er eilig versuchte wegzublinzeln.

»Hey, schon gut.« Jaspers Hand schob sich auf seinen Oberschenkel, was nicht dazu beitrug, die Tränen aufzuhalten.

»Ich habe niemanden, zu dem ich gehen kann, weil meine Mutter mich rausgeworfen hat, als ich fünfzehn war«, zwang Gary sich, weiterzusprechen. »Sie hat mich erwischt, wie ich in unserem Geräteschuppen hinterm Haus einem Typen einen geblasen habe, hat mir eine halbe Stunde gegeben, um meine Sachen zu packen, und mich dann mit fünfzig Euro in der Hand vor die Tür gesetzt. Dabei hat sie mir gedroht, mich ja nie wieder blicken zu lassen, und gesagt, einen Perversen wie mich würde sie nicht in ihrem Haus dulden und ich solle mich von meiner Schwester fernhalten. Ich wusste nicht wohin, also bin ich zum Bahnhof gegangen und dort geblieben. Ein paar Tage ging das gut, dann haben sie mich weggescheucht. Keiner hat sich die Mühe gemacht, zu fragen, warum ich allein unterwegs bin. Also habe ich mich in den nächsten Park verzogen, mich über die Sommerferien so durchgeschlagen. Ich hatte keine Freunde und es schien niemandem aufzufallen, dass ich schmutzige Klamotten anhatte. Mit der Zeit hatte ich eine Routine entwickelt, war nach den Ferien tagsüber in der Schule, nachmittags habe ich gelernt und mir abends einen sicheren Ort zum Schlafen gesucht.

Irgendwann bekam ich einen Job in einer Tankstelle und habe dort nachts gearbeitet, so brauchte ich keine Angst mehr zu haben, dass mich jemand im Schlaf beklaut und hatte genug Geld, um mir was zu essen zu kaufen, und ein Bad, um mich zu waschen. Es war nicht viel, aber mehr, als ich vorher hatte.

Nach ein paar Monaten hatte ich genug Geld zusammengespart und mir ein möbliertes Zimmer bei einem älteren Ehepaar gemietet. Nach dem Abi habe ich angefangen zu studieren, habe nebenbei gejobbt und dabei Doreen kennengelernt. Wir hatten oft die gleichen Schichten in der Bibliothek und haben uns gut verstanden. Sie war meine erste richtige Freundin und irgendwann haben wir rumgealbert, dass wir ja auch heiraten könnten und sie ihre Vorliebe für schnellen, belanglosen Sex und ich meine für Männer so doch wunderbar tarnen könnten und während des Referendariats …« Tränen strömten über Garys Wangen und seinen Hals und versickerten schließlich im Kragen seines T-Shirts.

»Habt ihr ernst gemacht«, vervollständigte Jasper den Satz leise. »Wo war dein Vater?«

»Keine Ahnung. Ist abgehauen, als ich drei war. Kenne ihn nicht«, schniefte Gary. »Meine Mutter hat immer mir die Schuld daran gegeben, dass er sie mit mir und obendrein schwanger sitzen gelassen hat. Ich sei einfach zu anstrengend gewesen mit meinem ständigen Drang nach Aufmerksamkeit.«

»Oh, Baby«, flüsterte Jasper und zog ihn ein Stück an sich.

»Ich weiß nicht, wie man eine echte Beziehung führt, Jasper«, flüsterte er nach einer Weile zurück. Es war nur fair, es zu erwähnen, auch wenn Gary sich sicher war, dass Jasper nun sowieso kein Interesse mehr an ihm hatte.

»Das ist auch nicht wichtig.«

Enttäuscht schloss Gary die Augen. »Ja, das dachte ich mir.«

Jasper schob ihn ein Stück von sich weg. »Wie meinst du das? Was dachtest du dir?« Er drehte Gary zu sich rum und zwang ihn, ihn anzusehen.

Wieder schossen Gary Tränen in die Augen, aber er beschloss sie zu ignorieren. Stattdessen stand er auf und wischte sich mit dem Handrücken über die nassen Wangen. »Na, dass du jetzt kein Interesse mehr an mir hast.«

Kaum hatte er ausgesprochen, sprang Jasper auf und keine Sekunde später wurde Gary an dessen harte Brust gepresst. »Wir müssen dringend an unserer Kommunikation arbeiten«, flüsterte Jasper schließlich.

Völlig irrationale Hoffnung keimte in Gary auf und er hob vorsichtig den Kopf. Sein Traummann blickte ihm lächelnd entgegen. Sein Herz machte einen Hüpfer und in seinem Bauch begann es heftig zu kribbeln. »Du hast noch Interesse?«, fragte er atemlos.

Jasper nickte. »Ja. Ich denke, wir sollten es langsam angehen lassen, uns erst mal etwas besser kennenlernen, aber ja, ich bin bereit, das Risiko einzugehen.«

»Bist du ganz sicher?«, fragte Gary noch einmal nach.

»Ja, Gary, ich bin mir ganz sicher«, erklärte Jasper bestimmt.

Gary spürte, wie ein Grinsen sich auf seinem Gesicht ausbreitete, während er in Jaspers fröhlich funkelnde Augen blickte. »Oh mein Gott.«

Jasper lachte leise. Dann zog ihn fest an sich und versenkte die Nase in seinem blonden Haar. »Babyschritte, okay?«

Gary nickte, schlang seine Arme um Jaspers Taille und

kuschelte sich an dessen rechte Schulter. Er schloss die Augen und genoss die Wärme und Geborgenheit in Jaspers starken Armen.

»Möchtest du einen Film gucken?«, fragte dieser, als er sich viel zu früh von ihm löste.

»Ja, gern. Aber bitte keinen Science-Fiction«, antwortete Gary, was Jasper zum Lachen brachte.

»Hat Erik dich traumatisiert?« Jasper lotste ihn zum Fernseher an der Wand. Darunter befand sich ein Regal mit DVDs. »Such was aus.«

Gary kniete sich vor das Regal und durchstöberte die Filmsammlung.

»Bier?«, wollte Jasper aus Richtung Küche wissen.

»Gern.« Er hielt mit hochgezogenen Augenbrauen eine DVD in die Luft. »*Ja, ich will – I do*?«

Jasper kam mit zwei Bierflaschen ins Wohnzimmer zurück und zuckte mit den Schultern. »Ist doch ein guter Film«, murmelte er mit roten Wangen.

»Hast du *Was du nicht sagst?* gesehen?«, fragte Gary, während er die DVD ins Regal zurückstellte und stattdessen eine Box der *Stirb Langsam*-Reihe hervorzog, um die erste DVD in den Player zu legen.

»Nein. Erik und Finn wollten den mal mit mir gucken, haben ihn aber nur auf Italienisch und ich mag es nicht, wenn ich einen Film nur mit Untertiteln verstehe.« Jasper reichte ihm das Bier.

Gary nickte verständnisvoll, während er den Fernseher anschaltete und sich anschließend neben Jasper aufs Sofa fallen ließ. »Kannst du außer Englisch noch andere Fremdsprachen?«

Jasper griff nach der Fernbedienung und startete den Film. »Ja, Griechisch. Fließend.«

»Echt? Wow.« Überrascht sah Gary ihn an. »Hattest du das in der Schule?«

Jasper starrte ihn einen Moment verdutzt an, dann brach er in Gelächter aus. Verwirrt beobachtete Gary, wie sein Gegenüber sich den Bauch hielt, dann fiel der Groschen, was Jasper mit *griechisch* gemeint hatte.

»Oh Mann, wie peinlich«, murmelte er in seine Bierflasche und nahm einen Schluck.

»Tut mir leid, das war einfach zu verlockend«, sagte Jasper, als er sich halbwegs beruhigt hatte.

Gary warf ihm einen missbilligenden Blick zu, konnte das Grinsen jedoch nicht verstecken. »Wann hast du deinen nächsten Auftrag?«

»Freitagabend um sieben. Über vierundzwanzig Stunden. Dafür ist es der vorletzte. Der letzte ist dann nur noch eine kurze Abholfahrt, das geht schnell.«

»Vierundzwanzig Stunden am Stück?«, hakte Gary verdutzt nach. »Ist das denn erlaubt?«

Jasper zuckte mit den Schultern. »Wir sind zu dritt und so schlimm, wie es klingt, ist es nicht, nur halt etwas anstrengender als sonst.« Er streckte seine Beine unter dem Couchtisch aus und nahm einen Schluck aus seiner Flasche.

»Das glaube ich.« Gary nickte, während er Jaspers Adamsapfel beobachtete, der beim Trinken hüpfte. Unglaublich sexy. Garys Blick glitt über Jaspers Hals und Brust hin zu seinem Oberarm. »Du bist Linkshänder«, stellte er fest, als Jasper die Hand sinken ließ.

»Ja«, bestätigte dieser und sah auf das Bier in seiner linken Hand. »Das fällt dir jetzt erst auf?«

»Ähm … ja«, gab Gary zu. Er hatte es bisher einfach vermieden, diesen Traum von Mann zu beobachten oder gar anzustarren, weil er Angst gehabt hatte, dass man ihm dabei seine Gefühle würde ansehen können.

Er lächelte entschuldigend und wandte seine Aufmerksamkeit dann wieder dem Fernseher zu. Plötzlich zupfte es an seinem T-Shirt-Ärmel und als Gary zu Jasper hinübersah, rutschte dieser ein Stück zu ihm ran und legte seinen Arm über die Sofalehne. Garys Herz erhöhte das Tempo und beinahe automatisch schloss sein Körper die Distanz zwischen ihnen.

An Jaspers Seite gepresst atmete er langsam aus und lehnte den Kopf an ihn. Jaspers Hand legte sich auf seine rechte Schulter und dessen Finger begannen seinen Oberarm zärtlich zu streicheln.

»Das ist schön«, stellte Jasper leise fest.

»Finde ich auch«, bestätigte Gary.

Sie lächelten sich zu, dann wandten sie sich wieder zum Fernseher um.

# DRITTES KAPITEL

Den ganzen Vormittag über hatte Gary vergeblich eine Schule nach der anderen angerufen, während Jasper, nachdem er von seiner Mutter zurück war, das Internet nach freien Stellen in der Umgebung durchforstet hatte. Ebenfalls erfolglos. Es gab zwar ein paar freie Jobs als Vertretungslehrer, doch nicht für die Fächer, die Gary unterrichtete.

Dennoch hatte dieser sich vorgenommen, seine Bewerbungsunterlagen bei allen Schulen im Landkreis einzureichen und hatte seinen Lebenslauf überarbeitet.

Jetzt war es früher Nachmittag und Jasper beschloss, dass ein wenig Ablenkung Gary guttun würde. Er hatte sogar schon die perfekte Idee. »Gehst du heute Abend mit mir aus?«, fragte er ein wenig nervös.

Gary sah von seinem Laptop auf. »Du meinst, wie ein … ein Date?«

Jasper musste über sich selbst schmunzeln, weil sein Herz das Tempo augenblicklich erhöhte. »Ja, ein Date.«

»Gern!« Mit einem Strahlen im Gesicht und großen Augen sah Gary ihn an. »Hast du dir schon was überlegt?«, wollte er wissen, woraufhin Jasper nickte. »Was machen wir denn?«

»Das ist eine Überraschung.« Er hatte schon eine genaue Vorstellung davon, wie er den Abend gestalten würde. Jasper wollte Gary zum Lachen bringen und dafür sorgen, dass er für ein paar Stunden seine Sorgen vergessen konnte.

Gary runzelte die Stirn. »Okay, aber was soll ich anziehen, wenn ich nicht weiß, was wir machen oder wohin wir gehen?«

»Jeans und Pulli sind völlig ausreichend«, versicherte Jasper lächelnd.

»Gut. Nicht, dass ich viel anderes zur Auswahl hätte …«

Mit ein paar schnellen Schritten war er bei Gary, zog ihn auf die Beine und an seine Brust. »Mach dir nicht so viele Gedanken, du bist perfekt, so wie du bist!«

»Wirklich?« Garys Stimme war dünn und so voller Zweifel.

Jasper schloss seine Arme noch etwas fester um den schmalen Oberkörper. »Ja, Baby, für mich bist du das!« Er wusste, dass Gary ihm nicht glaubte. Noch nicht. Aber er würde es ihm beweisen, wenn es nötig war, jeden Tag aufs Neue.

»Du musst los, deinen Bruder abholen«, erinnerte Gary.

Jasper seufzte. »Okay. Wir fahren noch kurz ins Einkaufszentrum und sind gegen vier wieder da.«

Gary nickte. »Wann fährst du ihn nach Hause?«

»Spätestens um sechs.« Jasper zwinkerte. »Wir wollen doch noch genügend Zeit für unser Date haben.«

Sein Gegenüber errötete leicht. »Kannst du mir nicht wenigstens einen kleinen Tipp geben?«

Jasper überlegte kurz und grinste dann. »Du wirst deine Stiefel zwischenzeitig ausziehen müssen«, kam er der Bitte nach, was Gary ein Runzeln auf die Stirn trieb. »Bis später!« Grinsend lief Jasper in den Flur und schlüpfte in seine Schuhe und Jacke.

»Das war aber nicht gerade hilfreich«, hörte er Gary von der Küchentür aus sagen und blickte sich um. Sein Gast lehnte im Türrahmen, die Arme vor der Brust verschränkt und mit einem schüchternen Lächeln auf den Lippen. Gary war offensichtlich verunsichert. Vermutlich war es sogar sein erstes richtiges Date und er hatte wahrscheinlich keine Ahnung, wie er sich verhalten sollte.

»Mach dir bitte keinen Kopf. Wir verbringen einfach einen lustigen Abend, haben Spaß und gehen anschließend nett was essen. Wenn du magst, kannst du das Restaurant aussuchen«, versuchte Jasper ihm die Unsicherheit zu nehmen. »Es stört dich doch nicht, mit mir in der Öffentlichkeit gesehen zu werden, oder?«, hakte er sicherheitshalber nach, schließlich war Gary nicht wirklich geoutet.

Dieser zog die Augenbrauen hoch und ließ den Blick über seinen Körper wandern. »Warum sollte mich das stören?«, fragte er heiser.

»Was, wenn wir jemanden treffen, den du kennst und der keine Ahnung davon hat, dass du schwul bist?«, verdeutlichte Jasper seine Bedenken. Er würde damit klarkommen, vorerst ein Geheimnis zu sein, aber nicht auf Dauer.

Gary lächelte zaghaft. »Das ist okay. Ich finde, es ist an der Zeit, mit dem Versteckspiel aufzuhören.«

In diesem Moment hätte Jasper ihn an sich pressen und küssen können. Doch er hielt sich zurück, denn sie wollten es ja langsam angehen lassen. Stattdessen nickte er und lächelte glücklich. »Schön zu hören.«

»Ich habe nachher noch was zu erledigen, kann sein, dass ich nicht da bin, wenn du mit deinem Bruder herkommst. Bin aber pünktlich um sechs wieder hier.« Mit diesen Worten verschwand Gary in die Küche. Für einen kurzen Moment war Jasper geneigt, ihm nachzugehen und zu fragen, was er vorhatte, entschied jedoch, dass es ihn nichts anging.

Auf dem Weg vom Einkaufszentrum in Jaspers Wohnung rutschte Lennard aufgeregt auf dem Beifahrersitz herum. »Meinst du, Mama gefällt die Kette?«, fragte er zum wahrscheinlich hundertsten Mal.

»Ganz bestimmt«, bestätigte Jasper ebenso oft.

»Jetzt brauche ich nur noch was für Papa und für dich«, überlegte Lenni laut.

Jasper bog in seine Straße ein. »Du weißt doch, dass du mir nichts schenken brauchst. Gib dein Geld lieber für sinnvollere Sachen aus. Kino oder Süßigkeiten oder so.«

»Hast du ein Geschenk für mich?«, wollte sein Bruder wissen und als er nickte, zog dieser die Augenbrauen zusammen. »Siehst du, also schenke ich dir auch was. Hast du einen Wunsch?«

»Einen weniger nervigen Bruder, das reicht mir schon«, witzelte Jasper, während er vor seiner Haustür einparkte. Vom Beifahrersitz erklang ein Schnauben.

»Warum darf ich heute nicht bei dir schlafen? Du hast doch morgen früh keinen Auftrag.«

Jasper seufzte und stellte den Motor aus. Dann sah er seinen Bruder an. »Weil das Gästezimmer im Moment belegt ist. Ein Freund von mir musste kurzfristig aus seiner Wohnung und wird noch ein paar Tage bleiben.«

»Aber das ist mein Zimmer!«, trotzte der Teenager, wie zu erwarten war.

»Nein, Lenni, das ist mein Gästezimmer«, widersprach er. »Du warst einfach bisher mein einziger Gast.«

Lennard riss die Augen auf. »Ich bin also nur dein Gast?«

*Herrje.* »Nein, natürlich nicht. Du bist mein Bruder und jederzeit willkommen, das weißt du, aber im Moment übernachtet ein Freund im Gästezimmer. Im Gegensatz zu dir hat er gerade keinen anderen Ort zum Schlafen.«

»Warum denn nicht? Geht es deinem Freund gut?«, wollte Lennard nun stirnrunzelnd wissen. Er war ein guter Junge und schien einzusehen, dass es auch Wichtigeres gab, als seinen Willen zu kriegen.

»Lass uns erst mal reingehen, vielleicht ist er da, dann kannst du ihn treffen«, meinte Jasper und löste den Sicherheitsgurt.

Als er wenig später die Wohnungstür aufschloss, war ihm jedoch klar, dass Gary nicht zu Hause war. Schuhe und Jacke fehlten und auch sonst fühlte sich die Wohnung *leer* an. Als sie in die Küche kamen, blitze dort alles. Keine Krümel auf der Theke, kein schmutziges Geschirr oder vergessenes Besteckteil lag rum, wie es vor Garys Ankunft oftmals der Fall gewesen war. Sein Gast war der reinste Saubermann. Garys Laptop stand zwar noch auf dem Tisch, ansonsten war von ihm aber keine Spur zu sehen.

»Wo ist er denn?«, wollte Lennard wissen, als er hinter ihm in die Küche kam. »Oh, du hast ja mal geputzt!«

Wenn sogar seinem Teenager-Bruder die neue Reinheit seiner Küche auffiel, hatte das schon was zu bedeuten. »Ich? Das war Gary. Er mag es wohl sauber und ordentlich«, kommentierte Jasper.

Lennard ließ sich auf die Couch fallen und sah ihn über die Lehne hinweg an. »Gary? Der Typ, von dem Mama so schwärmt und du auch ständig erzählst?«

»Mama schwärmt von ihm? Sie kennt ihn doch gar nicht«, sagte er verdutzt.

»Sie meinte, er wäre ja so höflich gewesen am Telefon und hätte eine nette Stimme und was weiß ich noch.«

Lennard verdrehte die Augen. »Keine Ahnung, aber das muss ja echt ein Wahnsinnstyp sein, wenn ihr beide so auf ihn abfahrt. Und wenn du ihn mir sogar vorstellst, dann hat das wohl erst recht was zu heißen«, meinte sein Bruder grinsend.

*Oh Mann.* »Okay, Kleiner, hör zu. Du kennst Gary bereits«, wagte Jasper sich vor.

Lennard runzelte die Stirn und schüttelte den Kopf. »Nein, ich glaube nicht, dass ich einen Gary kenne.«

»Weil du ihn nicht als Gary, sondern als Herr Finke kennst«, eröffnete Jasper ihm die Wahrheit und hoffte, dass sein Bruder nur mittelmäßig ausrasten würde.

»Herr Finke? *Der* Herr Finke? Mein *Geschichtslehrer*?« Lennard saß nun kerzengerade auf dem Sofa und riss die Augen weit auf, dann ging er in die Luft. »Sag mal, spinnst du? Du kannst doch nicht mit meinem Geschichtslehrer gehen! Oh mein Gott, ist er deswegen von der Schule geflogen? Weil er auch schwul ist? Nein, Jasi, das kannst du mir nicht antun! Schlimm genug, dass die anderen mich komisch angucken, weil du auf Männer stehst, aber mein Geschichtslehrer? No way!«

»Na ja, eigentlich ist er ja nicht mehr dein Lehrer«, warf er lahm ein.

»Weiß Mama, wer er ist? Oh mein Gott, habt ihr euch an der Schule kennengelernt, wenn du mich abgeholt hast? Hoffentlich hat euch keiner gesehen, das wäre der pure Horror für mich!«, wetterte Lennard weiter. Er kniete mittlerweile auf dem Sofa, fuchtelte wild mit den Armen herum und starrte ihn hilflos an.

»Lenni, beruhige dich. Niemand wusste, dass Gary schwul ist, bis zu dem Tag, an dem ihm gekündigt wurde. Und ja, das war der Grund, aber ich hatte damit nichts zu tun, versprochen! Wir kennen uns zwar schon eine Weile, aber bis neulich wusste ich nicht mal, dass er dein Lehrer war, ehrlich!«, versicherte Jasper ruhig. »Und das eine hat mit dem anderen auch gar nichts zu tun. Für mich ist er nicht Herr Finke, dein Lehrer, sondern einfach Gary.«

»Das kannst du nicht machen, Jasi! Weißt du, was mir in der Schule blüht, wenn die anderen das mitkriegen? Und die Lehrer? Ich bin doch so schon der Sonderling mit dem unchristlichen Bruder«, brüllte Lennard verzweifelt.

»Ja, ich weiß, dass es für dich zurzeit nicht einfach ist –«

»Nicht *einfach*? Du hast ja keine Ahnung!«

»Doch, Lenni, die habe ich! Ich war auch mal ein Teenager. Ich hatte zwar keinen schwulen Bruder, aber ich war *der* Schwule! Glaub mir, ich weiß ganz genau, wie es ist, von anderen schikaniert oder gemieden zu werden!«, widersprach er und setzte sich zu seinem Bruder aufs Sofa.

Lennard murmelte eine Entschuldigung, sah ihn jedoch immer noch verärgert an.

»Ich habe Mama erzählt, dass Gary Lehrer an deiner Schule war und entlassen wurde, weil rauskam, dass er schwul ist. Sie weiß auch, wie viel Gary mir bedeutet und auch, dass ich hoffe, dass aus ihm und mir bald ein Paar wird«, erklärte Jasper und hoffte, dass sein Bruder Verständnis zeigte.

»Muss das denn sein? Kannst du dir nicht einen anderen Mann suchen?«, unterbrach dieser ihn.

»Nein. Ich mag Gary und ich hoffe, dass bald mehr aus uns wird, aber zurzeit lernen wir uns erst mal besser kennen«, erzählte er. »Mir ist wichtig, dass du weißt, dass meine Beziehung zu Gary nichts mit uns beiden zu tun hat. Du bist mein kleiner Bruder und wirst es immer bleiben. Gary wird weder zwischen uns stehen, noch möchte ich, dass du ihn als Konkurrenz betrachtest, auch wenn ich natürlich Zeit mit ihm verbringen werde. Er ist ein netter Mann und ich weiß, dass du ihn doch eigentlich mochtest, also meinst du, dass du dich an den Gedanken gewöhnen kannst, dass ich einen Freund habe?«

»Ich verstehe das alles ja und ich freue mich, wenn du glücklich bist, Jasi, aber in der Schule, da werden Dinge über dich verbreitet, die sind echt nicht schön. Und auch über mich und Mama und Papa erzählen sie gemeine Sachen.«

Jasper zog Lennard fest an sich. »Ich weiß, Kleiner, ich weiß.« Er hatte den verzweifelten Gesichtsausdruck gesehen und obwohl er seiner Mutter versprochen hatte, das Gespräch mit seinem Vater abzuwarten, wollte er Lennard ein wenig der Angst nehmen. »Ich habe mit Mama gesprochen. Du darfst zum nächsten Halbjahr die Schule wechseln, was aber nicht heißt, dass es einfacher werden muss.«

»Ist das dein Ernst?«, quiekte Lennard. »Ich darf wirklich auf eine andere Schule? Oh yeah! Yeah, yeah, yeah! Du bist der beste Bruder der Welt!«, jubelte er.

»Ach, jetzt auf einmal!«, lachte Jasper, während sein Bruder ihm um den Hals fiel. »Aber im Ernst, Lenni, eine neue Schule garantiert dir nicht, dass es einfacher wird. Es wird überall Idioten geben, die Vorurteile haben oder Gerüchte verbreiten.«

»Ja, ich weiß, aber Jasi, ganz ernst, schlimmer als gerade kann es wirklich nicht werden«, meinte Lennard leise.

»So krass, ja?«, hakte Jasper nach.

Lenni verdrehte die Augen. »Bro, keiner sagt mehr krass!«

»Okay, gut zu wissen. Hast du denn irgendwelche Fragen? Zu den Gerüchten, oder auch sonst?«

Sein Bruder sah ihn nachdenklich an, dann schluckte er. »Na ja, eine vielleicht.«

»Schieß los, Kleiner. Du weißt, dass wir über alles reden können«, sagte er und lächelte ihn aufmunternd an.

»Also in der Schule, da habe ich gehört, wie ein paar

Mädels darüber getuschelt haben, dass alle Schwulen früher oder später Aids haben werden, weil man die Krankheit vom … na, du weißt schon … kriegt«, murmelte Lennard.

*Okay, das war eine der einfacheren Fragen.* »Erst mal, das stimmt so nicht. Grundsätzlich ist nicht Aids ansteckend, sondern HIV, das zum Ausbruch von Aids führen kann. Es ist richtig, dass der Virus beim Analverkehr übertragen werden kann, aber das ist nicht die einzige Art, sich damit anzustecken, sondern auch über Blut, Sperma oder Vaginalsekret und jeder kann es übertragen, Männer wie Frauen, Kinder und Erwachsene. Schwul zu sein bedeutet also nicht automatisch, dass man Aids bekommt. Für jeden Heteromann und jede Heterofrau besteht bei ungeschütztem Verkehr genauso die Gefahr, sich anzustecken, wie für Schwule. Die einzige Möglichkeit, sich beim Sex davor zu schützen, ist ein Kondom zu benutzen, egal ob beim Vaginal- oder Anal- und selbst beim Oralverkehr, auch wenn dort das Risiko sehr viel geringer ist.«

»Also bist du nicht krank?«, fragte Lennard leise.

»Nein, Lenni, das bin ich nicht«, versicherte Jasper. »Ich habe nie ungeschützten Verkehr und lasse mich zudem regelmäßig untersuchen. Ich bin gesund.«

»Oh, okay, gut.« Sein Bruder lächelte zaghaft. »Kann ich dich noch etwas fragen?«

»Sicher, was möchtest du noch wissen?«

»Also, eigentlich ist es eine Frage über Herrn Finke. Ich bin mir sicher, dass es nicht stimmt, aber na ja, das erzählen jetzt so viele und …«

»Nun spuck's schon aus, Kleiner!«, forderte Jasper neugierig.

»Es wird rumerzählt, dass Herr Finke schwul ist und die Jungs bevorzugt hat, weil er, nun ja, halt auf Penisse steht und einige Jungs bei ihm deswegen immer so gute Noten beko–«

»Halt! Stopp!«, schritt Jasper ein, weil er eine Vermutung hatte, wo das hinführen würde. »Nein, Lennard! Nein, das stimmt nicht. Pädophilie hat nichts mit Homosexualität zu tun und wenn an eurer Schule so ein Gerücht rumgeht, dann ist das Rufmord! Gary steht nicht auf Jungs, er steht auf Männer!« Es war durchaus möglich, dass Gary deswegen an keiner Schule der Stadt ein Vorstellungsgespräch bekommen hatte. Himmel, wenn das Gerücht rumging, dass Gary sich an seine Schüler rangemacht hatte, würde das für ihn nicht nur kurzfristige Arbeitslosigkeit, sondern das Ende der Karriere bedeuten. »Was gehen noch für Gerüchte über ihn rum?«

Lennard zuckte mit den Schultern. »Dass er verheiratet ist, aber ständig mit Männern bumst, die er in Darkrooms trifft. Was ist ein Darkroom?«

Jasper schloss resigniert die Augen. »In einigen Clubs und Bars gibt es abgedunkelte Räume, in denen man anonymen, schnellen Sex haben kann. Ich weiß nicht, ob Gary in Darkrooms Sex hatte und selbst wenn, wäre es nichts Verwerfliches.«

»Oh, verstehe. Klar. Hattest du, also warst du …«

»Nein, und das geht zu weit, Lenni. Ich beantworte dir gern deine Fragen, aber wo ich mit wem schlafe, das geht nur mich etwas an«, erklärte Jasper bestimmt.

Lennard starrte mit roten Wangen auf seine Füße. »Ja, natürlich. Entschuldige.«

Jasper atmete tief durch. »Schon gut. Sind deine Fragen beantwortet oder hast du noch etwas auf dem Herzen?«

»Ähm, nein, das war's.«

»Komm schon, Kleiner. Ich bin dein großer Bruder, du weißt doch, dass du mir vertrauen kannst und solange du keine zu persönlichen Fragen hast, können wir alles klären«, versicherte er und wuschelte ihm spielerisch durch die Haare.

»Gibt es wirklich Kondome, die im Dunkeln leuchten?« Die Frage war kaum hörbar.

Verdutzt sah Jasper seinen Bruder an, dessen Kopf nun rot glühte und der jeglichen Blickkontakt vermied. »Ja, die gibt es. Bei Kondomen gibt es so ziemlich alles, was man sich nur vorstellen kann.«

»Oh, okay. Können wir jetzt das Thema wechseln?«

»Gern.« Jasper lachte und knuffte Lennard in die Seite. »Wir haben noch eine Stunde, bis ich dich zur Regierung zurückfahre, was wollen wir machen?«

»Zocken?«, kam der sofortige Vorschlag.

Jasper nickte. »Klar, bau auf, ich hol uns was zu trinken.«

Er beobachtete seinen Bruder, der aufsprang, um die Spielekonsole aufzubauen. Der Kleine machte gerade eine schwierige Zeit durch. An der Schule schien die Hölle los zu sein, wozu sicher auch die Lehrer einen Teil beigetragen hatten, denn woher sollten die Schüler wissen, dass Gary verheiratet und schwul war? Erraten hatten sie das sicher nicht. Das wäre wohl ein zu großer Zufall. Es wurde wirklich Zeit, dass Lenni aus diesem Umfeld wegkam.

»Kommst du?«, fragte dieser und wedelte mit dem Controller.

»Na, da kann es aber jemand gar nicht erwarten, vernichtend geschlagen zu werden«, meinte Jasper lachend, während er zwei Flaschen Cola aus dem Kühlschrank fischte und sich anschließend neben seinem Bruder aufs Sofa fallen ließ.

Mit dem beruhigenden Gefühl, ein paar Euro mehr im Portemonnaie zu haben, schloss Gary die Tür zu Jaspers Wohnung auf. Er hatte nicht gedacht, dass er nur einen Bruchteil des Kaufpreises bekommen würde und für einen Moment hatte er gezögert, aber es war ja nicht so, als wenn er seinen Ehering noch mal brauchen würde, daher hatte er kein schlechtes Gewissen, ihn versetzt zu haben.

»Du kannst dich verstecken, wo immer du willst, du hast ja doch keine Chance!«, hörte er jemanden rufen.

»Ich verstecke mich nicht, ich lauere! Das ist ein Unterschied, Kleiner!«, sagte der Besitzer der Wohnung lachend.

»Das wird dir auch nicht helfen, Bro!«

Gary atmete tief durch, zog sich Schuhe und Jacke aus, bevor er ins Wohnzimmer trat. Er hatte keine Ahnung, wie der Junge auf ihn reagierten würde. Er war sich nicht mal sicher, ob Jasper Lennard von seiner Anwesenheit erzählt hatte.

Die Brüder hatten es sich auf dem Boden vor der Couch gemütlich gemacht, wobei der jüngere der beiden kniete, während der andere im Schneidersitz saß. Beide hatten Controller einer Spielekonsole in der Hand und starrten gebannt auf den Fernseher, auf dem sie sich offensichtlich gerade einen virtuellen Kampf auf Leben und Tod lieferten.

»Scheiße, wo bist du? Aber ich finde dich schon!«, verkündete Lennard mit einem angestrengten Blick Richtung Bildschirm.

»Und mein Gewehrlauf wird das Letzte sein, was du dann siehst«, drohte der große Bruder, bevor er Gary bemerkte. »Oh, Gary, hi. Ist es schon so spät?«, fragte Jasper und warf einen Blick auf seinen Bruder, der Gary mit großen Augen anstarrte.

»Hallo, Herr Finke«, murmelte Lennard, als Jasper ihn

anstupste, wandte sich dann jedoch eilig wieder dem Fernseher zu.

Er ging ein paar Schritte auf die beiden zu. »Hallo, Lennard. Du kannst ruhig Gary zu mir sagen.«

»Okay«, kam die kaum hörbare Antwort.

»Verdammt, schon kurz vor sechs. Tut mir leid, ich habe nicht auf die Zeit geachtet«, entschuldigte sich Jasper.

»Kein Problem, lasst euch nicht stören. Was spielt ihr denn?«, fragte Gary nur mäßig interessiert. Videospielen konnte er nichts abgewinnen, schon gar nicht diesen furchtbaren Ballerspielen.

»Ha! Jetzt bist du fällig!«, rief Lennard, kaum dass er ausgesprochen hatte. Gleich darauf dröhnten Schüsse aus den Boxen des Sound-Systems.

Jaspers Kopf fuhr zum Fernseher herum. »Was? NEIN! Hey, das war unfair, ich war abgelenkt!«, protestierte er und gab seinem Bruder einen Schubs, der daraufhin laut lachte und den Controller fallen ließ.

»Augen immer aufs Ziel, Herr Personenschützer«, neckte Lennard ihn.

Jasper warf Gary einen vielsagenden Blick zu und zog die Augenbrauen hoch, während sich ein schmutziges Grinsen auf seinem Gesicht ausbreitete. Die Schmetterlinge in Garys Bauch schienen lange genug Pause gemacht zu haben und drehten sofort ein paar schnelle Runden.

Säße Jaspers kleiner Bruder jetzt nicht mit im Raum, hätte Gary es sich vielleicht getraut, eine Anspielung auf eine gesunde Portion Optimismus zu machen, aber dem war nicht so, also lächelte er lediglich zurück, während seine Wangen warm wurden.

»Ähm … Jasi, fährst du mich jetzt nach Hause? Mama wartet bestimmt schon«, unterbrach Lennard ihre stumme Flirterei und sah irritiert zwischen ihnen hin und her.

Jasper wandte sich seinem Bruder zu und nickte. »Na klar.«

Unsicher, ob ihr Date noch stand, ging Gary ein paar Schritte Richtung Küche.

»Gary? Ginge es für dich in Ordnung, wenn wir Lennard nach Hause fahren und dann zu unserem eigentlichen Ziel aufbrechen? Ist auch kein großer Umweg.«

»Sicher.« Eigentlich hatte er vorgehabt, noch zu duschen, aber er konnte jetzt ja schlecht nein sagen. Hoffentlich musste er nicht mit zu den Eltern rein.

»Super. Ich zieh mir nur schnell was Wärmeres an, dann kann's losgehen. Du solltest dir auch noch einen Pullover überziehen«, meinte Jasper und stand vom Boden auf. »Lenni, räumst du hier auf?«

»Ja, ja«, murmelte dieser. »Wo fahrt ihr denn hin?«

Der Junge verstand es, die richtigen Fragen zu stellen. Auf dem Weg aus dem Zimmer hielt Gary inne und sah über seine Schulter. Jasper hatte sich zu seinem Bruder runtergebeugt und flüsterte diesem etwas ins Ohr, woraufhin der Kleine nickte und errötete. Jasper hob den Kopf und als er Gary beim Lauschen erwischte, grinste er und streckte ihm die Zunge raus, was so verdammt witzig aussah, dass Gary lachen musste.

Als er sich einen Pullover übergezogen hatte, verstaute er das Geld in seiner Reisetasche und ging dann in die Küche zurück. Lennard war gerade dabei, die leeren Glasflaschen in den Kasten neben dem Mülleimer zu stecken. Als er sich aufrichtete und ihn bemerkte, schluckte er sichtbar und sah sich nervös im Raum um.

»Jasper ist noch mal kurz ins Bad gegangen«, informierte er Gary mit Blick auf den schwarzen Fernsehbildschirm.

Er lächelte und nickte. Er würde gar nicht erst so tun, als wäre die Situation nicht seltsam. Auch würde er nicht versuchen, wie ein Kumpel zu wirken, denn das würde der Teenager ihm nicht eine Sekunde abkaufen. Stattdessen würde er mit ihm sprechen, wie er es mit jedem anderen Jungen in seinem Alter auch täte, das war bisher am besten gewesen und beide Seiten hatten sich damit wohlgefühlt.

Außerdem kannte er sich mit Kindern und Jugendlichen aus. Im Gegensatz zu flirtenden Männern, die mehr von ihm wollten als eine schnelle Nummer – die machten ihn nervös, vor allem, wenn sie dazu noch groß, attraktiv, verständnisvoll und charmant waren wie ein gewisser Personenschützer, mit dem er gleich zu seinem ersten Date aufbrechen würde. Nein, Teenager waren da einfach unkomplizierter zu handhaben.

»Ist gut. Hattet ihr denn einen netten Nachmittag? Ihr wart ihm Einkaufszentrum, oder?«

»Mhm, Jasi hat mir geholfen für meine Mama ein Weihnachtsgeschenk auszusuchen und dann haben wir gezockt«, erzählte der Kleine zögerlich.

»Das ist schön. Was schenkst du ihr denn?«, fragte Gary interessiert.

Lennard sah ihn unsicher an. »Eine Kette. Aber das dürfen Sie ihr nicht verraten.«

Er lächelte und schüttelte den Kopf. »Keine Sorge, von mir erfährt sie nichts. Und du musst mich nicht mehr siezen.«

Der Teenager nickte. »Okay.«

»Weißt du denn schon, was du deinem Bruder schenkst?«, hakte Gary weiter nach, weil er das Gefühl hatte, dabei auf einem unverfänglichen Terrain zu sein.

»Nein«, seufzte der Junge. »Haben Sie eine Idee?«

Er schien von dem Sie nicht wegzukommen, aber ganz

sicher war es auch nicht einfach, seinen Lehrer privat kennenzulernen, auch wenn er es jetzt nicht mehr war.

»Tut mir leid, so gut kenne ich deinen Bruder nicht. Ein Buch vielleicht?« Er verschenkte zumindest gerne Bücher zu Weihnachten oder Geburtstagen und Finn und Erik hatten sich nie beschwert.

Lennard starrte ihn mit großen Augen an, dann brach er in Gelächter aus. »Sie kennen ihn wirklich noch nicht sehr gut!«

»Okay, dann kein Buch.« Gary zuckte mit den Schultern. »Lesen kann er doch aber, oder?«, fragte er betont beiläufig, zwinkerte jedoch, als er Lennards überraschten Gesichtsausdruck sah.

Dieser grinste. »Grad so.«

»Ihr habt ja Spaß hier«, sagte Jasper, als er in die Küche kam. Er trug eine schwarze Jeans und einen dunkelgrünen Pullover. Darunter offensichtlich ein hellblaues Hemd, dessen Kragen am Hals über den Pullover geschlagen war.

Gary fühlte sich in seiner alten blauen Jeans und dem schlichten schwarzen Pullover, dem einzigen, den er aus seiner Wohnung gerettet hatte, ziemlich schäbig.

»Worüber grinst ihr zwei denn so?«

»Du kannst zwar alles essen, aber nicht alles wissen«, informierte Lennard seinen großen Bruder trocken, der daraufhin die Augenbrauen hochzog und die Arme vor der Brust verschränkte, was für die Ärmel des Pullovers eine echte Zerreißprobe darstellte.

»Wie bitte? Ich glaube wohl, ich höre nicht richtig!«, erboste sich Jasper mit argwöhnischem Blick.

»Wie wäre es dann mit einem Hörgerät, Lennard? Ich würde was dazulegen«, schlug Gary vor, woraufhin der Kleine sich die Hand vor den Mund schlug und losprustete. Er sah Jasper an und zwinkerte ihm zu.

Dieser verdrehte die Augen und schüttelte den Kopf. »So, ihr Spaßvögel, ab ins Auto.«

»Aye, aye.« Lennard salutierte und flitzte an ihnen vorbei in den Flur.

Jasper sah ihn fragend an. »Ein Hörgerät?«

Gary zuckte mit den Schultern. »Er hat mich nach einem Tipp für ein Weihnachtsgeschenk gefragt.«

»Verstehe.« Jasper lächelte und bedeutete ihm dann, ihm in den Flur zu folgen, wo Lennard schon fertig angezogen auf sie wartete.

Eine viertel Stunde später bog Jasper in eine der vornehmeren Gegenden der Stadt ein. Einfamilienhäuser, deren Vorgärten mit Plastikfiguren und beleuchteten Tannenbäumen geschmückt waren, reihten sich hier aneinander. In jedem Fenster leuchteten bunte Sterne, winkten Weihnachtsmänner oder flogen beleuchtete Engel. Unglaublich kitschig, fand Gary. Und doch irgendwie heimelig.

Jasper hielt vor einem zweistöckigen Haus, um dessen Mitte sich eine Kette aus beleuchteten Eiszapfen schlang. An der Haustür hing ein Kranz aus Tannenzweigen und auf dem kleinen Stück grünen Rasen davor waren drei Rentiere und der Schlitten des Weihnachtsmannes aufgebaut, die nur darauf zu warten schienen, dass es endlich schneite.

»Danke fürs Abholen und den coolen Nachmittag, Bro«, flötete Lennard vom Rücksitz, woraufhin Jasper verdutzt nach hinten blickte.

»Kein Problem«, sagte er beinahe schockiert. Offensichtlich war es sonst nicht üblich, dass sein Bruder ihm dankte.

»Viel Spaß noch nachher«, kam der nächste Kommentar von der Rückbank. »Und Herr Finke?«

Er sah sich um und lächelte. »Gary, schon vergessen?«

»Oh. Ja. Ähm … Gary. Ich wollte Ihnen nur sagen, dass ich das, was an der Schule über Sie erzählt wird, nicht glaube. Sie waren immer nett zu mir. Also nicht *so* nett, aber halt einer der coolsten Lehrer und es ist echt nicht fair, dass sich nun alle so das Maul über Sie zerreißen.«

Perplex starrte Gary ihn an. »Okay, danke«, brachte er hervor. Was zum Teufel ging denn an der Schule vor sich? Worüber zerrissen sie sich das Maul? Und vor allem wer? Seine ehemaligen Kollegen? Die Schüler?

»Bis bald.« Lennard sprang aus dem Auto und ließ ihn sprachlos und mit vielen Fragen zurück.

Als die Tür zuknallte, sah Gary Jasper ungläubig an, der ihm einen verlegenen Blick zuwarf und mit den Schultern zuckte.

»Wovon hat er da gesprochen?«, fragte er, als Jasper den Motor startete.

Dieser seufzte. »Ich wollte es dir eigentlich erst morgen früh erzählen und nicht das Date damit ruinieren, aber na ja, nun ist es wohl zu spät. Lenni hat mir vorhin erzählt, dass an der Schule Gerüchte die Runde machen, du seist verheiratet, würdest aber ständig mit Männern schlafen, die du in Darkrooms kennenlernst.«

»Oh Gott!« Resigniert schloss er die Augen.

»Außerdem hättest du die Jungs bevorzugt und seist besonders nett zu ihnen gewesen«, fügte Jasper leise hinzu.

Gary wurde übel und er musste sich am Griff der Autotür festhalten. »Das ist ein Scherz, oder?«

»Nein, leider nicht.«

Das war das Ende seines Traumes, zu unterrichten! Keine Schule würde ihn mehr anstellen, wenn rumerzählt wurde, dass er sich an seine Schüler rangemacht hätte. Kein

Wunder, dass er überall abgewimmelt oder gar nicht erst angehört worden war, als er seinen Namen genannt hatte. Gott, wenn er Pech hatte, kämen einige Eltern noch auf die Idee, ihm etwas anzuhängen und ihn anzuzeigen.

»Scheiße, verdammt.« Tränen voller Verzweiflung und Wut stiegen ihm in die Augen. »Scheiße.« Das Auto wurde angehalten und kurz darauf schlossen sich Jaspers Arme um seine Schultern.

Er sagte nichts, hielt ihn nur fest, während Gary versuchte seine Fassung wiederzugewinnen.

»Was mache ich denn jetzt?«, flüsterte er verzweifelt, als er seiner Stimme wieder trauen konnte.

»Ich weiß es nicht. Warten, bis Gras über die Sache gewachsen ist?«, antwortete Jasper fragend.

Gary schnaubte ungläubig, wobei ihm zu allem Überfluss auch noch Rotz aus der Nase lief. »Shit.«

Jasper lehnte sich ein Stück vor und fischte ein Taschentuch aus dem Handschuhfach, das Gary beschämt, aber dankbar annahm. Nachdem er sich die Nase geputzt und die Wangen getrocknet hatte, lehnte er sich gegen die Kopfstütze zurück.

»Ich kriege in dieser Stadt nie wieder einen Job als Lehrer«, sprach er die Realität aus, vor allem, um sie selbst zu hören und zu versuchen, sie zu verstehen.

»Du bist noch jung, du kannst etwas anderes machen«, warf Jasper leise ein.

Gary sah ihn an und lächelte schwach. »Ich habe keinen Job, keine Wohnung, nicht mehr Klamotten, als in eine Reisetasche passen, ganze zweihundertsieben Euro und fünfzehn Cent und werde vermutlich in ein paar Monaten von meiner verlogenen Ehefrau auf Unterhalt für ein fremdes Kind verklagt. Du hast recht, mir steht die ganze Welt offen!« Dabei wollte er nichts anderes, als zu unterrichten.

Jasper zog ihn wieder an sich und streichelte über seinen Rücken. »Sag mir, was ich tun kann?«

Nichts. Im Moment gab es nichts, was irgendjemand für ihn tun konnte. »Unser Date hattest du dir sicher anders vorgestellt, nicht?«, murmelte er in Jaspers Pullover.

Sein Freund zuckte kurz mit den Schultern. »Das holen wir nach.«

»Was hattest du denn geplant?«, fragte Gary, um sich abzulenken, während er seine Arme um Jaspers Taille schlang.

Der Griff um ihn verstärkte sich und er konnte den warmen Atem seines Traummannes an seinem Ohr spüren. »Ich wollte mir dir Schlittschuh fahren gehen und anschließend irgendwo was essen.«

»Klingt toll«, brachte Gary hervor. Die Idee war wirklich schön und er war sich sicher, dass sein erstes Date toll geworden wäre, wenn sein Leben ihm nicht mal wieder einen Strich durch die Rechnung gemacht hätte. »Ich hab bei Antonio einen Tisch bestellt«, ergänzte er.

Gary liebte den kleinen Italiener in Jaspers Straße. Er ging dort oft mit Erik und Finn essen und meist trafen sie ein paar der anderen Stammgäste wie Alex, den Chef seiner Freunde, und Lars, dessen Ehemann. Manchmal auch Stella, Lars' Schwester, und ihre Freundinnen. Genau wie das ältere Ehepaar, das im Nebeneingang von Erik und Finn wohnte. Dann natürlich Antonios Frau und die drei Kinder, die sich ständig stritten.

Er liebte es, mit Finn und Erik den Abend in dem kleinen Restaurant zu verbringen, Antonios Geschichten zu lauschen und das herrliche Essen zu genießen. Wenn Jasper Zeit hatte und ihnen Gesellschaft leistete, war es noch viel schöner gewesen, auch wenn er dann vor lauter Schmetterlingen im Bauch das Essen kaum hatte genießen können.

»Wie wäre es, wenn wir das Schlittschuhlaufen ausfallen lassen und gleich zu Antonio fahren?«, fragte Jasper.

Gary sah auf. »Meinst du?« Er hatte so gehofft, diesen Abend in seinem Lieblingsrestaurant zu verbringen.

Jasper nickte lächelnd. »Sicher. Essen müssen wir schließlich was. Und ich weiß doch, wie gern du bei Antonio bist.«

»Woher weißt du das?«, fragte er verblüfft, als Jasper wieder auf den Fahrersitz zurückrutschte und sich anschnallte.

»Deine Augen leuchten immer so, wenn wir dort sind, und du bist dann noch aufgedrehter als sonst. Manchmal hatten Finn und ich die Befürchtung, dass ihr, du und Erik, anfangt zu hyperventilieren, noch bevor wir beim Dessert angekommen waren«, antwortete der Personenschützer grinsend.

Gary spürte, dass er rot wurde. Kurz war er gewillt seine Verlegenheit wieder zu überspielen, entschied sich dann jedoch, sich nicht zu verstellen. Sie waren schließlich bereits ineinander verliebt und wollten sich näher kennenlernen, daher sollte er wohl auch öfter versuchen, er selbst zu sein.

»Das war nicht wegen Antonios Essen«, entgegnete er leise. Gott, wurde es heiß in diesem Auto!

»Nicht? Weswegen dann?«, fragte Jasper mit Blick auf die Straße.

»Der netten Gesellschaft am Tisch«, gab er mit klopfendem Herzen zu und warf einen verstohlenen Blick auf Jasper, dessen Wangen rot wurden, während er lächelte.

Jasper lächelte, als Gary und er das kleine italienische Restaurant betraten. Das Gesicht seines Freundes erhellte sich, kaum dass Antonio sie erblickte und mit ausgebreiteten Armen auf sie zukam. Er verstand zwar kein Wort von dem, was die beiden sich grinsend erzählten, freute sich jedoch mit Gary, der endlich mal fröhlich zu sein schien.

Mit einiger Überraschung bemerkte er, dass Gary plötzlich verstummte und tiefrot anlief, während der kleine rundliche Italiener lauthals lachte und ihm auf die Schulter klopfte, bevor Gary leise etwas auf Italienisch antwortete.

»Was hat Antonio denn gerade zu dir gesagt?«, fragte Jasper neugierig, als sie an ihrem Tisch direkt am Fenster saßen.

Garys Wangen färbten sich pink, während er den Kerzenständer ausgiebig betrachtete. »Er hat gefragt, warum es so lange gedauert hat, bis wir zwei es endlich kapiert haben und dass er sich für uns freut«, murmelte er.

»Er denkt, dass wir ein Paar sind?«, hakte Jasper nach.

Gary nickte, ohne ihn anzusehen. »Ja, scheint so.«

Jasper lehnte sich ein Stück vor und griff nach Garys Hand. »Was hast du ihm denn darauf geantwortet?« Er ließ seinen Daumen über Garys Handrücken gleiten und lächelte liebevoll.

»Dass wir noch nicht so weit sind, ich das aber hoffe.« Die Antwort war kaum hörbar.

»Ich auch«, versicherte Jasper und drückte Garys Hand leicht.

Dieser sah endlich auf und lächelte.

Antonio trat an den Tisch. »Was ihr möchtet bestellen, *piccioncini? Pizza tonno, Jasper? E una prosciutto per te, Gary?"*

»*No.*« Gary schüttelte den Kopf. Dann sah er auf. »Ist es okay, wenn ich bestelle?«

»*Sì.*« Jasper grinste, woraufhin Gary zurücklächelte.

»Ah, du jetzt lernst auch *italiano*?«, wollte Antonio wissen.

Jasper winkte lachend ab. »Ach nein.« Die fremde Sprache hatte zwar einen wirklich hübschen Klang und wirkte bei Gary absolut heiß, doch erschien sie ihm auch ziemlich kompliziert.

»Aber warum? *Italiano* ist so schöne Sprache«, meinte Antonio strahlend. »Sind *i nostri amici* noch in *bella Italia*?«

»*Sì.*« Gary nickte lächelnd. Dann erzählte er etwas, in dem Finns und Eriks Namen vorkamen, sodass Jasper davon ausging, dass er über deren Urlaub sprach.

»Ah, so *romantica*.« Antonio lächelte versonnen, bevor ihm der Block in der Hand einzufallen schien. »Brauchst du die *menù*?«

Gary schüttelte den Kopf und diktierte ein paar Gerichte, die Jasper von der Speisekarte wiedererkannte. Das *crema caprese*, das Gary als Vorspeise bestellte, hatte er bereits ein paar Male gegessen und es war immer wieder gut. Auch auf die Nudeln mit Lachs, deren Namen er sich nie würde merken können, freute er sich, denn es war eines seiner Lieblingsessen. Er fragte sich, ob Gary dies wusste und es daher absichtlich bestellt hatte.

»Möchtest du Dessert?«, wollte Gary wissen.

Jasper nickte sofort. »Sicher. Was hältst du davon, wenn wir ein *Tiramisù* teilen?« Er liebte die italienische Süßspeise.

Gary schien jedoch zu überlegen, schüttelte dann zögerlich den Kopf. »Ist nicht so meins«, gab er zu.

Das verwunderte Jasper ganz und gar nicht, denn er hatte Gary noch nie etwas anderes als Eis zum Dessert essen sehen. Es war eine Art Running Gag zwischen ihnen geworden, denn auch Erik und Finn liebten Antonios Erdbeereiscreme. Die drei nahmen sich zwar jedes Mal vor, etwas Neues zu probieren, endeten dann allerdings doch bloß wieder vor Schüsseln voller Eis, wobei Finn und Erik noch Sahne dazu bestellten, von der Gary stets der Meinung war, dass sie den Geschmack ruinieren würde.

Jasper lächelte und wandte sich an den Wirt, der sie neugierig beobachtete. »Wir nehmen einmal *Gelato alla fragola* ohne Sahne und das *Tiramisù.*«

Garys strahlende Augen und das Lächeln, das seine Lippen umspielte, bestätigten Jasper, dass er die richtige Wahl getroffen hatte.

»Möchtet ihr *vino*?«, fragte Antonio, während er die Bestellung notierte.

Gary sah ihn fragend an. Jasper fand, dass ein Glas Wein durchaus angemessen für diesen Abend war, auch wenn er sonst lieber Bier trank, also nickte er.

»Kannst du uns etwas empfehlen?«, wollte Gary von Antonio wissen.

Der fröhliche Italiener nickte. »*Per l'appunto!* Ich bringe euch!« Mit diesen Worten wirbelte er herum und schlängelte sich zwischen den Tischen neben ihnen hindurch.

Jasper sah ihm lächelnd nach. »Ich mag ihn.«

»Ich auch«, hörte er Gary sagen und sah ihn an. Er lächelte ebenfalls und lehnte sich in seinem Stuhl zurück. Dann atmete er langsam aus und fast hatte Jasper das Gefühl, sehen zu können, wie ein Teil der Anspannung von Gary abfiel.

»Wie geht es dir?«, fragte er leise.

Gary zuckte mit den Schultern und zupfte an der grünweiß-rot gestreiften Tischdecke. »Ging mir schon mal besser, aber auch schon mal bedeutend schlechter.« Dann atmete er tief durch und sah auf. »Könnten wir heute Abend vielleicht nicht über meine momentane Lage sprechen?«

Jasper nickte sofort. »Sicher.«

Einen Moment schwiegen sie, dann lächelte Gary plötzlich. »Finn und Erik haben damals ziemlich lange gebraucht, um mitzubekommen, dass sie ein Paar sind, oder?«

»Oh ja«, stimmte Jasper lachend zu. »Ich glaube, jeder wusste es, nur die zwei nicht. Es war mir unbegreiflich, wie sie das nicht bemerken konnten.«

Gary nickte. »Ich habe es auf den ersten Blick gesehen, aber Erik hat immer steif und fest behauptet, sie würden nicht zusammenpassen.«

»Finn auch. Selbst als ich ihn mehrmals darauf hingewiesen habe, dass er in Erik verliebt ist, hat er alles abgestritten und mich für verrückt erklärt«, erinnerte Jasper sich. »Ich glaube, Finn hatte Angst vor seinen Gefühlen und Erik davor, ihn zu verlieren.«

Gary nickte. »Ja, das denke ich auch. Komisch, dass ich mit ihnen zusammen nie das Gefühl hatte, das dritte Rad am Wagen zu sein, selbst als sie es dann endlich geschafft hatten.«

Jasper bekam ein flaues Gefühl im Magen bei dem Gedanken daran, dass Gary mit ihren Freunden im Bett gewesen war – und das nicht nur einmal. Er wollte nicht darüber nachdenken und schon gar nicht darüber sprechen oder vielleicht noch irgendwelche Details hören, daher wandte er den Blick ab und sah auf die menschenleere, beleuchtete Straße hinaus.

»Tut mir leid«, hörte er Gary sagen und bemerkte, dass dieser ihn schuldbewusst ansah. »Das ist wohl auch kein besonders gutes Gesprächsthema.«

»Das stimmt, darüber will ich lieber nicht reden.« Finn war sein bester Freund. Jasper liebte ihn wie einen zweiten Bruder und würde alles für ihn tun, doch zu wissen, dass Gary Finns Schwanz im Hintern gehabt hatte, machte ihn tierisch eifersüchtig, auch wenn er dazu, rein rational betrachtet, kein Recht hatte.

Wieder schwiegen sie und je länger Jasper versuchte ein anderes Gesprächsthema zu finden, desto unangenehmer wurde die Situation.

»Wie bist du eigentlich darauf gekommen, Personenschützer zu werden?«, erlöste Gary ihn endlich.

Jasper lächelte. »Das war eher Zufall. Eigentlich hatte ich nur vor, mir mein Taschengeld als Türsteher aufzubessern. Also habe ich eines Abends im *Heaven* die Typen dort angesprochen und gefragt, für wen sie arbeiten. Sie haben mir Romans Nummer gegeben und als ich ihn angerufen habe, meinte er, ich solle doch mal vorbeikommen, dann könnten wir uns unterhalten.«

»Roman? Der beste Freund deines Chefs?«, unterbrach Gary ihn.

»Ja genau. Damals hat ihm die Firma noch gehört«, sagte Jasper. »Er hat mir erklärt, dass ich erst eine Ausbildung machen muss. Er meinte, wenn ich wirklich vorhätte in die Richtung zu gehen, könnte er sich vorstellen, mich zu unterstützen, aber als reiner Türsteher würde ich später eher nicht über die Runden kommen, da bräuchte ich schon einen richtigen Job. Da ich keine Ahnung hatte, was ich nach dem Abi machen wollte, habe ich gefragt, ob er was für mich hätte. Ich war ganz schön naiv und ziemlich überrascht, als er mir erklärt hat, was es wirklich heißt, Personenschützer zu sein. Aber ich fand es interessant und er hat mir versprochen, dass ich mich nach dem Abschluss noch mal melden könne. Tja, das habe ich gemacht und bei ihm die Ausbildung zum Personenschützer angefangen. Meine Eltern waren davon allerdings überhaupt nicht begeistert.«

»Kann ich mir vorstellen«, meinte Gary nickend. »Was für Menschen beschützt du denn so?«

»Hauptsächlich Geschäftsleute und Politiker. Hin und

wieder sind auch ein paar Promis dabei, aber das ist eher die Ausnahme.«

»Also die Reichen und Schönen?«, hakte Gary nach.

»Meist schon. Aber nicht nur. Ich hatte auch schon ganz *normale* Frauen und Männer, die das Gefühl hatten, gestalkt zu werden, oder alleinerziehende Mütter, die Angst vor ihrem Exmann hatten.«

»Wow. Das klingt interessant, aber auch ziemlich gefährlich«, befand sein Gegenüber anerkennend.

»Das ist es. Daher habe ich vor drei Monaten gekündigt.«

Gary starrte ihn mit großen Augen an. »Echt?«

Jasper nickte lächelnd. »Ich habe noch zwei Aufträge, dann nehme ich meinen Resturlaub und ab 1. Januar bin ich offiziell kein Personenschützer mehr.«

»Wissen Finn und Erik davon?«, fragte Gary erstaunt.

Jasper nickte überrascht über diese Frage. »Ja sicher.«

»Und was machst du dann?« Gary runzelte die Stirn.

Mittelmäßig verwirrt sahen sie sich an. »Na, ich eröffne ein Sportstudio. Wir wollen hauptsächlich Kurse für Kampfsport und Selbstverteidigung anbieten«, erzählte Jasper noch immer überrascht. »Darüber reden Finn und ich doch schon seit Wochen.« Wie konnte Gary das nicht mitbekommen haben?

»Ich dachte, dein Vater hätte so ein Studio!«

»Ach so, jetzt versteh ich.« Jasper lachte. »Nein, mein Vater und ich machen das Studio zusammen auf. Er ist mein Geschäftspartner und stiller Teilhaber.«

Gary gluckste. »Na, nun ergeben einige eurer Unterhaltungen auch Sinn. Wie bist du denn darauf gekommen?«

»Die Idee geisterte uns schon seit ein paar Jahren im Kopf rum. Irgendwann habe ich mit Alex darüber gesprochen und bin auf offene Ohren gestoßen. Er war total begeistert und hat sofort seine Unterstützung angeboten. Vor anderthalb Jahren ungefähr haben mein Vater und ich unsere Hirngespinste in einen echten Plan umgewandelt und als wir uns sicher waren, das durchziehen zu wollen, haben wir Alex mit ins Boot geholt. Er beteiligt sich finanziell, dafür bilde ich seinen Nachwuchs in verschiedenen Kampfsportrichtungen aus.«

»Du allein?« Gary hatte mittlerweile die Ellenbogen auf dem Tisch abgestützt und starrte ihn mit riesigen Augen an, während er sich ein Stück vorbeugte.

Jasper schüttelte lächelnd den Kopf. »Nein, natürlich nicht. Alle Kampfsportarten beherrsche ich nun auch nicht. Ich habe ein paar Trainer engagiert, die erst mal stundenweise für uns arbeiten.«

»Spannend«, fand sein Freund. »Wann geht's denn los?«

»Ich hoffe, Anfang Februar. Wir müssen noch ein bisschen was am Gebäude machen. Ein paar Zwischenwände einziehen, streichen und die Einrichtung fehlt auch noch größtenteils, aber wenn alles nach Plan verläuft, startet der erste Kurs am 4. Februar«, erzählte er stolz.

Plötzlich lachte Gary. »Deswegen hat Finn immerzu versprochen, dir *zur Hand zu gehen*.«

Jasper grinste. »Ja, er findet das immer noch ziemlich witzig.«

Ein Kellner kam mit der Vorspeise, gefolgt von Antonio, der ihnen eine Flasche Wein präsentierte, auf deren Etikett er *Perticaia Trebbiano Spoletino* las. Da Jasper keine Ahnung von Wein hatte, ließ er Gary den Vortritt, der einen Schluck der strohgelben Flüssigkeit nahm und Antonio dann zunickte. Dieser goss ihnen sichtlich zufrieden nach, wünschte *Buon appetito!* und scheuchte dann den Kellner zurück in die Küche.

»Soll ich dir was verraten?«, fragte Gary mit einem verlegenen Grinsen.

Jasper griff nach seinem Glas. »Was?«

»Ich habe eigentlich keine Ahnung von Wein«, flüsterte sein Gegenüber »Aber verrat's nicht Antonio.«

Jasper schüttelte lachend den Kopf. »Das hat er bestimmt nicht gemerkt. Dein Kennerblick sah ziemlich überzeugt aus.«

»Dann bin ich ja beruhigt«, gluckste Gary.

Lächelnd nippte Jasper an seinem Wein. »Der ist gut«, fand er. Es war ein leicht süßlicher Wein mit angenehmem Geschmack nach Früchten.

Gary nickte. »Stimmt. Perfekt zur Pasta.«

Jasper stutzte. »Also kennst du da dich doch aus?«

»Nicht wirklich. Aber ich habe zumindest schon mal zwei Weinproben mitgemacht«, erzählte Gary und zuckte mit den Schultern.

»Im Urlaub?«

Gary stellte sein Glas zurück auf den Tisch und schüttelte den Kopf. »Mit meinen Schwiegereltern. War ein Geschenk meiner Frau für ihren Vater, der steht auf so was.«

»Oh. Sorry«, sagte Jasper betreten.

»Schon okay«, winkte Gary ab. »Konntest du ja nicht wissen.«

Schweigend begannen sie ihre Vorspeise zu essen. Jasper musste zugeben, dass es eines der schwierigsten Dates war, das er je hatte. Jedes Gesprächsthema, das ihm einfiel, besaß das Potenzial, Gary eventuell irgendwann zu persönlich zu werden.

»Du stehst auf Modellbau, oder?«, wollte Gary schließlich wissen.

»Ja. Es ist ein Hobby von Lenni und mir.«

»Was baut ihr denn gerade?«

»Oh, wir haben mehrere Projekte«, erzählte Jasper in der Hoffnung, dass diese Thema unverfänglich genug war. »Auf dem Schreibtisch in deinem Zimmer bauen wir einen

Helikopter. Daran sitzen wir schon eine Weile, weil wir ihn ein wenig modifizieren müssen, damit wir einen Motor und die Fernsteuerung einbauen können. Bei meinen Eltern haben wir die Tirpitz vor ein paar Wochen angefangen.«

Gary hielt mit der Gabel voll Tomate, Mozzarella und Frischkäse inne. »Das Schwesterschiff der Bismarck?«

Jasper nickte. Natürlich wusste der ehemalige Geschichtslehrer sofort, wovon er redete. »Ja. Lennard hat mir den Bausatz zum Geburtstag geschenkt.«

Gary lächelte. »Schön.«

»Reiner Eigennutz«, winkte Jasper schmunzelnd ab. »Davon hatte er ständig erzählt, da kam ihm mein Geburtstag gerade recht.«

Gary lachte laut. Jasper beobachtete ihn. Kleine Lachfältchen bildeten sich um die leuchtenden Augen seines Freundes. Er schien mittlerweile völlig entspannt zu sein und schob sich eine Gabel des Antipasto zwischen die vollen Lippen. Als Gary beim Kauen plötzlich innehielt, fiel Jasper auf, dass er ihm die ganze Zeit auf den Mund gestarrt hatte. Leicht erschrocken sah er auf. Garys Blick war intensiv und auf seinen Wangen lag ein leicht rosiger Schimmer.

Er räusperte sich und deutete mit der Gabel auf seinen Teller. »Magst du nicht?«

»Doch«, versicherte Jasper schnell und sah auf seinen noch halb vollen Teller. »Wie heißt das noch gleich auf Italienisch?«

»*Crema caprese*«, antwortete Gary lächelnd.

»Stimmt.« Er nickte. »Und Tomaten?«

»*Pomodori*.«

Ein leichtes Kribbeln jagte seine Wirbelsäule hinab, als Gary mit seiner sexy Stimme das italienische Wort über den Tisch hauchte. »Das ist heiß«, rutschte es Jasper raus.

Garys Wangen färbten sich dunkelrot, während er

lächelnd den Blick auf den Teller vor ihm heftete. Eine blonde Locke fiel ihm dabei in die Stirn. Jaspers Finger zuckten und er musste das Messer umklammern, um seine Hand davon abzuhalten, sie zu berühren und ihm aus dem Gesicht zu streichen.

»Das ist mein erstes richtiges Date«, flüsterte Gary kaum hörbar. »Keine Ahnung, ob ich das hier richtig mache.«

Jasper schüttelte leise lachend den Kopf. »Es gibt doch kein Richtig oder Falsch dabei.«

»Sicher?«, fragte sein Freund, ohne ihn anzusehen.

»Sicher!«, bestätigte er nickend. »Und solange du nicht zwischen Hauptgericht und Dessert unter dem Tisch abtauchst, ist alles gut.«

Mit großen Augen hob Gary den Kopf. »Ist dir das schon mal passiert?«

Grinsend nickte Jasper. »Allerdings.«

»Oh mein Gott.« Gary schlug sich mit der Hand auf den Mund, bevor er in Gelächter ausbrach.

Jasper zuckte mit den Schultern. »Ich muss wohl nicht erwähnen, dass es kein zweites gab.«

Gary warf lachend den Kopf in den Nacken, während er sich den Bauch hielt.

»Aber nicht mein schlimmstes Date«, fügte Jasper hinzu.

Noch immer leise lachend sah Gary ihn an. »Will ich wissen, was das schlimmste war?«

»Ich weiß nicht.« Er tat nachdenklich. »Ist dir aufgefallen, dass ich eine blaue Lampe auf dem Schrank neben dem Fernseher stehen habe?«

Gary starrte ihn ungläubig an. »Um ehrlich zu sein, nicht.«

»Welche Farbe haben meine Vorhänge im Wohnzimmer?«, testete Jasper ihn weiter.

Gary blinzelte ein paar Male. »Ähm … Blau?«

»Nein.« Jasper lachte. »Hellgrau.«

»Tut mir leid«, murmelte Gary.

Jasper grinste und schüttelte den Kopf. »Schon okay. Du hast den Test bestanden.«

»Welchen Test?« Gary sah mittlerweile beinahe panisch aus.

Jasper beschloss, ihn zu erlösen. »Das war ein Scherz. Okay, ich erzähle dir von meinem *worst Date ever*. Das ist jetzt schon gut zehn Jahre her. Der Typ hieß Paul und war in der Schule in meiner Parallelklasse. Ein paar Jahre nach dem Abschluss habe ich ihn im *Heaven* wieder getroffen und wir haben den Abend miteinander verbracht. Es war nett, also habe ich ihn um ein Date gebeten. Eine Woche später sind wir zusammen essen gegangen. Er war ziemlich aufgedreht und hatte ein recht einnehmendes Wesen, war irgendwie aber auch witzig. Ein wenig tuntig, aber süß dabei.«

»Flamboyant?«, half Gary aus.

Jasper nickte. »Ja, ganz genau. Jedenfalls kam der Kellner und wollte wissen, was wir trinken möchten. Ich habe mir ein Bier bestellt, er hat einen rosa Cocktail mit Schirmchen getrunken. Warnung Nummer eins, die ich übersehen habe. Beim Nachtisch hat er mich dann gefragt, was ich beruflich mache, und als ich ihm ein wenig über meinen Job erzählt habe, hat er mich immerzu am Arm und an der Wange gestreichelt und erklärt, wie mutig ich doch sei. Warnung Nummer zwei.«

Gary lachte leise.

»Nach einer Weile war mir das ein wenig zu viel Getätschel und ich habe ihn gefragt, ob wir zu mir gehen wollen. In meiner Wohnung angekommen, fand ich es höflich, ihn zu fragen, ob er noch was trinken möchte. Er hat sofort nach einem Glas Prosecco gefragt.«

»Warnung Nummer drei!« Gary grinste.

»Ja, nur leider zu spät. Während ich also meine Küche nach irgendwas Adäquatem durchsuchte, obwohl ich mir sicher war, dass ich außer Bier nichts Alkoholisches dahatte, fing er an, über meine Dekoration zu schwärmen. Wie toll doch meine Vorhänge zur Couch passen würden und wer denn mein Inneneinrichter gewesen sei. Als ich meinte, dass meine Mutter die Möbel mit ausgesucht hat, erklärte er, dass er sie unbedingt kennenlernen müsste und wie fantastisch sich die Farbe meiner Lampen in dem Teppich wiederfinden würde.«

Gary lachte. »Na, jetzt, wo du es sagst.« Jasper schüttelte missbilligend den Kopf, woraufhin sein Gegenüber vergeblich versuchte, sich das Grinsen zu verkneifen. »Tut mir leid. Erzähl weiter!«

»Während ich noch fieberhaft überlegt habe, wie ich ihn so schnell wie möglich loswerde, fing er tatsächlich an, sich auszuziehen. Als er nur noch einen winzigen Stringtanga anhatte, warf er den Kopf in den Nacken, stemmte eine Hand in die Hüfte und meinte, dass er nun wirklich nicht länger warten könne«, erzählte Jasper amüsiert weiter.

Gary zog die Augenbrauen in die Höhe. »Das kam überraschend.«

»Das dachte ich mir auch«, bestätigte Jasper lachend. »Aber da er nun sowieso schon fast nackt war, dachte ich, kann ich es auch durchziehen. Also habe ich angefangen, mich ebenfalls auszuziehen, als er mich plötzlich fragte, wo sein Prosecco bleiben würde. Als ich meinte, dass ich keinen dahabe und ob das denn jetzt noch so wichtig wäre, antwortete er, dass er sich sonst nicht richtig entspannen könnte.«

»Autsch.«

»Mhm. Aus purer Verzweiflung habe ich ihm ein Bier angeboten, woraufhin er sich echauffiert hat, dass das nun wirklich kein Ersatz für Prosecco sei und er unter diesen Umständen unmöglich mit mir Sex haben könne.«

»Ich dachte, er konnte nicht länger warten?«, fragte Gary überrascht.

Jasper seufzte. »Genau das Gleiche habe ich ihn auch gefragt. Kam aber nicht so gut an, denn er hat sich wieder angezogen und dabei gemeint, dass ich das nächste Mal lieber dafür sorgen soll, auch was Anständiges zu trinken im Haus zu haben, wenn ich ein Mädel wie ihn flachlegen will.«

Gary sah ihn mitleidig an und tätschelte seine Hand. »Und seitdem hast du immer eine Flasche Prosecco im Haus?«

»Nein, seitdem mache ich einen großen Bogen um *Mädels wie ihn*!«, antwortete Jasper lachend, woraufhin Gary ebenfalls gluckste.

Antonio kam an ihren Tisch und lächelte, als er Garys Hand auf Jaspers liegen sah. Er murmelte etwas auf Italienisch und räumte dann rasch den Tisch ab.

»Vielleicht sollte ich doch irgendwann Italienisch lernen«, grummelte Jasper. Gary drückte seine Hand, dann zog er sie langsam zurück. »Woher kannst du es so gut?« Er hoffte, Gary damit nicht an irgendetwas Unangenehmes zu erinnern.

»Ich hatte es schon in der Schule«, erzählte dieser. »Wir hatten die Wahl zwischen Latein, Russisch, Französisch oder Italienisch als dritte Fremdsprache. Italienisch war anfangs sehr beliebt, aber nach einer Weile waren wir nur noch zehn Leute im Kurs. Ich habe die Sprache von Anfang an geliebt und hatte immer eine Eins. Mir war schon früh klar, dass ich Lehrer werden wollte, also habe ich noch das große Latinum gemacht und mir dann eine Uni gesucht, die Italienisch und Geschichte auf Lehramt anbot.«

»Gibt's davon denn viele?«, hakte Jasper skeptisch nach.

»Nein, leider nicht. Nur meine Alma Mater und zwei weitere. Aber so blieb mir die Qual der Wahl erspart und ich habe mich für die Uni hier in der Stadt entschieden. Außerdem war ich so gut fünfhundert Kilometer von meiner Vergangenheit entfernt. Ich habe zwischendurch zwei Auslandssemester in Rom an der Päpstlichen Hochschule Gregoriana absolviert.«

»Wie ist Rom denn so?«, fragte er neugierig.

Gary lächelte. »Es ist eine tolle Stadt. Viel Kunst und Kultur, aber nicht altmodisch oder so. Es gibt viele Straßencafés, in denen immer was los ist, und historische Gebäude, die man einfach gesehen haben muss.« Jasper lächelte, als Gary begann, von der Stadt und den Plätzen zu schwärmen, an denen er gewesen war. Als die Hautspeise serviert wurde, hatte Gary bereits rote Wangen und seine Augen leuchteten glücklich. »Tut mir leid, ich wollte dich nicht vollquatschen.«

»Blödsinn!«, winkte Jasper ab. »Ich finde es toll, dass dir die Stadt so gut gefällt. Hoffentlich schaffe ich es auch irgendwann mal dorthin.«

»Das solltest du unbedingt. Wo hast du denn bisher deine Urlaube verbracht?«, wollte Gary wissen, bevor er sich eine Gabel voll Nudeln in den Mund schob.

Jasper schluckte eilig seinen Bissen Lachs hinunter, um antworten zu können. »Entweder zu Hause, als Lenni noch klein war, oder am Strand. Auf den Kanaren zum Beispiel, da war ich ein paar Male, oder in Großbritannien und Irland.«

Gary sah ihn interessiert an. »Wo in Großbritannien warst du denn schon überall?«

»Hauptsächlich in den Hauptstädten. London ist immer wieder einen Besuch wert. Aber auch Edinburgh ist toll.

Von Wales habe ich leider noch nicht so viel gesehen, das kam bisher immer ein wenig zu kurz.«

»Mit wem fährst du denn dann immer? Allein eher nicht, oder?«

Jasper schüttelte den Kopf. »Nein. In den letzten zwei Jahren habe ich Lenni mitgenommen. Davor war ich mit meinem Exfreund dort.« Er sah Gary vorsichtig an, der sichtlich angestrengt lächelte. »Wo warst du zuletzt im Urlaub?«, lenkte er von sich ab.

»Norwegen«, antwortete Gary und schob sich eine weitere Gabel voll Nudeln in den Mund.

»Norwegen?«, fragte Jasper überrascht. »Wo warst du denn da? In Oslo?«

»Auch, es war eine Schiffsreise an der Küste entlang und anschließend waren wir noch drei Tage in Oslo.«

»Wir?«

Gary seufzte und griff nach seinem Weinglas. »Meine Frau und ich. Es waren unsere *Flitterwochen.*« Nach diesen Worten leerte er sein Glas in einem Zug.

Gab es denn kein Thema, das nicht unweigerlich auf Garys momentane Situation hinauslief?

»Okay, erzähl mir was, was ich noch nicht von dir weiß!«, forderte Jasper, entschlossen ein Thema zu finden, über das sie sich problemlos unterhalten konnten.

Gary sah auf und schien zu überlegen. »Ich weiß nicht. Ich lese gern, aber das weißt du ja bestimmt schon.«

»Welches Genre magst du denn am liebsten?«, hakte Jasper nach.

Gary lächelte. »Reiseberichte, Krimis und hin und wieder Autobiografien.«

»Was war das letzte Buch, das du gelesen hast?«, bohrte er weiter.

»*Blinde Passagiere*«, antwortete Gary sofort. »Kennst du das?«

Jasper schüttelte den Kopf »Nein. Ich lese nicht so viel.«

Gary grinste. »Das wusste ich nun wiederum schon. Warum denn nicht?«

Jasper zuckte mit den Schultern und schob sich den letzten Bissen in den Mund. »Keine Ahnung«, antwortete er schließlich. »Es ist ja nicht so, dass ich gar nicht lese. Nur bisher habe ich keine Geschichte gefunden, die mich lange genug fesseln konnte. Meist blättere ich nach einem Viertel des Buches zum Ende und wenn ich weiß, wie es ausgeht, interessiert mich der Rest nicht mehr. Blöd, hm? Aber ich kann mich auch nicht zurückhalten. Fachbücher lese ich lieber, aber das zählt nicht, oder?«

Gary schüttelte den Kopf. »Nicht, wenn wir uns über Hobbys unterhalten. Hast du schon mal versucht, das Genre zu wechseln? Was hast du denn bisher gelesen?«

»Meist Science-Fiction. Erik empfiehlt mir öfter mal was, aber bisher hatte ich eher wenig Zeit zum Lesen und dann war ich wieder nicht geduldig genug das Ende abzuwarten«, antwortete Jasper und hoffte, dass er seinen lesebegeisterten Freund damit nicht enttäuschte.

Gary nickte. »Als Personenschützer hattest du sicher keine regelmäßigen Arbeitszeiten, oder?«

»Nein, ganz und gar nicht«, stimmte er zu. »Meist habe ich nachts gearbeitet und oft am Wochenende, auch um die Kollegen zu entlasten, die Frau und Kinder zu Hause haben.«

»Verstehe. Bist du deswegen schon so lange Single?«, überraschte Gary ihn und riss selbst die Augen auf. »Oh, tut mir leid. Das geht mich nichts an.«

»Nein, schon okay«, versicherte Jasper. »Du hast völlig recht. Generell hatte ich bisher nur zwei ernsthafte Beziehungen und die sind an meinem Job gescheitert.«

»Wieso denn?«, fragte Gary leise.

Jasper goss ihnen Wein nach. »Mein erster Freund hat

nie verstanden, warum ich mich für andere in Gefahr bringe. Wir waren noch jung, gerade mal Anfang zwanzig und ich habe so ziemlich jeden Auftrag angenommen, den Roman mir anvertraut hat. Mein Ex hat mich irgendwann vor die Wahl gestellt, er oder mein Job.«

»Und du hast dich für den Job entschieden«, bemerkte Gary leise.

Jasper nickte. »Ein paar Monate später habe ich Dennis kennengelernt. Er hatte von Anfang an Verständnis für meinen Job, fand es toll, dass ich für die Sicherheit anderer sorge, allerdings nicht dafür, dass er mich in der wenigen Zeit, die ich hatte, mit Lenni teilen musste. Er meinte am Ende, ich würde mich nicht wie ein Bruder, sondern wie ein Vater verhalten und er hätte keine Lust, seine Wochenenden tagsüber im Zoo und abends auf dem Sofa statt in einem Club zu verbringen, weil Lenni bei mir geschlafen hat. Mein Bruder war noch klein, gerade mal sechs, als Dennis bei mir eingezogen ist, also konnte ich Lenni schlecht allein lassen. Und ihn nicht zu sehen, war keine Option. Nach ein paar Jahren ist Dennis schließlich gegangen. Ich kam von einem Auftrag nach Hause, als er mit gepackten Koffern auf mich gewartet hat.«

»Oh Mann, das ist echt beschissen«, sagte Gary leise und griff wieder nach seiner Hand.

»Das Schlimme war, dass es mich nicht mal überrascht hat. Wir hatten uns schon eine Weile auseinandergelebt, haben außer Urlauben kaum noch was zusammen unternommen. Irgendwie hatte ich fast schon darauf gewartet, dass es passiert.« Jasper zuckte mit den Schultern, dann lächelte er. »Mitte des Jahres habe ich ihn im *Heaven* getroffen. Er ist mittlerweile verheiratet und hat mit seinem Mann eine kleine Tochter adoptiert. Er meinte, jetzt im Nachhinein kann er mich verstehen, aber damals war er noch nicht so weit.«

Gary nickte verständnisvoll und drückte seine Hand. Jasper umfasste Garys Handgelenk und streichelte mit den Fingerspitzen darüber. Sein Herz begann laut in seiner Brust zu klopfen, als Gary ihm zögerlich in die Augen sah. In diesem Blick lag so viel Unsicherheit und Nervosität und Jasper hoffte inständig, dass er sie irgendwann würde ablegen können. Er lächelte sanft und als Gary schließlich das Lächeln erwiderte, begann es in seinem Bauch zu kribbeln.

»Wollen wir nach dem Essen ins Kino fahren und uns einen Film ansehen?«, fragte Jasper.

Gary schüttelte den Kopf. »Eher nicht. Aber vielleicht könnten wir einen Spaziergang machen.«

»Gern.«

Das Dessert wurde ihnen gebracht und während sie es schweigend aßen, lächelten sie sich immer wieder an. Es war ein schöner Abschluss des Essens und Jasper hoffte, dass Gary sein erstes Date trotz der holprigen Momente in guter Erinnerung behalten würde. Für ihn selbst war es ein schöner Abend und er hoffte, dass sie bei ihrem Spaziergang doch noch ein unverfängliches Gesprächsthema finden würden.

»Wie hast du Finn eigentlich kennengelernt?«, fragte Gary in die Stille hinein, als sie die letzten Reste ihres Desserts aus den Schalen kratzten.

»Durch die Arbeit«, antwortete Jasper und legte den Löffel beiseite. »Er hat vor dreieinhalb Jahren bei uns angefangen und wir haben uns auf Anhieb gut verstanden. Obwohl er anfangs kaum was über sich erzählt hat. Ich musste ihm alles aus der Nase ziehen.«

Gary lachte leise. »Das glaube ich. Er verliert wirklich nicht mehr Worte als nötig.«

Jasper nickte zustimmend. »Allerdings. Ich glaube, ich habe ihn manchmal echt genervt, aber wir haben uns trotzdem immer mal nach der Arbeit getroffen, sind zusammen ins Fitnessstudio gegangen und haben uns, wenn ich Zeit hatte, morgens zum Laufen getroffen.«

»Macht ihr das immer noch?«

»Ja.«

Gary grinste und biss sich dann auf die Unterlippe.

»Was?«, fragte Jasper neugierig über diese sexy Reaktion. »Warum grinst du?«

»Ich musste gerade daran denken, wie wir uns zum ersten Mal gesehen haben. Da kamst du auch gerade vom Laufen«, antwortete Gary und errötete leicht.

Unsicher, worauf er hinauswollte, nickte Jasper. »Stimmt.« Das war vor ziemlich genau zwei Jahren und zwei Monaten gewesen. Er hatte damals allein laufen müssen, weil Finn es vorgezogen hatte, mit Erik und Gary im Bett zu bleiben. Die zwei hatten Gary am Abend vorher im *Heaven* aufgerissen und Finn hatte die beiden nicht allein lassen wollen, weil er da schon in Erik verliebt gewesen war, auch wenn er das natürlich nicht zugegeben hatte.

Als er nach seiner Runde noch mal bei seinen Freunden geklingelt hatte, waren die drei gerade mit dem Frühstück fertig gewesen. Finn hatte sie einander vorgestellt, aber er hatte Gary nur kurz angesehen, da er da noch davon ausgegangen war, dass es nur ein One-Night-Stand war, schließlich hatte Finn nie zweimal mit demselben Typen geschlafen, Erik ausgenommen. Außerdem war Gary auch gleich gegangen, sodass er kaum Gelegenheit gehabt hatte, ihn näher zu betrachten. Allerdings war ihm sein süßes Lächeln schon damals aufgefallen.

»Du hattest diese hautengen Klamotten an«, bemerkte Gary lächelnd.

Jasper runzelte die Stirn. »Das sind extra Laufhosen und T-Shirts. Die ziehe ich immer an«, erklärte er, woraufhin Gary wieder grinste. Gerade als er weiter nachhaken wollte, trat der Kellner an ihren Tisch, um das Geschirr abzuräumen.

Jasper nutzte die Gelegenheit und fragte nach der Rechnung. Gary war es sichtlich unangenehm, dass er sich nicht daran beteiligen konnte. Er blickte ihn verlegen an und versicherte ihm, dass er sich revanchieren würde.

Nachdem sie sich von Antonio verabschiedet hatten, standen sie vor dem Restaurant. Es war eine kalte, sternenklare Nacht. Kaum ein Auto war unterwegs, als sie die beleuchtete Straße Richtung Innenstadt entlangliefen. Als sie an der nächsten Fußgängerampel warten mussten, griff Jasper nach Garys Hand. Dessen Finger verschränkten sich beinahe automatisch mit seinen. Er sah zu ihm rüber. Gary hatte den Blick auf die Ampel gerichtet, lächelte jedoch. Jasper musste ebenfalls lächeln.

Sie schlenderten eine Weile ziellos umher und kamen schließlich am Stadtpark vorbei. Gary zog ihn durch das offene Eingangstor. »Komm mit, ich möchte dir was zeigen.«

Gespannt ließ er sich ein Stück die Hauptstrecke entlangführen. Dann bog Gary in einen der kleineren, unbeleuchteten Pfade ab. Der Mond schien hell, sodass sie den Weg recht gut erkennen konnten. Als sie um eine niedrige Hecke bogen, kamen sie in einen Teil, in dem er noch nie gewesen war.

»Wow, ich wusste gar nicht, dass es so was hier gibt«, meinte Jasper staunend. Der Park war hier terrassenförmig angelegt, wobei auf jeder Ebene ein paar Bäume sowie Bänke standen. Am Fuß der Anhöhe befand sich eine Art Bühne. Bei näherer Betrachtung war es aber wohl nur eine runde Fläche, die an eine dichte Baumreihe grenzte.

»Das ist mein Lieblingsplatz. Sobald es warm genug ist, komme ich hierher, kontrolliere Tests oder Klassenarbeiten oder lese ein Buch. Noch vor ein paar Jahren haben dort unten regelmäßig Bands gespielt, aber es wurde von Sommer zu Sommer weniger und nun ist gar nichts mehr los«, erzählte Gary und zog ihn zu einer der Bänke in der Nähe.

»Echt? Hier wurde Musik gemacht?«, fragte Jasper verblüfft, als er sich neben ihn setzte. War er tatsächlich so beschäftigt gewesen, dass er nichts davon mitbekommen hatte? Offensichtlich.

Gary nickte. »Ja. Es war alles kostenlos, aber die meisten Leute haben doch ein paar Euro gegeben und größtenteils war die Musik echt gut.«

»Schade, dass ich das verpasst habe«, befand er ehrlich.

Gary sah ihn an und lächelte. »Aber auch ohne Musik ist es hier schön. Selbst im Sommer ist es ruhig und nicht so überlaufen.«

»Ein echter Geheimtipp also.« Jasper erwiderte das Lächeln und drückte Garys Hand. »Danke, dass du mir davon erzählt hast.«

Sein Herz begann heftig zu klopfen, als er im Mondlicht erkennen konnte, wie Garys Blick sich auf seinen Mund heftete. Dessen Lippen öffneten sich ein wenig, als er sich ein kleines Stück zu ihm herüberlehnte. Unweigerlich huschte Jaspers Zunge über seine Lippen, während er die kurze Distanz zwischen ihnen überwand. Er schloss die Augen, kurz bevor er Garys weiche Lippen auf seinen spürte. Sanft pressten sie ihre Münder aufeinander.

Plötzlich spürte er Garys linke Hand an seinem rechten Oberarm. Dann neigte dieser den Kopf ein wenig und kurz darauf trafen sich ihre Zungen. Gary keuchte leise und zog sich ein Stück zurück. Dann presste er den Mund wieder auf seinen und Jasper legte seine linke Hand an Garys Wange, während er vorsichtig die Zunge zwischen dessen Lippen schob.

Er streichelte mit dem Daumen über die kalte, stoppelige Haut und genoss das leise Seufzen, das er Gary entlockte. In seinem Magen tobten Schmetterlinge, während ihre Zungen einander umtanzten und neckend zwischen ihren Mündern hin und her wanderten. Gary schmeckte nach Erdbeereis und Wein und Jasper war sich sicher, dass er diesen einmaligen Moment hier im Mondlicht niemals vergessen würde.

Als sie sich schließlich sanft voneinander lösten, atmeten sie beide schwer. Er konnte Garys warmen Atem auf seinem Gesicht spüren, so nah waren sie sich noch immer. Ein letztes Mal strich er mit seinen Lippen über Garys, dann zog er sich zurück. Er wollte ihn nicht bedrängen und das glückliche Lächeln auf dem Gesicht seines Traummannes belohnte ihn für seine Zurückhaltung.

»Möchtest du noch ein wenig weiterspazieren?«, fragte Jasper, als er bemerkte, dass Gary leicht zitterte. »Ist dir kalt?«

Dieser schüttelte lächelnd den Kopf. »Nein.«

»Aber du zitterst doch«, warf Jasper ein.

Gary lachte leise. »Nicht vor Kälte.«

»Oh.« Ein warmes Gefühl breitete sich in seinem Bauch aus, als er verstand, was Gary damit sagen wollte.

Dieser löste die Hand von seinem Arm und räusperte sich. »Danke für den tollen Abend, Jasper.«

Er nickte. »Gern. Gehen wir noch eine Runde?«

»Gleich«, antwortete Gary lächelnd und rutschte dann ein Stück von ihm weg. »Siehst du den kleinen Pavillon dort drüben?«

Jasper folgte Garys Finger und erspähte tatsächlich einen kleinen runden Unterstand. Er war etwa hüfthoch umzäunt und konnte von zwei Seiten aus betreten werden.

»Dort hält gerade ein Igel Winterschlaf.«

»Woher weißt du das?«, fragte Jasper überrascht.

»Die Stadt stellt jedes Jahr hier überall im Park versteckt

Igelhäuschen auf, damit die Tiere ungestört überwintern können. Dort steht auch eins und manchmal kann man den Igel sogar schnarchen hören«, erzählte Gary.

Fasziniert sah Jasper zu dem kleinen Pavillon zurück. »Ich hatte keine Ahnung, dass die Stadt sich so für Igel einsetzt.«

Gary erhob sich und griff nach Jaspers Hand. »Ich weiß das auch nur, weil meine ehemaligen Fünft- und Sechstklässler die Häuser jedes Jahr während einer Projektwoche reparieren oder wenn nötig neue bauen. Den Kindern macht es Spaß und die Stadt spart dadurch natürlich eine Menge Geld.«

»Wow. Davon hat Lenni nie was erzählt.« Vielleicht konnte Jasper sich auch nur nicht daran erinnern. Sein Bruder quasselte ja quasi ununterbrochen, da war es gut möglich, dass er diese Information einfach überhört hatte.

Er ließ sich von Gary um ein paar Hecken dirigieren und war einigermaßen überrascht, dass sie plötzlich wieder auf dem Hauptweg rauskamen. Händchen haltend verließen sie den Park und gingen langsam zurück zu seiner Wohnung. Hin und wieder lächelten sie sich an, doch ansonsten genossen sie einfach nur die Anwesenheit des jeweils anderen.

Als Jasper die Haustür aufschloss, drückte Gary seine Hand, sodass er sich zu ihm umwandte.

Gary lächelte. »Danke für dieses schöne erste Date.«

Jasper zog ihn in den Hausflur, wo er Gary tief in die Augen sah und dann seine Arme um ihn schlang. »Es war wirklich schön«, murmelte er in sein Haar. »Gehen wir am Samstag, wenn ich vom Auftrag zurück bin, wieder bei Antonio essen?«

Gary löste sich von ihm und sah ihn überrascht an. »Brauchst du dann nicht erst mal deinen Schlaf?«

Jasper zuckte mit den Schultern. »Etwas essen muss ich

doch sowieso. Und mir gefällt es jetzt schon nicht, dich vierundzwanzig Stunden lang nicht zu sehen. Geh mit mir essen, wenn ich zurück bin, ja?«

Gary lächelte, dann nickte er eilig. »Gerne.«

Jaspers Herz begann, schnell zu klopfen, während er sich ein Stück vorbeugte und einen kleinen Kuss auf Garys Lippen hauchte. Als er sich zurückzog, hatte Gary die Augen geschlossen, doch zum ersten Mal, seit er ihn aufgelesen hatte, lag ein durch und durch glücklicher Ausdruck auf seinem Gesicht. Er stand ihm richtig gut und brachte Jaspers Herz zum Hüpfen. Zu wissen, dass er der Grund dafür war, machte ihn unglaublich glücklich. Jasper nahm sich vor, spätestens nach seinem letzten langen Auftrag Gary täglich zum Lächeln zu bringen.

# VIERTES KAPITEL

»Jasper! Da ist jemand ziemlich hartnäckig, dein Handy klingelt schon zum dritten Mal«, rief Gary in den Flur. Den ganzen Freitag und Samstag hatte er damit verbracht, sich zu überlegen, wie es weitergehen sollte.

Fakt war, dass die Polizei zwar Doreen befragt hatte, aber natürlich keine Hinweise finden konnte, wo sein Geld abgeblieben war. Die Bank durfte ihm das Geld nicht erstatten, solange er nicht nachweisen konnte, dass tatsächlich Diebstahl vorlag. Bis er einen neuen Job hatte, würde er völlig mittellos sein. Jedoch war ein Job – nicht mal zwei Wochen vor Heiligabend – bisher auch nicht aufzutreiben gewesen. Er würde es in der nächsten Woche auf dem Weihnachtsmarkt probieren und dort rumfragen, ob jemand Hilfe bräuchte.

Für heute Abend hatte Gary sich jedoch vorgenommen, die Zeit mit Jasper zu genießen, der vor einer halben Stunde nach Hause gekommen war und obwohl er ziemlich müde aussah, darauf bestand, dass sie später noch essen gingen.

Jaspers Handy klingelte noch immer. Sein Gastgeber kam hereingeeilt, lediglich ein Handtuch um die Hüften geschlungen, mit noch feuchter Brust und nassen Haaren. Purer Sex auf zwei Beinen.

Er griff nach seinem Handy, das auf dem Tisch lag, und sah stirnrunzelnd aufs Display, bevor er den Anruf annahm. »Hey, Kleiner«, grüßte er, was Gary vermuten ließ, dass Jaspers Bruder am anderen Ende der Leitung war. »Halt, stopp, ich verstehe kein Wort. Lenni, langsam, was ist passiert?«, rief Jasper plötzlich und Gary sah auf.

Jegliche Farbe wich aus Jaspers Gesicht, als er ihn mit immer größer werdenden Augen ansah, während er dem lauschte, was sein Bruder sagte. »Wie geht es ihnen?«, fragte er dann und begann vor dem Tisch auf und ab zu gehen. »Ja, das kann sein, du bist noch minderjährig. Schick mir die Nummer, sobald wir aufgelegt haben. Nein, Lennard, du bleibst, wo du bist! Keine Widerrede!«, erklärte Jasper streng und blieb kurz stehen. »Ich weiß, aber du kannst nicht allein mit der Bahn durchs halbe Land fahren, schon gar nicht mitten in der Nacht! Es ist mir völlig egal, ob du in einem Monat fünfzehn wirst, ich habe nein gesagt!« Er seufzte. »Hör zu, Bruderherz, ich verstehe, dass du Angst hast, aber ich will mir nicht auch noch um dich Sorgen machen müssen. Bitte versprich mir, dass du bei Tante Elsbeth bleibst … ja, auch wenn sie eine mürrische alte Schachtel ist. Ich rufe jetzt erst mal in dem Krankenhaus an und melde mich, sobald ich was weiß. Dann besprechen wir, wie es weitergeht. Natürlich. Schick mir die Nummer, sobald du auflegst! Lennard, bitte lass mich erst mal da anrufen! Bis gleich.« Jasper ließ die Hand sinken und atmete tief durch, dann wandte er sich zu Gary um.

»Was ist passiert?«, fragte er atemlos.

»Meine Eltern wollten zum Essen fahren und hatten einen Autounfall. Lenni ist bei der Schwester unserer

Mama geblieben, daher geht es ihm gut. Den Umständen entsprechend zumindest«, erklärte Jasper eilig. »Ich muss erst mal im Krankenhaus anrufen. Lenni bleibt bei meiner Tante, einer echten Hexe, aber wenigstens ist er dort erst mal gut aufgehoben«, erzählte er weiter, während sein Handy piepste und er eine Nummer auf der Rückseite eines Briefumschlags notierte, die sein Bruder ihm offensichtlich gerade geschickt hatte. Dann nahm er den Zettel und ging aus dem Zimmer.

Unschlüssig, was er tun sollte, ging Gary in die Küche und setzte Kaffee auf. Sicher würde Jasper den Wachmacher brauchen, denn es sah ganz eindeutig nicht danach aus, dass er in den nächsten Stunden würde schlafen können.

Gerade als er die Kaffeemaschine einschaltete, kam Jasper zurück ins Zimmer. Er hatte sich eine Jeans und einen Pullover angezogen und sah leicht verstört aus.

»Das Krankenhaus gibt am Telefon keine Auskunft, aber ich habe meine Mutter auf dem Handy erreicht. Es geht ihr den Umständen entsprechend gut, sie hat eine Gehirnerschütterung und sich den rechten Arm gebrochen und die linke Schulter geprellt. Sie muss mindestens achtundvierzig Stunden zur Beobachtung bleiben. Meinen Vater hat es schlimmer erwischt, er hat das Bein gebrochen und soll morgen operiert werden«, berichtete er und schloss kurz die Augen. »Ich muss Lennard anrufen und mich vergewissern, dass er noch bei meiner Tante ist«, sagte er dann und wählte die Nummer seines Bruders. »Hey, Lenni. Nein, das Krankenhaus durfte keine … Oh nein, Kleiner, so was darfst du nicht mal denken! Mach dir keine Sorgen, das ist ganz normal und heißt nur, dass sie es einfach nicht dürfen … Lass mich doch mal ausreden! Ich habe mit Mama telefoniert. Sie sind beide verletzt, aber nur Knochenbrüche. Sie müssen jedoch erst mal im Krankenhaus bleiben … Ja, vermutlich schon. Hör zu, gib mir mal die Hexe.« Jasper sah Gary an, dann atmete er erneut tief durch. »Hallo, Tante Elsbeth. Nein, das Krankenhaus nicht, aber … Glaub mir, das habe ich versucht, aber … Ja, natürlich habe ich gesagt, dass ich ihr Sohn bin … Ich bin mir sicher, dass es nichts damit zu tun hat, dass ich schwul bin … Ja, da bin ich mir ganz sicher, würdest du mich bitte ausreden lassen?« Wütend zerknüllte er den Briefumschlag in seiner Hand und erzählte seiner Tante dann, was er von seiner Mutter erfahren hatte. »Tante Elsbeth, ich wäre dir wirklich dankbar, wenn Lennard erst mal bei dir bleiben könnte … Ja, natürlich nur so lange wie unbedingt nötig. Er wird dir keine Probleme bereiten. Du wirst ihn gar nicht bemerken … Ja, das ist wirklich großzügig von dir … Natürlich, vielen Dank.« Jasper war mittlerweile rot angelaufen und hatte den Briefumschlag zu einem kleinen Ball geknüllt. »Natürlich komme ich für alles auf, was er isst und trinkt«, presste er zwischen zusammengebissenen Zähnen hervor. »Ich bin mir sicher, dass er nichts kaputt machen wird, aber sei unbesorgt, ich würde dir selbstverständlich alles ersetzen … Natürlich, Tante Elsbeth. Vielen Dank … Ja, das sage ich ihm. Gib ihn mir bitte noch mal.« Jasper ließ sich auf einen Stuhl an der Theke fallen und rieb sich mit der Hand über den Nasenrücken.

Während er Lennard davon zu überzeugen versuchte, dass dieser bei seiner Tante würde bleiben müssen und ihm Anweisungen gab, wie er sich zu verhalten hatte, goss Gary ihnen beiden Kaffee ein und schob Jasper den Becher über die Theke.

»Was hast du jetzt vor?«, fragte er, als dieser aufgelegt hatte.

Jasper seufzte. »Ich fahre hin. Allerdings muss ich erst mal Alex anrufen und ihm sagen, dass er für meinen Auftrag morgen Abend Ersatz finden muss. Dann packe ich ein paar Sachen zusammen und fahre los. Wenn ich gut durchkomme, kann ich Lenni noch vor dem Frühstück bei meiner Tante abholen.« Hastig trank er einen Schluck Kaffee, bevor er wieder nach seinem Handy griff.

Während Jasper sich bei Alex entschuldigte, ging Gary ins Gästezimmer und packte ein paar frische Kleidungsstücke sowie Toilettenartikel aus dem Bad in eine Tasche. Jasper war seit sechsunddreißig Stunden auf den Beinen, den dunklen Augenringen nach zu urteilen hundemüde und Gary würde ihn auf gar keinen Fall jetzt allein zu einer sechsstündigen Fahrt aufbrechen lassen.

»Ich fahre!«, bestimmte er, als er in die Küche zurückkam, wo Jasper gerade dabei war, offensichtlich wahllos Lebensmittel in eine Tüte zu packen.

Dessen Kopf schoss in die Höhe und er sah ihn mit großen Augen an. »Wohin?«

»Dich zu deiner Tante«, präzisierte Gary das Offensichtliche.

Jasper schüttelte den Kopf. »Mach dir keine Sorgen, du kannst gern hierbleiben, solange ich weg bin.«

»Das ist nett, aber darum geht es nicht. Du bist jetzt schon übermüdet und kannst nicht noch stundenlang durch die Nacht fahren. Es nützt keinem, wenn du auch noch einen Unfall baust. Du hast mir in den letzten Tagen so viel geholfen, bitte, Jasper, lass mich jetzt dir helfen«, bat Gary eindringlich.

»Du musst das nicht tun«, warf Jasper zögerlich ein.

Er lächelte und nickte. »Das weiß ich. Aber ich möchte es gern.«

»Okay.« Jasper nickte und kam einen Schritt auf ihn zu. »Danke.«

Gary schloss die kurze Distanz zwischen ihnen und zog ihn in seine Arme. »Geht es dir gut?«, fragte er leise und streichelte sanft über Jasper Rücken, als dieser die Stirn auf seine rechte Schulter sinken ließ und tief durchatmete.

»Nicht wirklich«, murmelte er leise.

Einen Moment umarmte Gary ihn noch, dann löste er sich sanft von ihm. »Pack ein paar Sachen zusammen, ich kümmere mich um den Proviant. Und sag deinem Bruder Bescheid, dass wir auf dem Weg sind, damit er nicht doch noch auf dumme Gedanken kommt.«

Jasper nickte. »Ja, du hast recht.« Er schnappte sich das Handy von der Küchentheke und lief in den Flur.

Eine halbe Stunde später waren sie auf der Straße. Während Jasper das Navigationsgerät programmierte, schaltete Gary das Radio an und stellte es leise.

Jasper sah vom Beifahrersitz zu ihm rüber und grinste. »Heiß.«

»Ich brauche sie nur zum Autofahren«, erklärte er augenrollend und deutete auf seine Brille.

»Schade«, fand Jasper zwinkernd und lehnte sich dann in seinem Sitz zurück.

Gary warf einen Blick aufs Navi, anschließend auf die Tankanzeige, die zum Glück einen vollen Tank versprach, und richtete seine Aufmerksamkeit anschließend wieder auf die leere Straße vor ihm.

Ihnen stand eine fünfstündige Autobahnfahrt bevor, dann noch eine Stunde über verschiedene Landstraße und durch kleinere Dörfer, wie Jasper ihm bereits prophezeit hatte. Er warf einen Blick zu ihm hinüber und lächelte, denn Jasper hatte den Kopf gegen die Scheibe gelehnt und schlief bereits.

»Jasper, aufwachen. Wir sind da.«

Als an seiner Schulter gerüttelt wurde, schreckte Jasper hoch. »Wo?« Orientierungslos sah er sich um. Dann erinnerte er sich und sah zu Gary hinüber, der ihn anlächelte und nach draußen deutete.

»Es ist erst halb drei. Etwas zu früh, um ins Krankenhaus zu fahren oder Lennard abzuholen, daher dachte ich, wäre ein Hotel keine schlechte Idee. Was meinst du?«, fragte er leise.

»Bist du geflogen?«, fragte Jasper ungläubig, woraufhin sein Fahrer lächelnd mit den Schultern zuckte. »Aber du hast recht, ein Hotel ist sicher sinnvoll«, meinte er nickend und rieb sich die Augen. Dann sah er sich erneut um, doch außer dem schwach beleuchteten Haus vor ihnen war es stockfinster.

Gary öffnete die Autotür, woraufhin eisige Luft ins Wageninnere strömte. Jasper fischte sich seine Jacke vom Rücksitz und stieg ebenfalls aus. Gary hatte bereits ihre Taschen aus dem Kofferraum geholt und kam zu ihm.

»Danke.« Er lächelte und widerstand dem Drang, sich in Garys Arme zu flüchten.

Dieser drückte kurz Jaspers Schulter, bevor er den Knopf an der Fernbedienung betätigte und das Auto verriegelte. Er reichte ihm seinen Autoschlüssel und ging dann auf die gläserne Eingangstür zu, die einen Lichtkegel auf die Treppe davor warf. Jasper folgte ihm.

In dem kleinen Empfangsbereich war es angenehm warm und er drückte den Klingelknopf auf der Holztheke. Sie mussten nur kurz warten, dann kam eine ältere, in eine graue Strickjacke gehüllte Dame aus dem hinteren Bereich der Rezeption.

»Kann ich Ihnen helfen?« Fragend sah sie von einem zum anderen.

Jasper trat vor und lächelte sie an. »Guten Morgen. Wir bräuchten für heute und eventuell morgen ein Zimmer, haben Sie noch etwas frei?«

»Wir haben nur ein Einzelzimmer und das ist belegt«, entgegnete sie abweisend.

Innerlich stöhnend, lächelte er weiter. »Ein Doppelzimmer ist durchaus in Ordnung.«

»Da muss ich erst mal nachsehen, ob noch etwas frei ist«, meinte sie und verschwand wieder im Hinterzimmer.

»Was muss sie denn da nachsehen? Die können doch nicht mehr als fünf Zimmer haben«, flüsterte Gary.

»Wir sind hier in der Provinz. Zwei Männer, die sich ein Bett teilen wollen, kommen wahrscheinlich nicht so oft durch ihre Tür«, flüsterte er zurück, richtete dann seine Aufmerksamkeit wieder auf die ältere Dame, die durch die Tür zurückkam.

»Wir haben nur noch ein Zimmer frei. Das hat allerdings ein Doppelbett«, sagte sie emotionslos.

Jasper zog sein Portemonnaie aus der Hosentasche. »Da haben wir ja Glück. Wir hatten schon befürchtet, im Auto schlafen zu müssen.« Er sah zu Gary hinüber, der ganz eindeutig, wenn auch ziemlich erfolglos versuchte, sich ein Grinsen zu verkneifen, indem er sich auf die Unterlippe biss.

Wieder sah die ältere Dame zwischen ihnen hin und her. Offensichtlich schien sie nicht recht zu wissen, was sie von ihnen halten sollte. »Wie lange wollen sie denn nun bleiben?«

»Das können wir noch nicht so genau sagen. Heute auf

jeden Fall, eventuell auch noch morgen«, wiederholte Jasper. »Benötigen Sie Ausweise oder meine Kreditkarte?«

»Ihre Ausweise brauche ich natürlich«, sagte sie nickend. »Und Sie können bar oder mit EC-Karte zahlen. Kreditkarten nehmen wir nicht, dafür haben wir gar kein Gerät.«

Jasper unterdrückte ein Seufzen. »Okay, dann gleich in bar. Was kostet die Nacht?«

»Das Doppelzimmer kostet dreißig Euro plus zehn Euro pro Person fürs Frühstück«, antwortete sie, während sie ihre Ausweise entgegennahm und damit im Hinterzimmer verschwand.

»Ein richtiges Schnäppchen«, befand Jasper leise, was Gary zum Glucksen brachte.

»Wenn Sie mir bitte folgen wollen«, murmelte ihre Gastgeberin wenig später, während sie um die Holztheke herum kam.

Sie folgten ihr die schmale Treppe hinauf in den ersten Stock und liefen einen kurzen, schwach beleuchteten Gang entlang. Vor der ersten und einzigen Tür auf der linken Seite blieben sie stehen.

»Das Zimmer befindet sich direkt über der Rezeption«, sagte sie, während sie die Tür aufschloss.

»Gut zu wissen«, kommentierte Gary, woraufhin Jasper ihm mahnend den Ellenbogen in die Rippen stieß.

»Das Frühstück gibt es von halb acht bis zehn. Der Speiseraum befindet sich unten. Fragen Sie einfach an der Rezeption, wenn sie ihn nicht finden sollten«, fuhr sie fort, während sie Jasper die Ausweise reichte.

»Danke, aber wir können leider noch nicht genau sagen, ob wir das Frühstück nehmen, da wir einen sehr frühen Termin haben«, informierte er sie, woraufhin sie die Augenbrauen hochzog und wieder zwischen ihnen hin und her sah.

»Darf ich fragen, was Sie in unseren Ort verschlagen hat?«, konnte sie es sich nicht verkneifen, zu fragen.

Er lächelte sie an. »Eine Familienangelegenheit.«

»Verstehe«, meinte sie wenig überzeugend. »Dann haben Sie Verwandtschaft hier in der Gegend?«

»Ja«, antwortete er knapp und stellte seine Tasche neben dem recht bequem aussehenden Doppelbett ab. Dann sah er sie wieder an. Es war offensichtlich, dass ihre Neugier noch nicht befriedigt war und sie nur zu gern wissen wollte, wer besagte Verwandtschaft war, nicht, dass er irgendeine Absicht hatte, ihr dies auf die Nase zu binden. Schon gar nicht, bevor er nicht persönlich bei seiner Tante gewesen war. »Benötigen Sie noch etwas von uns?«, fragte er freundlich.

Sie schüttelte langsam den Kopf. »Nein. Hier ist Ihr Zimmerschlüssel. Und sollten Sie noch irgendwelche Fragen haben, kommen Sie gern zur Rezeption runter.«

»Das machen wir«, versprach er und schloss die Tür hinter ihr.

»Eine echte Perle.« Gary lachte leise, während er sich die Schuhe auszog und sich anschließend aufs Bett fallen ließ.

Jasper grinste und öffnete die Tür zu einem kleinen Bad. »Willst du zuerst?«, bot er an.

Gary nickte, schnappte sich ein Handtuch und seinen Waschbeutel aus der Tasche und schlüpfte an ihm vorbei.

Als sie eine viertel Stunde später im Bett lagen, lachte Gary plötzlich. »Ich wette, die sitzt jetzt mit gespitzten Ohren da unten und wartet nur darauf, dass wir es hier krachen lassen.«

»Vermutlich«, stimmte Jasper zu und seufzte. »Ich habe Lennard geschrieben, dass ich um sieben da bin. Anschließend will ich gleich ins Krankenhaus. Wenn du möchtest, kannst du ausschlafen, du bist sicher müde.«

Gary bewegte sich neben ihm und als Jasper den Kopf zu ihm drehte, lag sein Freund auf der Seite und blickte ihn nachdenklich an. »Ganz wie du willst.«

»Ist das okay? Also, du kannst auch mitkommen, aber meine Tante ist eine homophobe, verbitterte, alte Hexe. Sie zu treffen wäre sicher kein Spaß für dich.« Verdammt, nicht mal er selbst wollte die alte Schachtel besuchen.

»So schlimm?«, fragte Gary mitfühlend.

»Du hast ja keine Ahnung. Sie meinte vorhin, dass ich mich nicht zu wundern bräuchte, dass mir das Krankenhaus keine Auskunft gegeben hat, da man mir schon am Telefon anhört, dass ich schwul bin«, erzählte er resigniert und starrte an die Zimmerdecke. »Es sei schließlich hinlänglich bekannt, dass alle Schwulen verweichlicht sind und es kein Wunder sei, dass ich mich nicht durchsetzen konnte und eben deshalb auch keine Auskunft bekommen habe.«

»Klingt logisch«, befand Gary trocken. »Warum hast du denn nicht deine Stimme verstellt und versucht, wie ein ganz normaler Mann zu klingen?«

»Wie bitte?« Jasper starrte ihn ungläubig an. Als Gary jedoch zwinkerte und grinste, musste er lachen.

»Möchtest du, dass ich mitkomme, wenn du deinen Bruder abholst?«, fragte Gary ernst.

»Das musst du nicht.« Schließlich konnte er ihm das nun wirklich nicht zumuten, auch wenn er etwas Unterstützung durchaus würde vertragen können. »Schlaf dich aus.«

»Jasper.« Der mahnende Tonfall ließ ihn zu Gary rübersehen, der ihn durchdringend anblickte und dann unter der Decke seine Hand nahm. »Wäre es dir lieber, wenn ich dich zu deiner Tante begleite?«, fragte er, während er mit dem Daumen seinen Handrücken streichelte.

Jasper nickte langsam.

Gary lächelte und drückte seine Hand. »Weckst du mich pünktlich?«

»Ja. Danke«, flüsterte er und verschränkte die Finger mit denen seines Freundes. Einen Moment lang sahen sie sich an, dann fielen Garys Augen langsam zu.

Jasper betrachtete ihn eine ganze Weile lang. Die blonden Haare, die Gary gerade in die Stirn fielen. Die langen Wimpern, die sich hin und wieder bewegten, wenn seine Lider im Schlaf zuckten. Die schmale, makellose Nase und die vollen Lippen, die er gerne noch einmal küssen würde.

Jasper rutschte ein Stück näher an Gary heran, atmete dessen Duft ein und schob sein Bein unter die fremde Decke, bis sich ihre nackten Füße berührten. Gary zuckte weg, schob dann jedoch das Bein über seine Wade und seufzte leise im Schlaf.

Jasper bewunderte diesen Mann, der in seinem Leben schon so viel durchgemacht hatte und nun erneut vor vermeintlich unlösbaren Problemen stand und doch ohne zu zögern seine Hilfe angeboten hatte. Ob der ehemalige Lehrer in der Stadt bleiben, sich in irgendeiner anderen Ecke des Landes einen neuen Job suchen oder nicht vielleicht doch zu seiner Frau und dem Baby zurückkehren würde, wusste Jasper nicht. Was er jedoch wusste, war, dass er das nicht durchstehen würde, denn mittlerweile hatte er sich mehr als nur in ihn verliebt. Er hatte Feuer gefangen, stand komplett in Flammen und würde alles in seiner Macht Stehende tun, um diesen Mann ganz für sich zu gewinnen.

Gary bewegte sich im Schlaf und ehe Jasper es sich versah, lag sein Freund an ihn gepresst neben ihm, schlang einen Arm um seine Taille und schob das Knie über seine Oberschenkel.

Jasper grinste selig und schloss die Arme um den schlafenden Mann. »Schlaf gut, Baby«, flüsterte er kaum hörbar und schloss dann selbst noch mal die Augen.

»Ich verspreche dir, dass wir nicht länger als unbedingt nötig bleiben«, versicherte Jasper, während sie die Treppen der kleinen Veranda hinaufstiegen, die das Haus seiner Tante umgab.

»Ganz ruhig, Jasper. So schlimm wird es schon nicht werden«, entgegnete Gary amüsiert. Jasper schien sich arge Gedanken zu machen, wie die ungeliebte Tante auf sie beide reagieren würde und mittlerweile war Gary mehr als neugierig darauf, die ältere Dame live zu erleben.

Jasper schnaubte ungläubig. »Wir sprechen uns wieder, wenn wir zurück im sicheren Auto sind.« Dann atmete er noch einmal tief durch und drückte auf den runden Klingelknopf neben der Tür. Von drinnen waren Gepolter, dann eilige Schritte zu hören, bevor die Tür aufgerissen wurde und ein ziemlich müde aussehender Lennard aus dem Haus sprang, der sich an die Brust seines großen Bruders warf.

»Gott sei Dank«, flüsterte er.

»Hey, Bruderherz, alles okay?«, fragte Jasper und streichelte dem Jungen über Kopf und Rücken.

»Jetzt schon.«

»Herrgott noch eins, was steht ihr denn da draußen rum und lasst die Kälte ins Haus? Rein hier, aber ein bisschen plötzlich!«, dröhnte die Stimme einer Frau aus dem Inneren des Hauses, die mindestens fünf Schachteln Zigaretten am Tag rauchen musste, so wie sie krächzte.

»Komm schon, Kleiner, lass uns deine Sachen holen«, ermunterte Jasper seinen Bruder dazu, ins Haus zurückzugehen.

»Kann ich nicht im Auto warten?«, fragte dieser.

Jasper schüttelte den Kopf. »Es wäre unhöflich, sich nicht zu verabschieden.«

Lennard starrte seinen Bruder ungläubig an.

Im gleichen Moment erschien eine hagere Frau, die viel älter aussah, als sie vermutlich war, in der Tür und musterte sie aus stechend grünen Augen. Sie erinnerte Gary ein wenig an eine Schildkröte, die den Kopf aus dem Panzer steckte, wobei ihr leichter Buckel die Wirkung noch unterstützte.

»Seid ihr etwa schwerhörig? Rein oder raus, das ist mir gleich, aber macht verdammt noch mal die Tür zu!«, blaffte sie.

Alle drei folgten ihr ins Haus und blieben kurz hinter der Tür stehen. Etwas unsicher sah Gary sich in dem schmalen Flur um. Die Wände zierten uralte Tapeten unter unzähligen Setzkästen mit kleinen Holzfiguren darin. Es wirkte ziemlich bizarr und er bekam das seltsam beklemmende Gefühl, von den Figuren angestarrt zu werden. Automatisch trat er einen Schritt auf Jasper zu, der noch immer schützend einen Arm um seinen Bruder gelegt hatte.

»Wer sind Sie denn?«, wurde Gary von der Hausherrin angeschnauzt.

»Guten Morgen, Tante Elsbeth«, mischte sich Jasper ein und lächelte die Dame an, die die Augen zusammenkniff. »Das ist Gary, ein Freund von mir. Er war so nett mich herzufahren.«

»Sind Sie auch eine Schwuchtel?«, fragte sie dreist und betrachtete Gary abschätzig.

»Guten Morgen. Nett, Sie kennenzulernen«, grüßte er höflich. »Und, ähm … ja, ich bin schwul.«

»Na, hoffentlich hat euch keiner in mein Haus kommen sehen«, spuckte sie hervor und drehte sich wieder zu Jasper um. »Wollt ihr den neunmalklugen Spargeltarzan nun gleich mitnehmen oder erst zu meiner Schwester fahren?«

Jasper lächelte tapfer. »Wir nehmen ihn gleich mit, Tante Elsbeth.« Er wandte sich an seinen Bruder. »Holst du schnell deine Sachen, Lenni?«

»Und was ist mit dem Kram von deinen Eltern?«, fragte die Schildkröte mürrisch, während der Teenager die Treppen hinauf sprintete.

Jasper sah Gary verdutzt an und richtete dann seine Aufmerksamkeit wieder auf die Tante. »Ich weiß nicht, was denn für Kram?«

Die Schildkröte verdrehte die Augen. »Na, ihre Koffer, Dummchen. Sieht mein Haus etwa wie eine Lagerhalle aus?«

*Das lag wohl ganz im Auge des Betrachters*, dachte Gary und ließ den Blick noch einmal über die gruselige Wanddekoration schweifen.

»Ist es denn viel?«, wollte Jasper wissen.

»Was weiß ich, ich durchwühle doch keine fremden Sachen«, grunzte sie, woraufhin Jasper Gary hilflos ansah.

»Versuch doch mal, deine Mutter anzurufen«, schlug er vor, woraufhin Jasper eilig nickte und sein Handy aus der Tasche zerrte.

»Sind Sie auch so ein Aufpasser für Arme? Sehen zumindest nicht so aus. Bisschen mager, nicht wahr?«, wollte Jaspers Tante wissen, während sie sich auf ihren Gehstock stützte und Gary taxierte.

Er lächelte sie freundlich an. »Nein, ich bin kein Personenschützer. Ich bin Lehrer.«

Sie schnappte nach Luft. »Wie bitte? Seit wann dürfen

Menschen wie Sie denn Kinder unterrichten?« Wenn ihr Blick bisher noch nicht giftig gewesen war, dann war es jetzt pure Abscheu, mit der sie ihn betrachtete.

»Lass Herrn Finke in Ruhe, Tante Elsbeth. Er ist der coolste Lehrer, den ich bisher hatte«, fauchte Lennard seine Tante an, während er mit einem großen Rucksack über der rechten Schulter die letzten Treppenstufen herunterkam.

»Na, das erklärt wohl einiges«, stellte sie mit hochgezogenen Augenbrauen fest.

»Was denn?«, fragte Gary immer noch lächelnd und schlang nun seinerseits beschützend einen Arm um Lennard, um ihn zwischen sich und den telefonierenden Jasper zu ziehen. »Ich fände es spannend, zu erfahren, inwiefern meine Sexualität Einfluss auf die Entwicklung meiner Schüler hat. Vielleicht könnten Sie Ihre Meinung dazu mit mir teilen.«

Aus dem Augenwinkel konnte er sehen, wie Lennard ihn mit großen Augen anstarrte und ihm die Kinnlade runterfiel. Für einen Moment schien auch die Tante sprachlos zu sein, fing sich jedoch recht schnell wieder.

»Ich muss Ihnen gar nichts erklären und schon gar nicht muss ich mir in meinem Haus so einen Ton gefallen lassen. Kein Wunder, dass die Jugend von heute keinen Deut Respekt und Anstand mehr hat, wenn selbst die Lehrer nicht wissen, wie sie sich älteren Menschen gegenüber zu benehmen haben«, schnauzte sie mit zusammengekniffenen Augen.

»Verstehe. Dann liegt der Mangel an Respekt und höflichen Umgangsformen der jüngeren Generation Ihrer Meinung nach also gar nicht so sehr daran, dass ich schwul bin, sondern an meinen Kollegen und mir im Allgemeinen?«, hakte er stirnrunzelnd nach. »Interessant. Ich werde das bei der nächsten Lehrerkonferenz auf jeden Fall ansprechen. Vielen Dank für Ihren Hinweis.« Er lächelte sie strahlend an.

Die Schildkröte starrte ungläubig.

Bevor sie jedoch etwas erwidern konnte, mischte Jasper sich ein: »Tante Elsbeth, ich habe gute Neuigkeiten für dich, wir nehmen Mamas und Papas Sachen gleich mit. Mama braucht ihre Kleidung und Papa wird leider nicht mehr hierher zurückkommen, da er ein paar Tage im Krankenhaus bleiben muss, bevor er nach Hause gebracht werden kann«, erklärte Jasper eilig. »Wenn du uns einfach zeigst, wo die Sachen sind, packen wir schnell alles zusammen und dann hast du wieder deine Ruhe.«

»Im zweiten Gästezimmer oben«, knurrte sie und deutete mit dem Gehstock die Treppe hinauf. »Der Kleine kann dir zeigen, wo es ist, aber der andere wartet draußen. Er gefällt mir nicht.«

Jasper warf Gary einen entschuldigenden Blick zu. Er lächelte ihn verstehend an, zog Lennard den Rucksack von der Schulter und nahm den Autoschlüssel, den Jasper ihm reichte.

»Wir beeilen uns«, flüsterte Lennard und zerrte seinen Bruder die Treppen rauf.

Gary widmete seine Aufmerksamkeit wieder der Hexe vor ihm. »Dann auf Wiedersehen. Ich wünsche Ihnen schon jetzt ein fröhliches Weihnachtsfest und einen guten Rutsch ins neue Jahr.«

»Jaja, raus aus meinem Haus«, knurrte sie und er beeilte sich, ins Freie zu kommen.

»Gary, das war megacool, wie du's der ollen Schachtel gezeigt hast. Ich dachte, sie läuft jeden Moment grün an oder fängt an, Feuer zu speien«, sagte Lennard wenig später vom Rücksitz aus euphorisch, nachdem sie die

Taschen der Eltern im Kofferraum verstaut und Jasper sich von seiner Tante verabschiedet hatte. Diese hatte doch tatsächlich eine Entschädigung dafür von ihm verlangt, dass sie auf ihren Neffen aufgepasst hatte. »Das hättest du sehen müssen, Jasi!«, fügte er fröhlich hinzu.

Jasper lachte leise. »Ich war dabei, Lenni.«

Gary sah ihn entschuldigend an. »Tut mir leid, wenn ich zu weit gegangen bin. Es stand mir nicht zu, so mit eurer Tante zu reden und eigentlich mache ich so was auch nicht. Ich weiß auch nicht, was in mich gefahren ist.«

Zu seiner Überraschung lachte Jasper noch lauter und tätschelte seinen Arm. »Mach dir keinen Kopf, es war endlich mal an der Zeit, dass jemand die Alte in ihre Schranken weist.«

»Aber was wird deine Mutter davon halten, wenn sie davon erfährt, wie ich mit ihrer Schwester gesprochen habe?«, fragte Gary zögerlich. Immerhin wollte er einen guten Eindruck auf die Eltern seines hoffentlich bald festen Freundes machen.

Jasper grinste. »Meine Mutter hat alles mit angehört und herzhaft gelacht. Sie hat mir hinterher eine SMS geschrieben mit dem Text: *Endlich mal jemand mit Eiern in der Hose und genügend Schlagfertigkeit, um es mit der griesgrämigen Schachtel aufzunehmen.* Glaub mir, sie ist dir absolut nicht böse.«

»Das hat Mama geschrieben?«, mischte Lennard sich ein. »Zeig mal her, das kann ich gar nicht glauben!« Er schnappte sich das Handy von der Mittelkonsole, auf der Jasper es abgelegt hatte, und begann sofort, darauf herumzuwischen.

»Hey! Gib das wieder her. Meine SMS gehen dich überhaupt nichts an!«, beschwerte sich der große Bruder erbost und fixierte den kleinen Dieb durch den Rückspiegel.

»Keine Sorge, deine versauten Nachrichten will ich

nicht lesen«, murmelte Lenni abwesend und hob dann grinsend den Kopf. »Hier steht aber noch mehr, Bro. Du hast ja nur die halbe Wahrheit erzählt.«

Gary musste zugeben, dass er mehr als neugierig war, was die Mutter der beiden noch geschrieben hatte, da es ihn jedoch nichts anging und Jasper sich auf die Straße konzentrieren musste, drehte er sich zu Lennard um.

»Komm schon, Lennard. Es gehört sich nicht, in fremden Handys zu schnüffeln.« Er hielt seine Hand auf, woraufhin der Teenager ihn mit gerunzelter Stirn anblickte. »Wir wollen doch nicht, dass deine Tante am Ende noch recht behält und wir ungehobelten Lehrer wirklich einen schlechten Einfluss auf unsere Schüler haben, schließlich bin ich bisher vom Gegenteil überzeugt gewesen, auch wenn es eben nicht in Ordnung war, wie ich mit deiner Tante gesprochen habe.«

»Na gut.« Widerwillig gab Lennard ihm das Handy, das er ohne auf das Display zu schauen zurück auf die Mittelkonsole legte.

Er schaute Jasper an, der mit einem Lächeln auf den Lippen auf die Straße sah. Ein Blick über seine Schulter verriet Gary allerdings, dass der jüngste Glaeser-Spross wohl in nächster Zeit nicht so gut auf ihn zu sprechen sein würde, wie noch vor wenigen Minuten.

Lennard starrte mit verschränkten Armen aus dem Seitenfenster und reckte trotzig das Kinn in die Höhe, als er seinen Blick bemerkte. Aber immerhin waren sie schon mal über das Sie und Herr Finke hinweggekommen.

»Hast du schon gefrühstückt?«, durchbrach Jasper die Stille und sah wieder in den Rückspiegel zu seinem Bruder.

»Nee«, kam die patzige Antwort.

»Okay, wollen wir dann bei *Burger King* halten?«, wollte Jasper fröhlich wissen.

»Nur, wenn ich Mini Pancakes kriege«, kam die schon nicht mehr ganz so grummelige Forderung von hinten.

Der große Bruder grinste. »Klar, wo immer du Lust drauf hast. Kannst auch eine *KingBox* haben, wenn du willst.«

Lennard schnaubte. »Wie alt bin ich, fünf?«

»Was ist denn eine *KingBox*?«, fragte Gary irritiert, da er schon ewig kein Fast-Food-Restaurant mehr betreten hatte. »Meint ihr eine *Juniortüte*?« So hießen die Kindermenüs doch, oder?

»Oh Mann«, stöhnte Lennard. »*Juniortüten* gibt's doch nur bei *McDonald's* und die heißen auch nicht mehr so, sondern *Happy Meal*«, wurde er mit dem genervten Ton eines Teenagers informiert.

»Na, wolltet ihr da nicht hin? Das ist doch da, wo einem Burger im Karton serviert werden und man Cola aus einem Pappbecher trinken muss, oder?«, hakte er nach, was ihm ein ungläubiges Keuchen von der Rücksitzbank bescherte.

Das letzte Mal, dass er so etwas Scheußliches gegessen hatte, war vor zwei Jahren auf der Klassenfahrt seiner damals Zehnten gewesen und er hatte sich geschworen, nie wieder einen Fuß in so ein Restaurant zu setzen. Tja, dumm gelaufen.

Jasper lachte leise und schüttelte den Kopf. »Lass gut sein, Lenni. Ich glaube nicht, dass es viel Sinn macht, Gary den Unterschied zu erklären.«

»Schön, lasst mich dumm sterben«, sagte er abwinkend. »Gibt's da denn Kaffee?«

»Jepp.« Der Fahrer nickte und musste sich ganz offensichtlich ein Lachen verkneifen.

»Aus'm Pappbecher«, kam der leise Zusatz von hinten, was Jasper nun doch um seine Beherrschung brachte.

Resigniert schüttelte Gary den Kopf. »Na wunderbar«, seufzte er.

»Wenn du nichts findest, das dir schmeckt, kannst du ja später noch mal im Hotel essen. Frühstück gibt's bis zehn, hat die Frau doch gesagt, oder?«, sagte Jasper und sah ihn vorsichtig an.

Gary verstand, was Jasper ihm damit sagen wollte, und nickte lächelnd. »Alles klar. *McDonald's,* wir kommen!«

»*Burger King!*«, wurde er von hinten angeblafft, was Jasper erneut zum Lachen brachte und auch Lenni schließlich kichern ließ.

Immerhin hatte sich die Laune des Kleinen wieder gebessert. Gary grinste und zwinkerte Jasper zu, woraufhin dieser ihm die Hand auf den Oberschenkel legte und kurz drückte. Ein Kribbeln durchfuhr ihn und als Jasper die Hand tiefer gleiten ließ und Garys Knie umfasste, musste er tief durchatmen, um seine Libido wieder in den Griff zu kriegen.

Jasper warf ihm einen fragenden Blick zu, bevor er dreckig grinste, während er seine Handfläche kurz über Garys Kniescheibe rieb, bevor er ihn erlöste und seine Finger wegnahm.

Jasper mochte Krankenhäuser nicht. Der Geruch und alles, was sie verkörperten, waren ihm zuwider. Lennard lief kreidebleich neben ihm her und klammerte sich an seine Hand, was er schon seit Jahren nicht mehr getan hatte. Als sie das Zimmer ihrer Mama endlich gefunden hatten, klopfte Jasper vorsichtig und schob die

Tür auf. Seine Mutter saß auf einem Bett nahe der Tür und seufzte erleichtert, als sie sie sah.

»Mama!« Lennard ließ seine Hand los und stürmte ins Zimmer.

»Meine Jungs, Gott sei Dank!«, schniefe sie und ließ sich in den Arm nehmen.

»Wie geht es dir?«, fragte Jasper leise und betrachtete sie einen Moment. Sie sah müde aus, abgekämpft, lächelte aber tapfer. Ihr rechter Arm war in einen dicken Gips gehüllt und über der linken Schulter lag ein riesiges Kühlkissen. »Hast du Schmerzen?«

»Ein bisschen, aber es geht schon wieder. Euren Papa hat es weit schlimmer erwischt. Er wird gerade operiert«, erzählte sie und streichelte Lennard dabei über die Haare. Der Kleine saß auf ihrem Schoß und kämpfte mit den Tränen.

»Haben sie gesagt, wie lange es dauern wird?«, fragte Jasper und sah sich im Zimmer um. Das andere Bett schien nicht belegt zu sein und auch sonst wirkte alles karg und lieblos.

»Nein, das konnten sie nicht genau sagen. Der linke Oberschenkel ist gebrochen, da bekommt er wohl etwas, dass sich Fixateur nennt. Den rechten Fuß wollten sie kurz vorher röntgen und je nachdem, was sie da sehen, entscheiden, ob der auch operiert werden muss, dann kann es noch etwas länger dauern.« Tränen kullerten über ihre Wangen und auch Lennard schluchzte nun.

Jasper setzte sich zu den beiden aufs Bett und schlang seine Arme um ihrer beider Taillen. »Es sind nur Knochenbrüche, Mama. Die verheilen wieder. Kannst du dich denn an den Unfall erinnern?«

»Ja.« Sie nickte. »Die Straße war etwas rutschig und dein Vater ist langsam gefahren, weil wir uns hier ja auch nicht so gut auskennen. Dem hinter uns war es wohl zu langsam, jedenfalls hat er angesetzt, um zu überholen und plötzlich tauchten vor uns Lichter auf. Dein Vater hat gebremst, der uns entgegenkam, ist dem neben uns ausgewichen und plötzlich hat es gerumst und die Airbags gingen auf. Das Nächste, was ich weiß, ist, dass ein paar Feuerwehrmänner versucht haben die Tür aufzuschneiden und ich eine Decke übergelegt bekommen habe, damit ich keine Funken oder so was abkriege. Papa war da schon auf dem Weg ins Krankenhaus, wie ich hinterher erfahren habe.«

Jasper streichelte seinem Bruder beruhigend über den Rücken, als dieser mit immer größer werdenden Augen den Worten ihrer Mama lauschte. »Da können wir von Glück reden, dass nicht mehr passiert ist. Wichtig ist, dass ihr schnell wieder gesund werdet. Alles andere ist erst mal egal.«

»Ach Jasper, du hast ja recht. Aber es ist alles ein bisschen viel im Moment. Das Auto ist Schrott, ihr wolltet nächste Woche die Räume für euer Studio weiter ausbauen und Lenni muss morgen wieder in die Schule. Ich kann euren Papa hier doch aber nicht allein lassen und wie sollen wir überhaupt wieder nach Hause kommen? Und das alles so kurz vor Weihnachten!« Sie versuchte sich mit dem linken Arm ein Taschentuch von dem kleinen Tisch neben dem Bett zu fischen, zuckte jedoch sofort zusammen, als sie ihn zu weit streckte.

Jasper nahm eilig die Packung und reichte ihr ein Tuch. »Das ist doch alles nicht so wichtig. Wir finden schon eine Lösung. Das Studio kann warten und wir überlegen uns eine Möglichkeit, Papa nach Hause zu holen. Mach dir nicht so viele Sorgen, Mama.« Beruhigend redete Jasper auf sie, seinen Bruder und sich selbst ein.

»Und ich kann auch schon allein auf mich aufpassen, Mama. Oder Gary, der hat doch im Moment eh keinen Job«, warf Lennard ein.

»Bitte sag ihm das so nicht«, mahnte Jasper leise, woraufhin sein Bruder eilig nickte.

»Wo habt ihr ihn denn überhaupt gelassen? Er wartet doch wohl nicht draußen in der Kälte?!«, wollte seine Mutter wissen und schien schon wieder ganz in ihrem Element zu sein.

Jasper grinste. »Nein, keine Sorge, er ist im Hotel und frühstückt, nachdem er bei *Burger King* nur widerwillig einen Kaffee heruntergewürgt hat.«

»Er wollte nicht mal von den Pancakes probieren, kannst du dir das vorstellen, Mama? Er meinte, das seien nur fetttriefende Teigkugeln, die in Zucker getunkt werden, damit sie überhaupt nach was schmecken«, berichtete Lennard immer noch entrüstet.

»Ein Mann mit Geschmack? Ja gibt's denn so was?«, kommentierte seine Mutter lachend, verzog dann jedoch wieder das Gesicht und sah auf. »Du weißt, dass du ihn nicht ewig vor uns verstecken kannst, Jasper!«

»Das tue ich doch gar nicht, Mama. Aber ein Krankenhaus ist wohl kaum der richtige Ort für eine Kennenlernrunde«, entgegnete er.

Seine Mutter seufzte und nickte. »Da hast du wohl recht. Wie war es denn noch bei meiner Schwester? Sie hat euch hoffentlich nicht auf ihrem Besen fliegend aus dem Haus gejagt?«

»Nein, obwohl sie eine olle Hexe ist. Aber Gary ist total cool geblieben, selbst, als sie richtig gemein zu ihm wurde«, beeilte sich Lennard, wieder von seinem neuen Kumpel zu schwärmen.

Ihre Mutter nickte grinsend. »Das habe ich gehört. Wie war die Nacht bei ihr? War sie sehr mürrisch?«

»Ja, aber es ging schon. Ich habe in meinem Zimmer ferngesehen und die Süßigkeiten gegessen, die ich im Rucksack hatte. Von ihrer komischen Suppe wollte ich nichts und heute Morgen habe ich schnell meine Sachen gepackt und auf Jasi gewartet«, erzählte Lennard.

Und dafür hatte Jasper ihr noch fünfzig Euro gegeben? Diese gewiefte olle Schachtel!

»Hattest du nicht bis gestern Abend einen Auftrag?«, richtete Jaspers Mutter nun das Wort an ihn. »Du musst doch furchtbar müde sein!«

»Schon, aber es geht«, sagte er abwinkend. »Gary ist gefahren und den Rest der Nacht haben wir im Hotel verbracht.«

Seine Mutter lächelte ergriffen. »Das war wirklich sehr nett von ihm. Richte ihm meinen Dank aus, ja? Und demnächst möchte ich diesen Mann unbedingt kennenlernen.«

»Sobald ihr wieder zu Hause seid, stelle ich ihn euch vor, Mama«, versicherte Jasper augenrollend. »Aber erst mal müssen wir uns überlegen, was wir bis dahin machen.«

Sie nickte nachdenklich. »Ich würde vorschlagen, sobald wir wissen, wie es eurem Vater geht und ihr ihn sehen konntet, fahrt ihr drei nach Hause und Lennard geht morgen wieder in die Schule. Wenn ihr wollt, könnt ihr gern bei uns im Haus bleiben, Gary natürlich auch. Wenn ich entlassen werde, nehme ich mir ein Hotelzimmer hier in der Nähe vom Krankenhaus und bleibe tagsüber bei eurem Vater, bis er auch nach Hause darf. Der Weg von Elsbeth bis hierher ist mir zu weit und ein Auto habe ich ja nicht mehr, davon abgesehen, dass ich gerade eh nicht fahren könnte. Dann müssen wir uns überlegen, wie wir euren Vater nach Hause kriegen, mit der Bahn wird das schlecht und du hast auch Besseres zu tun, als ständig durch halb Deutschland zu gondeln. Wir müssen auch noch rauskriegen, wo der Blechhaufen gelandet ist und was wir jetzt damit machen müssen. Nach Hause nehmen wir den aber nicht mit. Am besten sie entsorgen ihn gleich hier. Sollten wir einen Gutachter bestellen, der sich das Ganze mal anschaut?«, ließ sie ihren Gedanken offenbar freien Lauf. »Na, besser wäre es wohl«, beantwortete sie sich ihre Frage selbst und seufzte. »Herrje, das ist alles eine Scheiße, sag ich euch!«

Lennard bekam große Augen. »Hast du gerade Scheiße gesagt?«

»In diesem Fall war es wohl angebracht, denke ich«, meinte sie entschlossen, was Jasper zum Lachen brachte.

»Oh Mama.« Er schloss sie erneut in seine Arme und gab ihr einen Kuss auf die Wange. »Mach dir keine Sorgen, es kommt schon alles wieder in Ordnung. Ich rufe bei der Polizei an und finde raus, wo das Auto steht. Dann erkundige ich mich bei der Versicherung, ob sie einen Gutachter schicken oder kümmere ich mich selbst darum. Ein Hotel ist hier in der Nähe, da hat Gary uns gestern auch hingefahren. Die Dame an der Rezeption ist etwas seltsam, aber du bist ja kein Mann, der vorhat, mit einem anderen Mann das Bett zu teilen, also sollte sie netter zu dir sein.« Er zwinkerte. »Und jetzt lässt du dich von Lenni noch etwas unterhalten, während ich deine Tasche aus dem Auto hole, okay?«

Seine Mama schniefte schon wieder. »Ach Jasper, was würde ich nur ohne dich machen!«

»Weiter in hübschen rosa Krankenhausnachthemden rumlaufen?«, schlug er vor, um die Stimmung aufzulockern.

Sie lachte und schüttelte den Kopf. »Ja, wahrscheinlich. Danke!«

»Kein Problem. Lenni, erzähl Mama doch mal, was Gary von den Eiern mit Schinken gehalten hat, die ich vorhin gegessen habe.« Grinsend machte Jasper sich auf den Weg zur Tür.

»Oh Mann, das glaubst du nicht, Mama!«

Er zog die Tür hinter sich zu und schloss für einen

Moment seufzend die Augen, während er sich mit Rücken an die Wand lehnte.

»Junger Mann, geht es Ihnen gut?«, hörte er eine weibliche Stimme rufen und sah sich um. Eine kleine, rundliche Krankenschwester mit einer wilden Lockenmähne sah ihn an und kam ein paar Schritte auf ihn zu.

»Alles bestens«, versicherte er. »Können Sie mir sagen, wann mein Vater, Marvin Glaeser, aus dem OP kommt?«

»Nein, tut mir leid, das weiß ich nicht.« Kopfschüttelnd sah sie auf ein Klemmbrett in ihrer Hand. »Dann sind Sie sicher der Sohn von Frau Elisa Glaeser aus Zimmer fünfzehn.«

Sämtliche Nackenhaare stellten sich auf und der Personenschützer in ihm wollte sie darauf hinweisen, dass sie nicht so unüberlegt mit den Patientendaten um sich werfen sollte, stattdessen nickte er. »Jasper Glaeser«, stellte er sich vor.

»Ah ja, Sie stehen hier als Auskunftsberechtigter auf meiner Liste«, stellte sie fest. »Haben Sie Ihre Mutter schon besucht?«

»Ja, ich war gerade bei ihr. Mein Bruder Lennard ist noch im Zimmer. Können Sie abschätzen, wie lange sie noch hierbleiben muss?«

Sie studierte das Klemmbrett in ihrer Hand, dann sah sie ihn mitfühlend an. »Sie ist zur Beobachtung wegen der Gehirnerschütterung hier. Wenn es ihr weiterhin so gut geht, kann sie Dienstagvormittag nach Hause. Aber mit der geprellten Schulter und dem gebrochenen Arm wird sie noch ein paar Tage Hilfe brauchen.«

Jasper nickte nachdenklich. »Okay. Ist es möglich, dass sie meinen Vater dann tagsüber hier besucht? Sie möchte sich ein Hotelzimmer in der Nähe nehmen, weil meine Eltern eigentlich nur zu Besuch bei meiner Tante waren.«

Die Schwester strahlte ihn an. »Das ist kein Problem.

Wir haben keine starren Besuchszeiten wie vor ein paar Jahren noch, aber ich kann Ihnen auch noch einen anderen Vorschlag machen. Wir haben Familienzimmer auf jeder Station, denn es hilft uns Schwestern ungemein, wenn uns Angehörige bei der Versorgung der Patienten unterstützen und trägt außerdem zur schnelleren Genesung bei. Da wurde extra eine große Studie zu durchgeführt und nun ja, nun haben wir diese Zimmer, die aber selten genutzt werden. Ihre Eltern können gern ein Familienzimmer bekommen, allerdings müsste ihre Mutter den Aufenthalt bezahlen, da er über die medizinisch notwendige Versorgung hinausgeht. Sicher wäre es jedoch günstiger als ein Hotel und sie könnte rund um die Uhr bei Ihrem Vater bleiben. Verpflegung bekäme sie natürlich dieselbe wie die Patienten. Was halten Sie davon?«

»Das wäre großartig!«, seufzte Jasper erleichtert. Ein Problem weniger, um das er sich sorgen musste. Er hatte sowieso nichts davon gehalten, dass seine Mutter allein in ein Hotel gehen wollte. Schließlich konnte sie sich nicht mal die Haare kämmen, geschweige denn einen Koffer oder sonst was tragen. »Was brauchen Sie dafür von mir?«

»Nun, eine Rechnungsanschrift und das schriftliche Einverständnis Ihrer Eltern, ersatzweise Ihrer Mutter als Versorgungsbevollmächtigte für sie beide. Dann kann zumindest schon mal sie sofort dahin umziehen und ich werde im Aufwachraum die neue Zimmernummer Ihres Vaters melden«, sagte die Krankenschwester offensichtlich froh, endlich eines der Zimmer belegen zu können.

Jasper war ebenfalls begeistert. »Super. Könnten Sie alles veranlassen und den Papierkram fertig machen, während ich die Taschen meiner Eltern aus dem Auto hole? Ich bin in fünf Minuten zurück!«

»Nur keine Hektik«, meinte sie lächelnd und verschwand im Schwesternzimmer.

Nachdem seine Mutter ihr neues Zimmer bezogen hatte und auch sein Vater aus dem Aufwachraum zurück war, ließ Jasper Lennard bei seinen Eltern. Er sprach noch kurz mit dem Arzt, bevor er sich auf den Weg ins Hotel machte, um Gary über den baldigen Aufbruch nach Hause zu informieren und seine Sachen zu holen.

Es war mittlerweile halb zwei nachmittags und sein Magen knurrte. Da er keinen Zimmerschlüssel hatte, klopfte er an die Tür. Drinnen rührte sich nichts. Er klopfte noch einmal ein wenig lauter und nach einigen Sekunden öffnete ihm ein halb nackter und offensichtlich verschlafener Gary.

»Oh, hey, sorry, ich hatte dein Klopfen nicht gleich gehört«, murmelte dieser und hielt ihm gähnend die Tür auf.

»Kein Problem«, sagte Jasper abwesend, während er den Blick über den nur in eine Boxershorts gehüllten Körper vor ihm schweifen ließ.

Die rechte Seite des schlanken Oberkörpers zierte ein verdammt sexy Tattoo, das sich über Garys Rippen hinunter zu seinem flachen Bauch schlängelte und schließlich am Bauchnabel endete. Er vermutete, dass es auf dem Rücken noch weiterging und als Gary sich umdrehte, um zum Bett zurückzulaufen, wurde seine Annahme bestätigt.

Da die Vorhänge zugezogen waren und nur spärliches Licht hindurch ließen, konnte Jasper nicht erkennen, was genau es sein sollte, jedoch sah es auf den ersten Blick aus wie viele Federn, die sich von den Schulterblättern aus aneinanderreihten und Richtung Rippen verliefen. Hin und wieder wurde die Kette von farbigen Flächen unterbrochen.

»Wie geht es deinen Eltern?«, fragte Gary, während er sich ein T-Shirt überzog und Jasper damit aus seiner an Hypnose grenzenden Gafferei riss.

Er schüttelte kurz den Kopf, klappte seinen Mund zu und richtete seine Aufmerksamkeit auf das fragende Gesicht, das ihn neugierig ansah. »Was?«

Gary blickte ihn stirnrunzelnd an. »Im Krankenhaus? Wie war es? Geht es deinen Eltern einigermaßen gut?«

»Oh ja, alles bestens«, beeilte er sich zu sagen.

»Wirklich?«, hakte Gary offensichtlich zweifelnd nach.

»Ach so, nein, natürlich nicht, aber es wird schon!« Er musste sein Gehirn wieder hochfahren, nur dafür musste sein Unterleib das Blut erst wieder freigeben, das sich dort gesammelt hatte.

Gary kam einen Schritt auf ihn zu und warf ihm einen besorgten Blick zu. »Geht es dir gut? Du scheinst ganz schön durch den Wind zu sein!«

Jasper entschied, dass Angriff die beste Verteidigung war und zuckte mit den Schultern. »Na, kein Wunder, wenn du mir halb nackt die Tür aufmachst.«

Garys Gesicht lief rot an, während er mit großen Augen an sich hinuntersah. Dann griff er nach der Jeans, die am Fußende des Bettes lag, und sprang förmlich hinein. »Hast du Lennard im Krankenhaus gelassen?«

»Ja. Mein Vater wurde heute Morgen operiert und vor einer Stunde aufs Zimmer gebracht. Ein Bein im Gips, der andere Oberschenkel wurde mit einem Gestell aus Schrauben und Metallschienen fixiert. Er muss noch ein paar Tage im Krankenhaus bleiben, dann kann er nach Hause. Meine Eltern haben ein Familienzimmer bekommen, in dem sie bis dahin zusammenbleiben können. Mama geht es schon wieder ganz gut. Sie scheint noch ein bisschen geschockt zu sein, aber ansonsten ist sie wieder ganz sie selbst. Nur dass sie mit zwei verletzten Armen natürlich nicht viel machen kann.«

»Okay, und wie lange bleiben wir jetzt hier?«

»Wir fahren heute noch nach Hause. Lennard muss

morgen in die Schule und viel machen können wir eh nicht.« Jasper zog seine Reisetasche unter dem Bett hervor. »Ich dachte, wir checken gleich aus, fahren dann zu dem Verwahrhof, auf dem das Auto, oder zumindest das, was davon übrig ist, steht und gucken uns das Elend an. Dann holen wir Lenni und fahren wieder nach Hause.«

»Und wie kommen deine Eltern zurück?«, rief Gary aus dem Badezimmer, wo er seine Toilettenartikel zusammensuchte.

»Das weiß ich noch nicht so genau. Wahrscheinlich werde ich sie abholen müssen. Mal sehen, ob das mit Papas Beinen einfach so klappt. Der Arzt meinte, es wäre auch möglich, einen Transportschein oder so was auszustellen, aber aufgrund der Distanz soll meine Mutter das erst mal mit der Krankenkasse klären«, erzählte er, während er sein Handyladekabel aus der Steckdose zog.

Gary kam ins Zimmer zurück und faltete sein Handtuch zusammen. »Wie ist der Unfall denn passiert?«

Er erzählte ihm, woran seine Mutter sich hatte erinnern können, während sie ihre Sachen packten und Gary, trotz des Hinweises, dass es sowieso frisch bezogen werden würde, das Bett ordentlich machte, sämtliche Vorhänge richtete und sich dreimal vergewisserte, dass sie nichts vergessen hatten.

Jasper musste zugeben, dass er sich durchaus an den Sauberkeitsfimmel gewöhnen konnte, der aber gleichzeitig hin und wieder ziemlich nervte. Er traute sich ja schon kaum noch in seiner eigenen Wohnung irgendwo etwas rumliegen zu lassen, weil er die Befürchtung hatte, dass Gary sich dadurch veranlasst sehen würde, es ihm hinterherzuräumen.

Als dieser sah, dass Jasper mit der Hand auf der Klinke der offenen Zimmertür und hochgezogenen Augenbrauen auf ihn wartete, errötete er leicht und zuckte mit den Schultern. »Tut mir leid, es widerstrebt mir einfach, ein Zimmer unordentlich zu hinterlassen.«

Jasper grinste. »Ist mir bereits aufgefallen.«

»Stört es dich?«, fragte Gary, während er die Tür abschloss und ihn abwartend ansah.

Jasper zuckte mit den Schultern. »Nur manchmal.«

»Hm«, befand der Saubermann, bevor sich ein Grinsen auf seinem Gesicht ausbreitete. »Und wenn ich nur in Boxershorts aufräumen würde, kämst du dann besser damit klar?«

Jasper nickte eilig. »Auf jeden Fall!«

Lachend machten sie sich auf den Weg zur Rezeption.

»Du meine Güte!«

Fassungslos starrten Gary und Jasper auf den Blechhaufen, der auf dem schmutzigen Hinterhof des Abschleppdienstes stand und tatsächlich mal ein Auto gewesen war.

»Das kannst du laut sagen«, stimmte Gary zu. »Es ist ein Wunder, dass sie da lebend rausgekommen sind.«

Jasper neben ihm zuckte zusammen und winselte leise.

»Tut mir leid, das war unüberlegt«, ruderte Gary schnell zurück, nahm Jaspers Hand und drückte sie leicht. Als er ihn wieder loslassen wollte, hielt sein Freund ihn jedoch weiter fest. Der Personenschützer starrte immer noch kopfschüttelnd auf den Berg aus Blech, Gummi, Airbags und Polstern.

Der Typ vom Abschleppdienst, der ihnen den Weg

gezeigt hatte, gesellte sich zu ihnen. »Sieht böse aus, nich' wahr? So wat krieg'n wa hier och nich' alle Tage zu Jesichte, det könne se globe.«

Da Jasper offensichtlich gerade nicht in der Lage war, die Angelegenheit zu regeln, richtete Gary seine Aufmerksamkeit auf den Mann, der sie skeptisch musterte. »Morgen soll ein Gutachter bestellt werden. Können Sie uns sagen, wie lange das Auto hier stehen bleiben kann?«

»Solang se dafür bezahl'n«, antwortete der Mann träge lachend.

»Okay.« Gary nickte und stellte sich vor Jasper, um dessen Aufmerksamkeit zu erlangen. »Hast du gehört? Das Auto kann erst mal hierbleiben, bis der Gutachter es sich angesehen hat.«

Das schien Jasper jedoch kaum aus seiner Starre zu locken. »Gut«, murmelte er zumindest.

»Kost aber zwölf Euro am Tach plus de Abschleppkoste«, warf der Typ vom Abschleppunternehmen ein.

»Kein Problem.« Jasper nickte abwesend, dann seufzte er. »Und wohin danach damit?«

»Hier gibt's 'n Schrotthändler im Ort, der würd ihn bestimmt nehm'n«, bot der freundliche Herr in Blau an. »Viel mehr wird Ihnen ja och nicht übrich bleib'n, wa?«, fügte er dann wenig mitfühlend hinzu.

Gary warf ihm einen missbilligenden Blick zu, den der Typ mit einem Achselzucken quittierte, und legte dann die Hand auf Jaspers Schulter. »Komm schon, Jas, Anstarren ändert es auch nicht. Du hast gehört, was der Mann gesagt hat. Das Auto kann erst mal hierbleiben. Lass uns jetzt zu deinen Eltern fahren und Lenni abholen. Wir haben noch einen langen Nachhauseweg.«

Jasper nickte wieder. »Ja, du hast recht. Danke.« Dann schlang er plötzlich die Arme um Garys Taille und drückte ihn an sich.

»Oh Scheiße, ick hab et mir doch gleech jedacht«, murmelte der Typ neben ihnen, woraufhin Jasper sich abrupt zurückzog und ihn wütend anfunkelte.

»Haben Sie ein Problem mit uns?«, fragte er drohend.

Der Mann nahm abwehrend die Hände hoch und ging zwei Schritte zurück. »Nein! Wie kommen's denn da druff? Leb'n und leb'n lasse, nich' wahr?«

»Lass gut sein, Jasper«, schritt Gary ein und zupfte an dessen Hand. »Brauchen Sie noch irgendwas von uns?«, wandte er sich an den anderen Mann.

Der schüttelte eilig den Kopf. »De Rechnungsanschrift hab ick von de Polizei. Et wär nur jut, wenns sich melde, sobald klar ist, wie lang det Auto hier steh'n bleib'n soll.«

»Haben Sie eine Karte oder so was? Und eine Preisliste?«

»Jo, hol ick.« Mit diesen Worten floh er in das kleine Kabuff, aus dem er gekommen war.

»Los, setz dich ins Auto und atme erst mal tief durch. Ich komme gleich nach.« Gary schob Jasper Richtung Straße.

Der schnaube widerwillig. »Ich tue ihm schon nichts«, meinte er trotzig, während er sich aber doch in Bewegung setzte.

Mit ein paar Fotos vom Schrotthaufen auf dem Handy, der Preisliste in der Tasche und einer gemurmelten Entschuldigung des Abschleppdiensttypen folgte Gary Jasper wenig später. Der saß wie befohlen im Auto und schien sich schon wieder etwas beruhigt zu haben.

»Tut mir leid, ich wollte dem Typen keine Angst einjagen«, sagte er sichtlich verlegen.

Gary winkte lächelnd ab. »Schon gut. Er hat sich sogar noch entschuldigt. Hast du eigentlich schon was gegessen seit dem Frühstück?«

»Nein und du ja auch nicht, oder?«, fragte Jasper

zurück, woraufhin Gary den Kopf schüttelte. »Lenni hat bestimmt auch Hunger, im Krankenhaus hat er nur ein bisschen was von Mamas Mittag gemopst. Wir sollten irgendwo auf dem Heimweg zum Essen halten, was meinst du?«, fragte Jasper, als sie bereits auf dem Weg zum Krankenhaus waren.

»Noch eine Runde Fast Food?«, stöhnte Gary resigniert.

»Tut mir leid«, murmelte Jasper neben ihm.

Jetzt hatte er ein schlechtes Gewissen. »Schon gut, die paar Transfette werden mich schon nicht umbringen. Und wer weiß, vielleicht finden wir unterwegs ja doch noch ein richtiges *McDonald's.*« Er lächelte beschwichtigend.

Jasper lächelte zurück. »Meine Mutter hat angeboten, dass wir so lange im Haus meiner Eltern bleiben können, bis sie aus dem Krankenhaus entlassen werden, aber um ehrlich zu sein, würde ich meine Wohnung vorziehen. Sie ist näher an Lennis Schule und ich bin schneller im Studio«, erklärte er.

Gary lief es kalt den Rücken runter, als ihm klar wurde, was Jasper gerade versuchte anzudeuten. Dessen Wohnung würde wohl zu eng für drei werden, zumal es nur zwei Schlafzimmer gab und er schließlich gerade Lennards Zimmer belegte. Sicher würde der Teenager das wiederhaben wollen und Jasper und er waren noch lange nicht so weit, sich ein Schlafzimmer zu teilen. Zudem war sein schlechtes Gewissen sowieso schon riesig, weil er die letzten Tage auf Jaspers Kosten gelebt hatte. Da konnte er sich nicht auch noch aufdrängen, wenn Jasper plötzlich familiäre Probleme hatte.

Gary versuchte zu überschlagen, für wie viele Nächte in einem billigen Hotel seine zweihundert Euro reichen würden oder ob er nicht doch in einen dicken Schlafsack investieren und auf den Park ausweichen sollte. »Ist das okay?«, hörte er Jasper neben sich fragen.

Gary sah überrascht zu ihm rüber. »Was ist okay?«

Sein Fahrer lachte leise. »Hast du mir überhaupt zugehört?«

»Tut mir leid, ich habe gerade über eine Lösung für die nächsten Tage nachgedacht«, gab er zu.

»Wie bitte? Du hast nicht wirklich geglaubt, dass ich dich vor die Tür setze, oder?« Jasper sah ihn mittelmäßig enttäuscht an.

»Ähm … nein«, log Gary mit heißen Wangen.

»Doch, hast du!«, erkannte Jasper, während er an einer roten Ampel zum Stehen kam, was ihm die Gelegenheit gab, sich ihm zuzuwenden. »Oh Mann, Gary, ich dachte, wir hätten das mittlerweile hinter uns. Ich mag dich sehr und setze dich bestimmt nicht vor die Tür, nur weil es gerade etwas schwierig wird. Im Gegenteil, ich bin unendlich froh, dass du jetzt bei mir bist. Ich weiß nicht, ob ich es ohne dich überhaupt bis hierher geschafft hätte, geschweige denn durch die letzten Stunden. Bei meiner Tante bist du sofort für Lenni in die Bresche gesprungen und hast anschließend sogar ein Frühstück bei *Burger King* mit uns durchgestanden. Du bist eingesprungen, wenn ich nicht in der Lage war, klar zu denken, und ich bin dir unendlich dankbar dafür, dass du trotz deiner eigenen Probleme alles stehen und liegen gelassen hast, um mir und meiner Familie zu helfen!«

»Das war doch selbstverständlich«, brachte Gary überwältigt von Jaspers Ansprache heraus.

»Nein, das war es ganz bestimmt nicht!«, entgegnete dieser kopfschüttelnd. »Kannst du mir glauben, dass ich nicht vorhabe, dich rauszuwerfen, sobald wir wieder bei mir sind?«

Ein Hupen hinter ihnen gewährte Gary einen kurzen Aufschub seiner Antwort, jedoch währte der nicht lange.

»Gary?«, hakte Jasper nach. »Ich hatte dich gerade

gefragt, ob wir es einrichten können, dass immer einer von uns zu Hause ist, wenn Lenni von der Schule kommt, weil ich nur zwei Wohnungsschlüssel habe und ob du mir außerdem helfen kannst, wenigstens einmal am Tag eine vernünftige warme Mahlzeit auf den Tisch zu bekommen. Ich weiß, dass das vielleicht etwas zu viel verlangt ist, aber ich brauche wirklich deine Hilfe. Du kannst weiterhin im Gästezimmer schlafen und Lenni bei mir. Vertrau mir, ich wollte dich nicht bitten zu gehen, sondern möchte, dass du bei uns bleibst.«

Gary wollte ihm so gerne glauben, aber er konnte es nicht. Das Leben hatte ihn gelehrt, dass er nicht darauf vertrauen durfte, was andere versprachen. Jeder, dem er bisher vertraut hatte, hatte ihn früher oder später enttäuscht. Seine Ehefrau, die versprochen hatte, sein Geheimnis zu bewahren, und ihn dann im Stich gelassen und sogar verraten hatte. Eine Gesellschaft, die vorgab tolerant zu sein, schwule Lehrer aber doch nicht akzeptieren konnte. Ein Vater, den er nicht kannte, weil der sich irgendwann aus dem Staub gemacht hatte und nichts mit ihm zu tun haben wollte. Selbst seine eigene Mutter, die ihn schließlich zur Welt gebracht hatte und zumindest annähernd so was wie Zuneigung für ihr eigenes Kind empfinden sollte, war nie für ihn da gewesen, hatte ihn obendrein skrupellos vor die Tür gesetzt und ohne zurückzublicken seinem eigenen Schicksal überlassen.

Wie sollte er nun also darauf vertrauen können, dass Jasper, den er zwar seit zwei Jahren, aber eigentlich doch kaum kannte, die Wahrheit sagte? Nur weil sein Körper sich nach ihm verzehrte und sein Herz Luftsprünge machte, sobald sie sich in einem Raum befanden, war das noch kein Grund, ihm blind zu vertrauen.

Sein Bauch sagte ihm, dass Jasper ihn noch nie enttäuscht hatte und er ihm glauben konnte. Sein Verstand riet ihm jedoch, dass es schwachsinnig und fahrlässig wäre und er es sich nun mal nicht leisten konnte, erneut enttäuscht zu werden, nicht solange er noch so angreifbar war wie jetzt gerade.

»Es tut mir leid«, antwortete er schließlich hin- und hergerissen und schluckte. »Ich möchte dir gern glauben, es ist nur ... Ich weiß nicht wie«, erklärte er verzweifelt.

»Das ist okay. Ich beweise es dir noch. Du musst mir nur die Gelegenheit dazu geben, ja?« Jasper bog auf den Parkplatz des Krankenhauses ein und stellte das Auto in der nächstbesten Lücke ab.

»Wie meinst du das?«, fragte Gary verwirrt.

Jasper löste den Sicherheitsgurt und drehte sich dann zu ihm hin. »Bitte versprich mir, dass du nicht abhaust, sobald ich dich aus den Augen lasse. Ich will nicht morgen oder irgendwann anders in den nächsten Tagen nach Hause kommen und feststellen, dass du deine Sachen genommen hast und verschwunden bist.«

»Ich ... nein, das hatte ich wirklich nicht vor«, versicherte Gary kopfschüttelnd. Er hatte es kurz erwogen, aber es wäre schwachsinnig, auf einen warmen Schlafplatz und fließend Wasser zu verzichten. Das mochte egoistisch sein, entsprach aber nun mal der Wahrheit.

Außerdem mochte er Jasper und er wollte eine Beziehung zu ihm aufbauen. Dazu musste er seine Ängste überwinden, das war ihm klar, auch wenn er noch nicht genau wusste, wie er das anstellen sollte.

»Gut.« Jasper lächelte offensichtlich erleichtert. »Darf ich dich bitte küssen?«

Überrascht riss Gary die Augen auf. »Jetzt?«

Sein Gegenüber lachte leise, zog ihn am Nacken ein Stück zu sich und strich sanft mit den Lippen über seine. »Ja, jetzt«, hauchte er und presste sie dann fest auf Garys Mund.

Er schloss die Augen und klammerte sich an Jaspers Jacke, als dessen Zunge sich einen Weg zwischen seine Lippen bahnte und sanft über seine Zähne streichelte, bevor ihn Jaspers Zungenspitze zärtlich neckte. Gary drängte sich ihm entgegen und schob seine Hände unter die Jacke.

Jasper keuchte leise, als Gary seine rechte Hand über den festen Bauch und anschließend unter den Pullover gleiten ließ, um Jaspers warme Muskeln zu spüren, die unter seinen Berührungen hektisch zuckten.

Sanft löste Jasper sich von ihm und lehnte die Stirn gegen seine. Garys Herz raste, seine Lippen prickelten und seine Zunge fühlte sich beinahe taub an. Zudem war es in seiner Hose ziemlich eng geworden. Ein Blick in Jaspers grüne Augen, als dieser ein Stück von ihm abrückte, ließ ihn schlucken. Sie starrten Gary mit einer Intensität an, die seine Knie weich werden und seinen Kopf schwirren ließ.

»Spürst du es auch?«, fragte Jasper heiser.

Gary blinzelte unsicher. »Was denn?«

Statt einer Antwort lächelte Jasper und schüttelte den Kopf. Dann zog er sich zurück und ein kaltes Gefühl der Leere überfiel Gary, als seine Hand unter dem Pullover hervorrutschte.

Jasper räusperte sich und sah ihn wieder an, während er mit dem Finger Richtung Parkplatzende zeigte. »Dort vorn ist ein Café. Könntest du uns einen Kakao und zwei Kaffee besorgen, während ich Lenni hole?«, fragte er und zog seine Geldbörse hervor.

»Ja natürlich.« Er nickte eilig und hob abwehrend die Hände, als Jasper ihm einen Geldschein reichte. »Lass stecken, das kann ich schon noch übernehmen.«

»Okay, wenn du meinst.« Er zuckte mit den Schultern und schob das Geld zurück ins Portemonnaie, bevor sie ausstiegen.

Während Jasper auf den Haupteingang des Krankenhauses zuging, lief Gary über den Parkplatz in Richtung des Cafés. Er wusste nicht, was ihn in den nächsten Tagen erwarten würde, wenn er Jasper bei der Beaufsichtigung und Betreuung von dessen Bruder half. Er mochte den Kleinen, aber ein wenig verunsicherte ihn das Ganze doch, denn es fühlte sich zu sehr nach Familie an. Er wusste nicht, ob er überhaupt bereit für so etwas war.

Jasper und er waren gerade dabei, sich kennenzulernen, abzuwarten, wie sich ihre Gefühle füreinander entwickeln würden. Gary hatte keine Ahnung, ob es tatsächlich Liebe war oder vielleicht doch nur eine Schwärmerei, die irgendwann verflog. Zwar glaubte er nicht daran, dass seine Gefühle nachlassen, sondern vermutete, dass sie eher stärker werden würden, doch noch war es zu früh, um dies beurteilen zu können.

Zudem hatte Jasper definitiv gerade andere Sorgen.

Vielleicht interpretierte Gary aber auch zu viel in die ganze Sache hinein. Vielleicht würde er lockerer sein, wenn er es einfach als das sah, was es war, nämlich seinem fast-Schrägstrich-vielleicht-Freund zu helfen, auf den Teenager-Bruder aufzupassen. Und schließlich kannte er sich mit Teenagern aus. Er hatte eine ganze Horde davon Anfang der Woche noch den ganzen Vormittag gebändigt.

Als er das Café betrat, atmete er tief durch und beschloss, es einfach auf sich zukommen zu lassen. Jasper brauchte Hilfe und Gary hatte im Moment eh nichts Sinnvolleres zu tun. Alles, was darüber hinaus geschah, würde er versuchen zu nehmen, wie es kam.

# FÜNFTES KAPITEL

»Alex, das wird hier nichts«, flüsterte Jasper ins Telefon. »Das brennt gleich alles an.« Eilig rührte er den Zucker um, der immer dunkler wurde und dicke Blasen schlug. Gary war nun schon fast zwanzig Minuten im Bad und sicher bald fertig mit Duschen.

Der Mann hatte ihm in den letzten drei Tagen so viel geholfen. Klar, Jasper hatte kein Problem damit, auf seinen Bruder aufzupassen, das tat er seit fast fünfzehn Jahren regelmäßig, aber allein das Kochen überforderte ihn dann doch und er konnte schließlich kaum jeden Tag Pizza bestellen, auch wenn Lenni sicher nichts dagegen hätte.

Gary allerdings schon. Der Kerl konnte unglaublich gut kochen und das auch noch, ohne dass die Küche hinterher aussah, als hätte eine Bombe eingeschlagen. Zudem hatten sie es bisher einrichten können, dass Gary immer zu Hause war, wenn Lenni von der Schule kam und er ihm bei den Hausaufgaben zur Seite stand, sodass Jasper ein bisschen was am Studio hatte machen können. Gary hatte ihm am Montag auch dabei geholfen.

Jasper hatte ihm angeboten, ihn als Hilfskraft für die

Renovierung zu bezahlen, aber Gary hatte mit der Begründung, dass er doch schon kostenlos bei ihm wohnte und aß, vehement abgelehnt.

Deswegen hatte Jasper beschlossen sich mit einem kuscheligen DVD-Abend auf dem Sofa bei Gary zu bedanken. Und dazu gehörte leckeres Popcorn, das er gerade versuchte mit der Hilfe seines Noch-Chefs und guten Freundes zu zaubern.

»Ist der Mais schon fertig gepoppt?«, wollte Alex wissen.

»Ich glaube schon. Seit einer Minute oder zwei ist aus dem Topf nichts mehr zu hören«, antwortete Jasper, während er hektisch rührte.

»Dann ist es fertig«, wurde er informiert.

»Kann ich den Deckel *jetzt* hochnehmen?«, vergewisserte er sich, denn Alex hatte ihn vorher mehrfach daran erinnert, den Deckel nicht zu früh vom Topf zu nehmen, weil der Mais wohl die Hitze brauchte, um zu explodieren und ihm durch die Küche fliegen würde, wenn er zu neugierig war.

Alex lachte. »Ja, und dann gleich alles rein in den flüssigen Zucker.«

Jasper hob den Deckel vom Topf und hustete. »Verdammt, alles schwarz. Gott, das stinkt!« Er rannte zum Fenster und riss es auf.

»Der Zucker oder der Mais?«

»Oh Scheiße, der Zucker!« Eilig lief er zum Herd zurück und griff wieder nach dem Löffel, doch es war schon zu spät. »Och nö!«

»Ähm … Jasper? Was machst du denn da?«, fragte plötzlich eine Stimme hinter ihm.

Jasper fuhr herum und versuchte das Chaos hinter seinem Rücken zu verstecken. »Nichts.«

Gary stand im Türrahmen, hielt die Nase in die Luft

und sah sich suchend um. »Wonach riecht es hier? Verbrannter Zucker und was ist das noch?«

Resigniert seufzte Jasper und hielt sich das Handy wieder ans Ohr. »Ähm … Alex?«

»Ja, Jasper?« Er konnte das Grinsen im Gesicht seines Noch-Chefs förmlich vor sich sehen, da dieser ohne Zweifel Garys Worte gehört hatte.

»Ich lege jetzt auf.«

»Ist gut.« Ein leises Lachen kam durch die Leitung. »Viel Spaß noch. Und Jasper?«

»Ja?«, seufzte er.

»Es gibt auch Popcorn zu kaufen, das man in der Mikrowelle zubereiten kann.«

»Danke für den Tipp«, knurrte er und legte auf.

Gary hatte ihn die ganze Zeit neugierig beobachtet und kam nun auf ihn zu. Mit einem Stirnrunzeln betrachtete er das Chaos auf dem Herd. Dann hob er den Kopf und grinste. »Hast du versucht, Popcorn zu machen?«

»Ja«, gab Jasper zu. »Ich weiß doch, dass du lieber frische Sachen magst und Popcorn fertig aus dem Beutel hättest du bestimmt nicht gemocht, da habe ich Alex gefragt und der meinte, das könne man auch selbst machen, aber na ja, ist nichts geworden. Irgendwie war ich überfordert mit dem geschmolzenen Zucker, der kurz vorm Verbrennen war, und dem Mais, der erst nicht poppen wollte und dann ging es so schnell und plötzlich fehlten mir ungefähr vier Arme.«

Es war wohl zwecklos, irgendwas zu leugnen, da jeder Blinde erkannte, dass er keinerlei Talent am Herd besaß. Selbst seine Mutter hatte ihn nach den ersten Nudelkochversuchen als Teenager nie wieder in die Nähe ihrer Töpfe gelassen.

»Oh, Jasper.« Gary lachte und zog ihn an sich. »Es ist so

süß, dass du zwei deiner besten Töpfe ruiniert hast, um mir eine Freude zu machen.«

Statt ihn zu umarmen, wie Jasper es vermutet hatte, griff Gary hinter ihn und stellte den Herd aus, was Jasper natürlich in der Eile vergessen hatte.

»Ruiniert? Kann man die nicht wieder sauber machen?«, fragte er erschrocken.

Gary schob ihn ein Stück zur Seite und inspiziert zuerst den Zuckertopf. »Na, doch, den kriegen wir wieder hin«, meinte er und richtete dann seine Aufmerksamkeit auf den größeren Pott, in dem sich der angebrannte Popcornmais befand.

Plötzlich knallte eine Zimmertür und Lennard kam in die Küche gestürmt. »Brennt es?«

»Nein, keine Sorge«, winkte Gary sofort ab. »Dein Bruder hat nur versucht, Popcorn zu machen.«

»Riecht nicht so, als könnte man es essen«, bemerkte Lennard. Jasper beschloss, dass es definitiv Zeit für Bier war.

Er lief zum Kühlschrank und fischte zwei Flaschen heraus, während sein Bruder Gary am Herd Gesellschaft leistete. »Willst du auch eins?«, fragte er an Gary gewandt, der mit dem Kochlöffel in der Hand im Topf rumfuhrwerkte.

Es sah ziemlich angestrengt aus, was er da tat, und Jasper hatte die leise Befürchtung, dass es kein gutes Ende mit dem Topf nehmen würde.

»Gleich«, brachte Gary keuchend hervor. Als etwas im Topf nachzugeben schien, flogen schwarze Popcorn-Mais-Stücke durch die Küche. »Ups.«

»*Das* sollte Popcorn werden?«, fragte Lennard ungläubig, nachdem er ein besonders großes weiß-gelb-schwarzes Exemplar vom Boden aufgehoben hatte. Neugierig inspizierten Gary und er das gute Stück, während Jasper einen großen Schluck kaltes Bier nahm.

»Total verbrannt«, stellte Gary schließlich fest, woraufhin sie Jasper amüsiert ansahen, bevor beide in Gelächter ausbrachen.

»Warum hast du denn nicht das Popcorn für die Mikrowelle genommen? Das kauft Mama auch immer und das brennt nie an«, warf Lennard wenig hilfreich ein.

Jasper starrte ihn finster an. »Raus hier!«

»War ja nur ein Vorschlag«, grummelte der Teenager beleidigt, als er an ihm vorbeiging.

Gary sah Jasper kopfschüttelnd an, während er Wasser in den Zuckertopf laufen ließ. »Das war aber nicht nett. Der Kleine hat es doch nicht böse gemeint.«

»Ihr habt mich ausgelacht, das war auch nicht nett«, schimpfte Jasper.

Gary stellte das Wasser ab. »Kein Grund, den bösen großen Bruder zu spielen.« Er kam auf Jasper zu, nahm ihm das Bier aus der Hand und stellte es auf der Arbeitsfläche hinter ihm ab, bevor er ihm die Hände in den Nacken legte und ihn angrinste. »Außerdem bist du süß, wenn du bockig bist.«

»Ich bin nicht bockig«, erklärte Jasper, während er seine Arme um Garys Taille schloss. »Und *süß* schon gar nicht!«

»Natürlich nicht«, murmelte sein Freund, dann presste er ihm einen Kuss auf die Lippen. Jasper zog ihn fester an sich und neigte den Kopf ein wenig, was Gary richtig verstand als Zeichen, die Zunge zwischen seine Lippen zu drängen.

»Jasi, kann ich –«

Abrupt machte Gary einen Satz nach hinten und starrte erst ihn, dann Lennard mit großen Augen an, der nicht minder schockiert neben der Theke stand.

»Ich … ich wollt euch nicht … stören, tut … tut mir leid«, stotterte der Teenager. »Ich bin schon wieder weg!«

Einen Moment starrten sie sich an, dann deutete Gary auf die Tür. »Los, rede mit ihm.«

Das war wohl angebracht. Unsicher, was er seinem kleinen Bruder sagen sollte, ging er ins Schlafzimmer. Lennard lag bäuchlings auf dem Bett und blätterte hektisch in einer Zeitschrift.

»Hey, Kleiner«, wagte er sich vor. »Ist alles in Ordnung?«

»Ja, alles cool«, kam die dünne Antwort.

Er setzte sich zu ihm aufs Bett. »Was wolltest du denn gerade?«

»Fragen, ob ich mir auf deinem Laptop einen Film ansehen kann, weil ich euch nachher im Wohnzimmer nicht stören wollte, aber na ja, hat wohl nicht geklappt«, antwortete Lennard und begann die Zeitschrift von Neuem durchzublättern.

Jasper seufzte und nahm ihm das Papier aus der Hand. »Komm schon, Kleiner. Rede mit mir. Was geht in deinem Kopf vor?«, fragte er liebevoll.

Lennard seufzte und setzte sich auf, vermied jedoch seinen Blick. »Du hast doch neulich gesagt, dass es deine Sache ist, mit wem du schläfst, also geht mich das doch eigentlich gar nichts an.«

Verwirrt runzelte Jasper die Stirn. »Gary und ich haben uns geküsst, nicht miteinander geschlafen.«

Sein Bruder verdrehte die Augen. »Ich weiß, was ein Kuss ist.«

Jasper nickte erleichtert. »Okay. Also worauf wolltest du dann hinaus?«

»Keine Ahnung«, murmelte der Teenager mit rotem Kopf.

Verzweifelt überlegte Jasper, was er sagen sollte. Kurz

erwog er, seinem Bruder ein neues Videospiel zu versprechen, wenn sie die Sache einfach vergessen würden, verwarf den Gedanken jedoch schnell wieder. Wahrscheinlich mussten sie beide da jetzt durch.

»Ich hatte dir doch neulich erzählt, dass ich Gary sehr mag und hoffe, dass aus uns ein Paar wird«, begann er und wartete auf die Reaktion seines Bruders.

Der nickte. »Ja, schon.«

»Und Paare küssen sich nun mal«, tastete er sich weiter vor.

»Also seid ihr jetzt ein Paar?«, wollte Lennard wissen und sah ihn skeptisch an.

»Ähm …« *Gute Frage, nächste bitte!* »Da bin ich mir auch noch nicht sicher.«

»Aber ihr küsst euch wie ein Paar«, stellte sein Bruder fest.

»Ja.« Jasper nickte. »Hin und wieder.«

»Also doch nicht wie ein richtiges Paar?«, fragte der Kleine offensichtlich verwirrt.

»Ähm … nein«, gab er hilflos zu. »Ich weiß auch nicht so genau, was wir gerade sind. Vermutlich irgendwas zwischen guten Freunden und einem Paar«, versuchte er zu erklären. »Beziehungen entwickeln sich, Lenni. Es gibt nicht immer einen bestimmten Punkt, an dem man sagen kann, ab dann sind zwei Menschen ein Paar. Manche finden schneller zueinander, während andere sich ihrer Gefühle erst sicher werden müssen oder sie nicht gleich erkennen, obwohl sie vielleicht nach außen hin schon wie ein Paar wirken.«

Sein Bruder sah ihn blinzelnd an. »Wovon redest du?«

Verzweifelt kratzte Jasper sich am Kopf und setzte dann erneut an: »Was ich sagen will, ist, dass Gary und ich uns zwar hin und wieder küssen, uns aber noch nicht sicher sind, ob wir ein Paar sein wollen.« Das war doch gut erklärt.

»Aber du hast doch gesagt, *dass* du mit ihm gehen willst. Wieso bist du dir da jetzt nicht mehr sicher?«

»Na, ich bin mir schon sicher, aber ich kann das nicht allein entscheiden«, versuchte er zu erklären.

»Also will Gary nicht dein fester Freund sein? Aber warum küsst er dich dann?«

Jasper holte tief Luft und atmete langsam wieder aus.

»Darf ich das beantworten?«, hörte er Gary von der Tür aus fragen und sah auf.

»Gott, bitte, ja!«, seufzte Jasper erleichtert.

Der ehemalige Lehrer kam lächelnd ins Zimmer und setzte sich dann zu ihnen aufs Bett. »Lennard, dein Bruder ist ein toller Mann und ich mag ihn sehr«, begann er und sah den Teenager an, der nachdenklich zuhörte. »Ich habe mich schon vor einiger Zeit in ihn verliebt und weiß, dass das auf Gegenseitigkeit beruht«, fuhr er fort und sah Jasper dabei an.

Er nickte lächelnd. »Das stimmt.«

Gary erwiderte das Lächeln, dann wandte er sich wieder an Jaspers Bruder. »Nur, weißt du, Lennard, es reicht leider nicht, ein bisschen verliebt zu sein, um zu einem richtigen Paar zu werden. Man muss sich kennenlernen und überlegen, ob man mit den Eigenheiten des anderen leben kann, auch wenn die erste Verliebtheit nachgelassen hat. Ich weiß nicht, ob du das auch schon erlebt hast, aber wenn man verliebt ist, dann ist man ganz euphorisch und möchte es am liebsten in die ganze Welt hinausschreien«, fuhr er fort, woraufhin Lennard große Augen bekam und Jasper einen verstohlenen Blick zuwarf.

*Oh Mann, was stand ihm da bloß noch bevor?*

»Du musst mir nicht antworten, ich versuche nur zu erklären, was zwischen deinem Bruder und mir gerade geschieht«, versicherte Gary schnell, woraufhin Lennard ziemlich erleichtert aussah. »Wenn also diese Verliebtheit nachlässt, und das tut sie zwangsläufig irgendwann, dann kann es passieren, dass man feststellt, dass der andere doch nicht so toll ist und meistens ist man dann enttäuscht. Man langweilt sich vielleicht mit dem anderen oder ist genervt von ihm und will sich doch lieber jemand anderen suchen. Oft bleibt einer von beiden mit einem gebrochenen Herzen zurück. Keiner will das, aber es passiert halt einfach.«

Jasper musste zugeben, dass er genau wie sein Bruder mittlerweile gebannt an Garys Lippen hing.

»Aber wenn man Glück hat, dann passiert auch genau das Gegenteil, nämlich dass man feststellt, dass der andere wirklich so toll ist, wie man anfangs gehofft hat, und wenn beide dieser Meinung sind, dann haben sie die Chance auf eine echte Liebe und das ist etwas unglaublich Tolles und Besonderes, das man nicht einfach aufs Spiel setzen sollte, weil man zu früh zu viel will und sich von seiner Verliebtheit blenden lässt. Kannst du mir folgen?«

Lennard und Jasper nickten synchron, was Gary kurz zum Schmunzeln brachte.

»Schön. Also dein Bruder und ich versuchen gerade herauszufinden, ob mehr hinter unseren Gefühlen steckt als Verliebtheit und na ja, hin und wieder küssen wir uns auch, was einfach zu dem Prozess dazugehört, auch wenn wir in Zukunft darauf achten sollten, das nicht so öffentlich zu tun«, fuhr er fort. »Hast du noch irgendwelche Fragen?«

Lennard schüttelte den Kopf. »Im Moment nicht.«

»Na gut, wenn du doch noch etwas wissen willst, dann frag einfach, okay? Deinen Bruder oder mich oder auch deine Eltern, bei wem auch immer du dich am wohlsten damit fühlst«, sagte Gary und erhob sich.

Lennard schluckte. »Okay. Danke.«

Gary lächelte nickend und ging aus dem Zimmer. Als die Tür mit einem Klicken ins Schloss gezogen wurde, sahen sich die Brüder sprachlos an.

Jasper erwachte aus seiner Starre. »Verdammt, er hat das echt drauf!«

Lennard grinste. »Ich hab doch gesagt, dass er ein echt cooler Lehrer war!«

»Ganz eindeutig. Also, ähm … ist jetzt alles geklärt? Zwischen uns, meine ich. Alles wieder gut?«

»Denk schon«, meinte sein Bruder schulterzuckend. »Ich hab nix dagegen, wenn ihr euch küsst. Ich war nur überrascht, glaub ich.«

»Okay, gut zu wissen. Aber Gary hat recht, wir werden in Zukunft aufpassen, etwas diskreter zu sein.«

»Auch gut. Kann ich jetzt den Film gucken?«

»Sicher, was wolltest du denn sehen?«, fragte Jasper erleichtert und ging zum Nachtschrank, um den Laptop hochzufahren.

»*Fast & Furious 6*. Hast du den?«

Er nickte und wartete, bis der Computer hochgefahren war, bevor er den Film startete. »Okay, viel Spaß und wenn du noch was brauchst, komm einfach rüber. Vielleicht klopfst du an, bevor du reinkommst«, schlug er vor.

»Ist gut.« Lennard nickte mit Blick auf den Bildschirm. »Jasi?«, hielt er ihn auf, als Jasper bereits an der Tür war. »Ich hoffe, dass du und Gary feststellt, dass ihr ein richtiges Paar werden wollt. Ich mag ihn nämlich.«

»Oh, ähm … danke.« Verblüfft zog Jasper die Tür hinter sich zu und lief ins Nebenzimmer, wo Gary gerade damit beschäftigt war, eine Schüssel sowie ihre zwei Bierflaschen auf den Couchtisch zu stellen.

»Wie geht es dem Kleinen?«, fragte er gespannt.

»Gut. Er guckt sich einen Film an. Und, ich glaube er, hat uns seinen Segen gegeben«, antwortete Jasper immer noch etwas perplex.

Sein Freund lächelte und winkte ihn zu sich. »Komm

her, großer Bruder, und trink einen Schluck. Du siehst aus, als könntest du etwas Alkohol vertragen.«

»Allerdings«, stimmte er zu und lief zum Sofa, um sich darauf fallen zu lassen. Als er nach dem Bier griff, fiel sein Blick auf die Schüssel. »Wo hast du denn das Popcorn her?«

»Aus der Pfanne«, meinte Gary schulterzuckend, als er sich neben ihn setzte.

»Oh, na klar. Nicht nur, dass du mir im Schlafzimmer die Show gestohlen hast, jetzt musst du mir auch noch unter die Nase reiben, dass du in der Küche besser bist als ich. Na vielen Dank.« Gespielt schmollend hob Jasper die Flasche an seine Lippen.

Gary lachte leise und legte ihm die Hand aufs Bein. »Wer von uns wem im Schlafzimmer die Show stiehlt, wissen wir doch noch gar nicht, und angesichts der Tatsache, dass dein Bruder nebenan sitzt, würde ich vorschlagen, dass wir die Küche vorerst wirklich nur zum Kochen benutzen.«

Jasper verschluckte sich an seinem Bier, woraufhin Garys Lachen lauter wurde. Hilfsbereit klopfte er Jasper auf den Rücken. »Du bist unmöglich!«, presste er hervor, während er die letzten Tropfen Bier aus seiner Luftröhre beförderte.

»Ich weiß.« Gary grinste zufrieden und griff nach seiner Bierflasche, bevor er die Beine unter dem Tisch ausstreckte. »Aber du magst mich trotzdem.«

»Da hast du recht«, gab Jasper zähneknirschend zu und legte seinen Arm über die Sofalehne, woraufhin Gary sich an ihn kuschelte. »Was gucken wir denn?«

»Pitch Black.«

Jasper blickte ihn argwöhnisch an. »Als Anspielung auf mein Popcorn oder weil du Vin Diesel heiß findest?«

Garys Augen wurden riesig. »Woher weißt du das?«

Er lachte und zog ihn noch ein bisschen fester an sich. »Komm schon, eine Weile kennen wir uns ja nun doch und haben den einen oder anderen Film zusammen gesehen. Aber wenn du wegen dem mit einer feuchten Hose aufstehst, bin ich echt gekränkt.«

»Sind wir etwa ein bisschen eifersüchtig, Jasper Glaeser?«, fragte der Mann in seinem Arm herausfordernd und schob eine Hand auf seinen Oberschenkel.

»Ich wollte nur mal ein paar Grundregeln festlegen.«

Gary lachte leise. »Okay, ich darf meine Hose beim Fernsehen nicht beschmutzen, verstehe. Ich werde mich bemühen.« Die Hand wanderte höher und hielt kurz vor Jaspers Leistenbeuge an, um sich dann langsam und mit leichtem Druck wieder Richtung Knie zu schieben.

»Nein, so habe ich das nicht gemeint«, widersprach er und legte seine Hand auf Garys, um die nächste Bewegung beinaufwärts zu stoppen. »Es ging hier nicht nur um deine Hose speziell, sondern um die aller Anwesenden.«

»Ach so«, stellte Gary mit einem Seufzer fest und zog die Hand weg. »Na, kann man nichts machen. Regel ist Regel.« Dann stellte er das Bier auf den Tisch zurück und griff nach der Popcornschüssel, die er sich auf den Schoß stellte. »Bedien dich ruhig. Ist wirklich lecker.«

Kurzerhand schnappte Jasper ihm die Schüssel weg und stellte sie auf den Fußboden, bevor er sich über Garys Schoß schwang und ihn verärgert anfunkelte. Sein Freund war sichtlich erschrocken und sah in mit großen Augen an.

»Treib es nicht zu weit, mein Lieber.«

Gary schüttelte eilig den Kopf, woraufhin Jasper sich nicht mehr zurückhalten konnte und grinsen musste. Er drückte ihm einen Kuss auf die Lippen, rutschte von Garys Schoß und gab ihm die Schüssel wieder in die Hand. Als er seinen Arm um ihn legte und ihn an sich zog, schien Gary seine Fassung wiedergewonnen zu haben.

»Du bist unmöglich!«, schimpfte er.

»Ich weiß.« Schmunzelnd streichelte Jasper über Garys Oberarm. »Aber du magst mich trotzdem.«

»Da hast du recht«, stimmte sein Freund leise lachend zu.

»Und nun schmachte Vin Diesel ein bisschen an, aber denk dran, keine feuchte Hose ohne mein Zutun«, erinnerte er ihn.

»Ich bin mir sicher, dass die Regel so ursprünglich nicht lautete«, warf Gary ein und schob sich ein paar Stückchen Popcorn in den Mund.

»Ich gebe zu, ich hab sie etwas abgeändert«, bemerkte Jasper und griff ebenfalls nach der Schüssel.

»So so«, kommentierte Gary, während er den Kopf gegen seine Schulter lehnte und sich dichter an ihn kuschelte. Dann sah er zu ihm auf. Jasper erwiderte den liebevollen Blick, mit dem sein Freund ihn betrachtete, und senkte dann den Kopf etwas, um ihm einen sanften Kuss auf die Lippen zu pressen. Gary schmeckte nach Bier und Honig. Als er sich zurückzog, lächelten sie sich an, bevor sie ihre Aufmerksamkeit wieder auf den Fernseher richteten und sich aneinandergeschmiegt endlich den Film ansahen.

# SECHSTES KAPITEL

Am Donnerstagnachmittag war Gary gerade mit der Wäsche beschäftigt, während Jasper im Studio arbeitete und anschließend noch beim Haus seiner Eltern nach dem Rechten sehen wollte. Gary stopfte die dunkle Wäsche in die Maschine und sah an sich herunter. Etwas Platz war noch in der Trommel und das T-Shirt trug er nun auch schon zwei oder gar drei Tage, sodass er es sich kurzerhand über den Kopf zog und in die Maschine warf.

»Gary, kann ich dich mal was fragen?«, überraschte Lennard ihn, als er gerade die Waschmaschinentür schloss. Das mit dem Anklopfen mussten sie wohl noch üben.

»Sicher, was gibt's?« Gary sah auf und griff nach dem Waschpulver, um es in die vorgesehene Kammer zu füllen. Als Jaspers Bruder nicht antwortete, sah er sich um.

Dieser starrte ihn mit leicht geöffnetem Mund an und ließ den Blick über Garys Oberkörper wandern.

»Lennard?«, rief er sich in Erinnerung.

»Cooles Tattoo!«, meinte der Teenager mit einem breiten Grinsen im Gesicht. »Sind das Federn? Haben die eine Bedeutung? Ich hab mal gehört, dass viele Tattoos irgendwas bedeuten sollen. Deins auch?«

»Nicht wirklich«, log er und stellte die Maschine an. »Also, was wolltest du fragen?«, hakte er nach, als er in den Flur ging und dann in sein Zimmer lief, um sich ein frisches T-Shirt überzuziehen.

Lennard kam ihm nachgelaufen. »Tat es sehr weh?«

»Ja«, antwortete er geduldig. Es war die Hölle gewesen, auch wenn Erik und Finn ihm die Hände gehalten hatten – ganze fünf Stunden lang. Zweimal.

»Hat Jasper das schon gesehen?«, platzte es aus dem Teenager heraus. »Er steht auf so was, glaube ich. Aber er hat keins, weil er Schiss vor den Schmerzen hat, aber das würde er nicht zugeben.«

»Lennard, was wolltest du denn *eigentlich* fragen?«, hakte er noch einmal nach, während er sich auf den Weg in die Küche machte, da er ganz sicher nicht mit dem kleinen Bruder seines Freundes darüber reden würde, ob dieser ihn bereits nackt gesehen hatte.

Der Teenager folgte ihm weiter. »Ach, keine Ahnung«, antwortete er offensichtlich immer noch in Gedanken. »Kannst du mir helfen, Jasi zu überreden, dass ich auch ein Tattoo haben darf? Wenn er sieht, wie cool deins aussieht, hat er bestimmt nichts dagegen.«

»Eher nicht, vielleicht in zwei, drei Jahren«, sagte Gary kopfschüttelnd. »Außerdem müssen deine Eltern zustimmen.«

Lennard winkte ab. »Wenn Jasi ja sagt, erlaubt Mama es mir bestimmt. Und ich werd in ein paar Wochen fünfzehn. Wie alt warst du, als du es dir stechen lassen hast?«

»Zweiunddreißig«, antwortete er wahrheitsgemäß.

Das schien den Redefluss des Teenagers zu bremsen. »Wie alt bist du denn jetzt?«

»Dreiunddreißig.«

»Wirklich? Dann bist du ja zwei Jahre älter als mein Bruder«, erkannte Lennard überrascht.

Gary nickte. »Ja, ich weiß. Findest du das problematisch?«

Lennard schüttelte eilig den Kopf. »Nein, ich dachte nur nicht, dass du schon so alt bist.«

»Na vielen Dank«, sagte Gary entrüstet.

»Hey, das war doch nett gemeint«, empörte sich der Kleine. »Du siehst halt jünger aus als mein Bruder und bist oft sogar cooler als er. Ach so, jetzt fällt mir auch wieder ein, was ich fragen wollte. Woher wusstest du, dass du schwul bist? Jasi sagt immer, dass ich das merken würde, aber woran denn? Ist ja nicht so, dass irgendwo ein Licht angeht, oder?«

»Okay.« Gary nickte erleichtert. Ganz normale Teenagersorgen, sie befanden sich wieder auf sicherem Gebiet. »Möchtest du das einfach generell wissen?«, wagte er sich vor. »Oder fühlst du dich zu Jungs hingezogen und weißt nicht, wie du damit umgehen sollst?«

»Ich glaub, nur generell. Also ich hab ein paar Kumpels, aber es ist ja nicht so, dass ich die küssen will oder so. Mädchen aber auch nicht, die sind seltsam«, antwortete der Junge mit roten Wangen.

»Verstehe, und nein. Wenn bei dir irgendwo was zu leuchten beginnt, dann wäre schwul zu sein wohl deine geringste Sorge, oder?« Gary zwinkerte grinsend, was Lennard zum Lachen brachte. Er ging zum Kühlschrank und reichte dem Jungen eine Flasche Limonade, bevor er sich ebenfalls eine nahm.

»Woran merke ich es denn dann?«, drängelte der Kleine jetzt.

Gary dirigierte ihn zum Esstisch und als sie beide saßen, lehnte er sich zurück. »Also zuerst ist da so ein Kribbeln, immer, wenn du nicht damit rechnest«, begann er, woraufhin Lennard ihn aufmerksam ansah. »Es kommt ganz plötzlich und ist ziemlich irritierend. Und ich rede jetzt nicht davon, dass das nur bei mir so war. Ich glaube, dass es jeden Menschen früher oder später trifft, egal ob schwul, lesbisch oder hetero. Irgendwann triffst du eine Person, vielleicht kennst du sie schon lange, vielleicht hast du sie noch nie gesehen, und dann kribbelt es plötzlich im Bauch, dir wird übel und deine Hände fangen an zu schwitzen.«

»Wie beim Magen-Darm-Virus?«, unterbrach Lennard ihn.

Gary musste lachen. »Ganz genau so. Es ist peinlich, weil man plötzlich anfängt, Blödsinn zu reden und keinen vernünftigen Satz zustande bekommt und der oder die andere einen vermutlich ansieht, als hätte man den Verstand verloren, aber daran sind nur die Hormone schuld, die ganz plötzlich die Kontrolle über deinen Körper übernehmen.«

»Oh Mann, das ist ja furchtbar. Und was mach ich, wenn das passiert?«, fragte Lennard fast schon panisch.

»Du kannst die Beine in die Hand nehmen und weglaufen«, schlug Gary vor, woraufhin der Teenager ihn ungläubig ansah. »Oder du kannst rot werden, mit den Schultern zucken und so was sagen wie *Tut mir leid, du bist einfach süß*«, bot er eine zweite Möglichkeit an, woraufhin Lennards Augen noch größer wurden. »Oder du kannst einfach so tun, als sei nichts geschehen und hoffen, dass keiner etwas gemerkt hat«, schloss er.

»Okay, das Letzte, das klingt machbar.« Lennard nickte, während er sich offenbar in Gedanken schon einen Schlachtplan zurechtlegte. »Hat es bei dir auch gekribbelt, als du Jasi gesehen hast?«

»Oh, und ob. Das tut es immer noch«, antwortete Gary

lächelnd, bevor er grinste. »Nur das Schwitzen hat nachgelassen.«

Lennard lehnte sich ein Stück zu ihm vor. »Und was hast du dann gemacht?«

»Ich habe dummes Zeug erzählt und gehofft, dass dein Bruder mich nicht für einen totalen Vollidioten hält. Und das ganze zwei Jahre lang«, erzählte er.

»Zwei Jahre? Oh Mann, das ist ja krass. Und die ganze Zeit war dir schlecht und du hast Blödsinn erzählt?« Lennard schüttelte ungläubig den Kopf und sah ihn mitleidig an.

»Nicht die ganze Zeit, nein«, versuchte er ihn zu beruhigen. »Aber sobald er in meiner direkten Nähe war, schon, ja. Nach einer Weile gewöhnt man sich dran und eigentlich ist es ein schönes Gefühl. *Schmetterlinge im Bauch haben*, den Ausdruck kennst du doch, oder?«

Der Teenager nickte. »Ja. Das hab ich mal in einer Zeitschrift gelesen. Aber ich dachte, das kriegen nur Mädchen.«

»Tut mir leid, Kumpel, die Illusion muss ich dir wohl nehmen.« Gary lächelte. »Aber weißt du, wenn du darauf vorbereitet bist und weißt, warum dein Körper gerade so verrücktspielt, ist es vielleicht nicht mehr ganz so beängstigend. Ich finde es gut, dass du gefragt hast.«

»Bei dir ist das einfacher als bei Jasi. Er sagt zwar immer, dass ich ihn alles fragen kann, aber dann weiß er meist auch keine richtige Antwort«, murmelte Lennard.

Gary nickte verständnisvoll. »Das liegt daran, dass er dein Bruder ist und ihr euch sehr nahe steht. Sicher will er nur dein Bestes und du solltest keine Scheu haben, ihm Fragen zu stellen, nur weil er dann ins Schwitzen kommt. Aber wenn du dich bei mir wohler fühlst, ist es für ihn sicher auch in Ordnung, wenn du mich fragst.«

»Okay, gut.«

»Hast du noch etwas auf dem Herzen?«

»Ich weiß nicht«, murmelte der Teenager und pulte am Etikett seiner Flasche. »Hat es auch was mit den Hormonen zu tun, wenn … ähm … also, wenn … na ja … er hart wird?« Die Frage war so leise, dass Gary sie kaum verstehen konnte.

»Ja, das hat damit zu tun.« Er beugte sich ein Stück vor. »Ihr hattet doch in Bio das Thema Fortpflanzung und Aufklärungsunterricht.«

Lennard nickte mit weiterhin gesenktem Blick. »Da hat uns aber keiner gesagt, dass das immerzu passiert. Auch beim Mittagessen oder beim Sport oder so.«

»Verstehe. Nun, das ist ganz normal, wenn auch hin und wieder etwas peinlich. Es zeigt einfach, dass dein Körper sich vom Jungen zum Mann verändert. Das wird nicht ewig so sein, aber eine Weile wirst du damit noch zu kämpfen haben. Da mussten wir Männer alle durch.«

»Aber was, wenn ich an die Tafel gerufen werde und alle sehen das?«, fragte Lennard leise. »Oder mitten auf dem Schulhof?«

Gary lächelte mitfühlend. »Um dem vorzubeugen, würde ich einen Garderobenwechsel vorschlagen. Enge Unterwäsche, weite Jeans. Wenn du ihn dann generell nach oben gelegt trägst, beult sich nichts aus, wenn er wächst, und es fällt in einer weiten Hose nicht auf.«

Lennard sah auf und runzelte die Stirn. »Und wenn Mama fragt, warum ich neue Sachen haben will?«

»Dann sagst du, dass du erwachsen wirst und dich daran anpassen musst«, schlug Gary vor.

Der Junge nickte nachdenklich. »Das könnte funktionieren.«

»Bin wieder da!«, hörten sie Jasper plötzlich aus Richtung Flur rufen, woraufhin dessen Bruder zusammenzuckte.

»Wirst du es ihm erzählen?«

»Nein, keine Sorge. Das bleibt alles unter uns!«, versicherte Gary.

»Jemand da?« Jasper steckte seinen Kopf zur Küchentür rein und lächelte, als er sie sah. »Oh, da seid ihr. Kommt mal, ich hab was mitgebracht.«

Neugierig folgten sie ihm in den Flur.

»Ist das ein Weihnachtsbaum?«, quiekte Lennard und rannte auf die in ein Netz gehüllte Tanne zu, die an der Eingangstür lehnte.

»Noch nicht«, entgegnete der Retter der Weihnacht offensichtlich zufrieden mit sich. »Noch ist es nur eine Nordmanntanne. Die letzte vernünftige, die es in der Stadt zu kaufen gab, wenn ich das dazu sagen darf. Aber wenn erst mal die Dekoration dranhängt, dann ist es der bestimmt mega krasseste Weihnachtsbaum überhaupt!«

»Mega krass? In welchem Jahrzehnt lebst du denn?«, konnte Gary es sich nicht verkneifen, seinen Freund zu necken.

Jasper grinste, schlang einen Arm um Garys Hüfte und zog ihn an sich, bevor er ihm einen Kuss auf die Schläfe gab.

»Wo ist denn die Dekoration?«, wollte Lennard wissen und blickte sich suchend um.

Sein Bruder lachte gut gelaunt. »Bei Mama und Papa. Ich wollte nachher eh noch mal nach dem Rechten sehen, da dachte ich, kann ich sie gleich mitbringen.«

Lennard nickte. »Wann kommen sie denn nach Hause, weißt du das schon?«

»Ja, am Montag voraussichtlich.«

»Scheiße«, fluchte der Teenager. »Dann kann Mama mir keine Entschuldigung für das Krippenspiel übermorgen schreiben.«

»Übermorgen ist ein Krippenspiel?«, fragte der große Bruder offensichtlich überrascht.

»Ja, und alle aus der Schule müssen hin, obwohl da gar keine Schule ist und sowieso schon Ferien sind«, motzte Lennard.

Jasper sah Gary an, woraufhin er bestätigend nickte. »Wo ist das denn?«

»Im Dom«, antwortete Gary. »Samstagabend, 19 Uhr.«

»Und die Schüler müssen da hin?«, fragte Jasper ungläubig.

»Ja. Es ist zwar keine Pflicht, aber na ja, einer der Lehrer steht mit einer Liste am Eingang und hakt ab, wer da ist und wer nicht. Jeder, der fehlt, bekommt im neuen Jahr zur Leistungskontrolle den Vorzug«, berichtete Gary von seinen Erfahrungen der letzten Jahre. Er hatte sich zwar nie an diesen seltsamen Lehrmethoden beteiligt, wusste aber von einigen Kollegen, die daran ihren Spaß hatten und Kopien der Liste an sämtliche Klassenlehrer verteilten.

»Oh Mann. Na gut, dann müssen wir da wohl hin«, meinte Jasper.

Lennards Augen wurden riesig. »No way! Lieber fehle ich unentschuldigt, ehe ich da mit meinem schwulen Bruder auftauche.«

Jasper zuckte mit den Schultern. »Gut, dann hätten wir das geklärt.«

Gary seufzte und zog Jasper in die Küche. »Du kannst ihn da nicht unentschuldigt fehlen lassen. Er macht doch so schon genug durch.«

»Na schön, dann schreibe ich halt eine Entschuldigung«, meinte Japser offensichtlich leicht genervt.

»Dann kannst du auch gleich mit ihm zusammen hingehen«, verdeutlichte Gary das Problem. »Kann deine Mutter nicht eine Entschuldigung schicken? Oder vom Krankenhaus aus anrufen und dann was an die Schule faxen?«

Jasper nickte sofort. »Ja, das ginge bestimmt. Dann rufe

ich sie aber besser gleich an.«

Er lächelte erleichtert. »Mach das. Lennard und ich schaffen deine Prachttanne derweil ins Wohnzimmer. Wo hast du den Ständer dafür?«

»In der Garage meiner Eltern.« Jasper grinste mit dem Handy in der Hand.

Kopfschüttelnd machte Gary sich auf den Weg in den Flur, wo Lennard auf ihn zugerannt kam. Ehe er es sich versah, hatte der Teenager die Arme um seine Taille geschlungen und klebte an seiner Brust. »Danke, Gary, du bist der Beste!«

Planlos streiften Jasper und Gary durch die vermutlich letzte Videothek des Landes und versuchten Zeit totzuschlagen und nebenbei einen Film zu finden, der ihnen vielleicht gefallen würde *und* den sie beide noch nicht kannten, was nicht einfach war, denn Gary kannte viele Filme. Sehr viele.

»Was ist mit dem?«, fragte Jasper und hielt eine Komödie in die Höhe.

Gary sah ihn über das Regal hinweg an. »Der ist gut. Kenne ich aber schon.«

»Ja, das dachte ich mir«, murmelte Jasper mittlerweile leicht genervt. Es war nicht so, dass er nicht gern mit Gary etwas unternahm, aber sie waren jetzt schon seit einer halben Stunde hier drin und er mochte einfach nicht mehr. »Der?«, fragte er und hielt wahllos die nächstbeste Hülle hoch.

»Worum geht es da?«, wollte Gary stirnrunzelnd wissen.

Jasper sah sich die Beschreibung genauer an. »Irgendwas mit Werwölfen und Vampiren, die sich bekämpfen.«

»Hm.«

*Oh Mann, so würde er hier nie wieder rauskommen!* »Nicht?«

Gary zuckte mit den Schultern. »Weiß nicht. Werwölfe sind nicht so meins.«

»Was magst du denn dann?«, hakte Jasper verzweifelt nach. »Komödien und Actionfilme kennst du anscheinend alle, Liebesfilme magst du nicht, Fantasy offenbar auch nicht. Wonach soll ich noch suchen?«

Gary sah ihn mit großen Augen an. »Bist du sauer?«

»Nein, ich bin … genervt. Können wir bitte einfach irgendeinen Film ausleihen und uns dann was zu essen holen? Ich will nach Hause«, antwortete Jasper ehrlich.

»Meintest du nicht, wir sollen Lenni halb sieben abholen?«, fragte Gary, während er um das Regal herum kam. »Willst du dann noch mal losfahren?«

Jasper sah auf die Uhr und seufzte. »Verdammt.«

»Was ist denn los?«, wollte sein Freund wissen, als er neben ihm stand. »Wenn du heute Abend keinen Film schauen willst, müssen wir ja nicht.«

»Was wollen wir denn sonst machen?«, grummelte Jasper, ohne recht zu wissen, warum er so angepisst war. Vermutlich lag es am Hunger, den er langsam spürte.

Gary sah ihn nachdenklich an. »Ich weiß nicht. Du musst ja nicht zu Hause sitzen, wenn du nicht magst. Ich kann doch auf Lennard aufpassen, dann kannst du ausgehen.«

Perplex sah Jasper in Garys freundlich lächelndes Gesicht. »Ist das dein Ernst?« Das konnte er doch nicht wirklich so meinen!

Sein Freund nickte. »Sicher. Wenn du mir sagst, wofür

dein Bruder sich interessiert, schaue ich, ob ich einen Film finde und –«

»Spinnst du?«, fuhr Jasper ihn an. »Wie kommst du darauf, dass ich ohne dich ausgehen würde?«

»Na, ähm …« Gary starrte ihn mit großen Augen an. »Ich weiß nicht. Ich dachte nur, weil du gerade so genervt warst und ich verstehe es, dass du dich nicht nach mir richten willst. Das würde ich auch gar nicht von dir erwarten, ich –«

Jasper spürte, wie ihm die Kinnlade runterklappte. »Das würdest du nicht von mir erwarten?«

Gary schüttelte schnell den Kopf. »Nein. Natürlich nicht.«

»Das solltest du aber, verdammt noch mal!«, entgegnete er energisch.

Gary sah ratlos aus. »Was?«

»Natürlich richte ich mich auch nach dir. Nur weil wir gerade keinen passenden Film finden und ich vielleicht ein wenig genervt bin, heißt das verdammt noch mal nicht, dass ich einfach das mache, was ich will, und keine Rücksicht darauf nehme, was du möchtest«, antwortete Jasper fast schon wütend.

»Aber du bist jetzt sauer deswegen«, brachte Gary offenbar verwirrt hervor.

»Na und? Was hat das eine mit dem anderen zu tun?«

Gary sah ehrlich planlos aus. »Ich … ich weiß nicht. Wieso willst du was mit mir machen, wenn du wütend auf mich bist?«

»Ich bin doch nicht wütend auf dich«, widersprach Jasper seufzend. »Ich bin nur genervt, weil wir hier seit einer halben Stunde festsitzen und kein Ende in Sicht ist.«

Gary zuckte hilflos mit dem Schultern. »Na, ich hab doch gesagt, dass du was anderes machen kannst.«

»Ich will aber nichts anderes machen!«, beharrte Jasper.

Garys Gesichtsausdruck spiegelte völlige Verzweiflung wider. »Ich kapier's nicht.«

Jaspers Herz zog sich zusammen, als ihm klar wurde, dass Gary das völlig ernst meinte. Wahrscheinlich hatte der Mann wirklich keine Ahnung, wie es war, dem Partner zuliebe einen Kompromiss einzugehen oder auch mal eine Situation zu ertragen, die einen selbst nervte. Obwohl das offenbar nicht ganz stimmte, denn anscheinend würde er es ohne zu zögern hinnehmen, wenn Jasper einfach was anderes machen würde, statt wie geplant den Abend mit ihm zu verbringen. Für Gary selbst war es also okay, seine Wünsche zurückzustellen, wohingegen er es nicht verstehen konnte, wenn jemand anderes das Gleiche tat. Himmel, war das traurig.

Er schlang einen Arm um Garys Taille und zog ihn ein Stück zu sich. »Möchtest du heute gern einen Film schauen?«

»Schon.« Sein Freund nickte zögerlich. »Aber wenn du –«

»Pssst«, unterbrach Jasper ihn, indem er ihm den Zeigefinger auf die Lippen legte. »Kein Aber.« Er beugte sich ein Stück zu ihm runter und löste den Finger durch seine Lippen ab. Ganz sanft presste er sie auf Garys Mund, während er ihm tief in die Augen sah. »Sag mir, wonach wir suchen und dann finden wir sicher etwas, das uns beiden gefallen könnte.«

Gary sah ihn mit riesigen Augen an. »Einen Thriller?«, brachte er krächzend hervor.

»Okay.« Jasper nickte, nahm Garys Hand und zog ihn in Richtung der entsprechenden Regale. »Du gehst vor und wir schauen uns die Filme an, die du noch nicht kennst. Hier stehen fünf Regale, es muss also einer dabei sein, den du noch nicht gesehen hast. Und dann schauen wir, ob er uns beiden gefallen könnte.«

Gary nickte, wandte sich jedoch nicht ab. »War das gerade eine Lektion in *Wie führe ich eine erfolgreiche Beziehung*?«

Jasper musste lachen. »Allerdings.«

»Da hab ich anscheinend noch ein bisschen was zu lernen«, murmelte sein Freund mit roten Wangen.

»Keine Sorge«, versicherte Jasper. »Das ist der Vorteil an einer Beziehung. Man muss das alles nicht allein lernen.«

»Hab ein bisschen Geduld mit mir, ja?«, bat Gary leise.

Jasper nickte lächelnd. »Natürlich.« Dann schob er ihn vor das erste Regal.

Zwanzig Minuten später verließen sie mit sage und schreibe *zwei* DVDs, die Gary nicht kannte und auf die sie sich hatten einigen können, die Videothek und liefen über den Parkplatz.

Gary sah ihn lächelnd von der Seite an, sagte jedoch nichts.

»Was möchtest du essen?«, wollte Jasper wissen, als sie am Auto ankamen.

Garys Blick war liebevoll. »Ich hab doch schon die Filme ausgesucht. Entscheide du, was wir essen.«

Jasper überlegte, was ihnen beiden gefallen würde, musste aber zugeben, dass er keine Ahnung hatte, was Gary gern aß, mal abgesehen von Antonios Essen. So richtig Lust auf italienisches Essen hatte er jedoch nicht schon wieder. »Wie wäre es mit griechisch?«, fragte er, denn auf dem Weg zu dem Kumpel, von dem sie Lennard abholen mussten, lag ein sehr gutes griechisches Restaurant, das ihnen das Essen auch einpacken würde.

»Darauf falle ich nicht wieder rein«, sagte Gary gespielt entsetzt. »Obwohl ich es griechisch durchaus mag«, fügte er zwinkernd hinzu.

Jasper konnte sich ein Lachen nicht verkneifen. »Gut zu wissen. Ich auch.«

Gary summte, während er auf den Beifahrersitz rutschte. »Schön, dass wir uns zumindest in den wesentlichen Punkten einig sind.«

Jasper grinste. »Stimmt.« Er fuhr aus der Parklücke und schlug den Weg zum Restaurant an. »Weißt du schon, was du essen willst?«

»Lamm!«, kam die prompte Antwort.

»Hast du darauf gewartet, dass ich das frage?«, hakte er glucksend nach.

Gary lachte leise. »Nein, aber ich liebe Lamm und bisher habe ich das Beste immer beim Griechen bekommen. Das letzte Mal war ich mit Erik griechisch essen, als Finn dieses eine Buch gekauft hatte, auf das er Monate gewartet hat, und für zwei Tage nicht mehr ansprechbar war.«

Jasper nickte. »Ich erinnere mich. Hatte er da nicht sogar Urlaub genommen?«

»Nicht ganz«, murmelte Gary amüsiert. »Er war wohl für zwei Stunden oder so im Büro, aber Alex hat ihn nach Hause geschickt, nachdem er gemerkt hat, dass Finn ständig auf die Uhr geguckt und kaum was Vernünftiges zustande gebracht hat.«

»Alex hat ihm freigegeben, damit er sein Buch lesen konnte?«, fragte Jasper ungläubig.

Gary lachte. »Jepp. Dafür gibt Finn Alex' Patentochter seit zwei Monaten einmal pro Woche Italienischunterricht.«

»Stimmt, das hat Erik mir erzählt«, erinnerte Jasper sich. »Allerdings kann ich mir nicht immer alles merken, was er so plappert. Manchmal sind es einfach zu viele Informationen, die seinen Mund in zu kurzer Zeit verlassen.«

Vom Beifahrersitz war ein vergnügtes Glucksen zu hören, das Jaspers Herz hüpfen ließ. Gary schien sich in den letzten Tagen etwas entspannt zu haben, auch wenn er bisher keine Rückmeldung auf seine Bewerbungen bekommen hatte. Allerdings war in fünf Tagen Heiligabend, daher hatte er eingesehen, dass er in diesem Jahr wohl keinen Job mehr finden würde, wie er ihm beim Frühstück resigniert erzählt hatte. Jasper hatte ihm versichert, dass er solange wie er wollte bei ihm bleiben konnte, wofür Gary sich leise, mit einem zaghaften Lächeln bedankt hatte.

»Sag mal, wollen wir eigentlich noch Plätzchen backen?«, wurde Jasper aus seinen Gedanken gerissen.

Er sah ungläubig zum Beifahrersitz rüber. »Heute?«

Gary schüttelte den Kopf. »Nein. Aber morgen vielleicht. Nach dem Mittagessen?«

»Hast du nicht gesagt, dass wir da schon mal für das Weihnachtsessen einkaufen fahren sollten?«, versuchte er den Vorschlag abzublocken. Er hasste es, in der Küche zu stehen, und Plätzchen backen hatte er schon als Kind nicht gemocht.

»Ach ja, stimmt«, murmelte Gary anscheinend etwas geknickt.

»Du könntest mir eine Liste schreiben und ich fahre einkaufen, während du mit Lennard bäckst«, schlug Jasper vor, als er sah, dass sein Freund tatsächlich traurig zu sein schien. »Und den Baum können wir am Wochenende ja auch schon mal schmücken, das macht Lennard total gern. Die Kugeln und Lichter liegen hinten im Kofferraum.«

Gary sah ihn mit strahlenden Augen an. »Super Idee! Wir schreiben gleich nach dem Frühstück eine Liste.«

Als sie eine halbe Stunde später vor dem Haus von Lennards Kumpel hielten, stand der Teenager bereits an der Tür und wartete auf sie.

»Hey, ihr seid zu spät!«, wurden sie begrüßt.

Gary sah über seine Schulter nach hinten, während der Kleine sich anschnallte. »Das tut uns leid. Warum hast du nicht drinnen gewartet?«

Jasper sah in den Rückspiegel und begegnete dem verlegenen Blick seines Bruders.

»Ich wusste ja, dass ihr gleich da seid und die wollten auch zu Abend essen, also bin ich lieber rausgegangen«, log Lennard ganz offensichtlich.

Gary schüttelte den Kopf. »Das finde ich irgendwie nicht in Ordnung, dass sie dich rausgeschmissen haben. Sicher hättest du noch ein paar Minuten drinnen warten können, statt hier in der Kälte zu stehen.«

»Sie haben mich nicht rausgeschmissen«, widersprach Lennard empört.

»Warum bist du dann nicht noch drinnen geblieben?«, fragte Gary zurück und sah sich wieder zu ihm um. »Deine Lippen sind ganz blau. Wie lange standest du denn da schon?«

»Nicht lang. Viertel Stunde oder so.«

»Oh Mann. Die Gegend ist ja auch nicht gerade die beste. Unverantwortlich«, erkannte Gary ganz richtig, doch Lennards ausweichender Blick und die geröteten Wangen, die nicht nur von der Kälte kamen, zeigten Jasper, dass sein Bruder wahrscheinlich tatsächlich freiwillig draußen gewartet hatte.

Er nahm sich vor, mit ihm noch mal in Ruhe darüber zu reden. Er war sich sicher, dass der Grund dafür, dass Lennard in der Kälte gestanden hatte, statt von der Wohnungstür abgeholt zu werden, auf dem Beifahrersitz saß, doch das konnte er so nicht sagen.

»Wie war denn der letzte Schultag?«, fragte Jasper, um vom Thema abzulenken.

»Okay«, bekam er jedoch bloß als Antwort.

Er nickte mäßig zufrieden. »Hast du noch eine Zensur bekommen?«

»'ne Drei in Sport«, antwortet Lennard leise.

»Was musstest du denn machen?«

Von hinten kam ein genervtes Grummeln. »Hochsprung.«

»Ist okay«, erlöste Jasper ihn.

»Und in Geschichte war ich dran. Ist aber blöd gelaufen«, kam es ganz leise.

Jasper sah zu Gary rüber, der die Lippen fest aufeinanderpresste, offenbar um sich davon abzuhalten, das auszusprechen, was ihm auf der Zunge lag.

»Wieso ist es blöd gelaufen?«, fragte Jasper nach.

»Weil ich die Fragen nicht beantworten konnte. Konnte aber keiner, weil wir das Thema noch nicht hatten«, antwortete der Teenager, wobei er ziemlich wütend klang.

Jasper sah wieder zu Gary rüber, der nun ziemlich verwirrt aussah. »Was heißt das denn? Hast du da jetzt eine Sechs bekommen oder was?«

»Ja.«

»Ehrlich?«

»Ja. Und drei andere auch. Aber Jasi, das war nicht fair. Ich kann doch nichts dafür, dass wir die Weimarer Republik noch nicht hatten«, echauffierte sich Lennard.

Gary schnappte nach Luft. »Das Thema ist auch erst in der Neunten dran!«

»Aber Herr Zimmermann hat dazu heute Leistungskontrolle gemacht«, entgegnete Lennard lautstark.

»Habt ihr ihm nicht gesagt, dass wir das Thema noch nicht hatten?«, wollte Gary nun ebenso empört wissen.

»Na doch, klar. Aber er mei– ähm, das war ihm egal.«

Gary zog die Augenbrauen in die Höhe. »*Was* meinte er?«

»Nichts. Nur, dass wir das halt wissen müssten.«

»Das ist Blödsinn, Lenni. Die Weimarer Republik ist erst nächstes Jahr dran. Du hast zu Unrecht eine schlechte Note bekommen«, klärte Gary ihn verärgert auf.

Lennard schnaubte jedoch nur. »Denkst du, ich weiß das nicht? Aber was soll ich jetzt machen, hm? Hingehen und sagen, dass Herr Finke jetzt mit mir zusammen bei meinem Bruder wohnt und mir gesagt hat, dass ich die Sechs nicht hätte kriegen dürfen? Was meinst du, was die dann machen, Gary? Scheiß auf die eine Sechs, echt! Ist mit tausendmal lieber als –«

»Lennard!«, schritt Jasper ein, ehe der Junge etwas sagte, das er später bereuen und Gary zusätzlich verletzten würde.

Doch sein Bruder ließ sich nicht aufhalten. »Was denn? Ich finde es nur einfach nicht fair, wie sie über Gary herziehen und ich will nicht, dass sie ihn vielleicht noch finden. Sein Leben geht diese verklemmten Arschlöcher nämlich einen verdammten Scheiß an!«, brüllte Lennard durchs Auto.

Augenblicklich herrschte Stille. Auch den Rest der Fahrt verbrachten sie schweigend. Als Jasper das Auto vor dem Haus abstellte, sprang Gary förmlich aus dem Wagen. Lennard sauste hinterher, ehe Jasper überhaupt den Zündschlüssel abgezogen hatte. Eilig schnappte er sich ihr Essen und die DVDs und folgte ihnen ins Haus.

»Was sagen sie?«, hörte er Gary leise aus Richtung Küche fragen, als er in den Flur kam und sich die Schuhe auszog.

»Das willst du echt nicht wissen.«

»Doch, will ich.«

Jasper ging in die Küche, wo Gary mit verschränkten Armen und müden Augen an die Küchentheke gelehnt stand, während Lennard sich einen der Stühlen vom Esstisch weggezogen hatte und rittlings drauf saß.

Sein Bruder seufzte und schüttelte den Kopf. »Dass du schwul und ähm … na ja, sexsüchtig bist. Dass dein Unterricht mies gewesen wäre und du die Jungs bevorzugt hättest und wir alle nichts bei dir gelernt hätten und froh sein sollen, dass keinem von uns was passiert ist.«

»Verfluchte Scheiße!«, stöhnte Gary. »Noch was?«

Lennard schnappte nach Luft. »Reicht dir das nicht?«

Gary schluckte. »Ich will wissen, was da über mich erzählt wird, Lenni. Und zwar alles! Ich habe mir nichts vorzuwerfen, aber wenn solche Lügen über mich im Umlauf sind, dann habe ich ein Recht darauf, das zu wissen.«

»Ich will es aber nicht aussprechen, verdammt«, schrie Lennard zurück. »Von der Hälfte der Wörter, die über den Schulhof geflüstert werden, weiß ich nicht mal, was sie bedeuten! Und dass du den Jungs nachgeguckt hast, das glaube ich auch nicht.«

Gary schlug sich die Hand auf den Mund. Sämtliche Farbe verließ sein Gesicht. Jasper eilte zu ihm, da er die Befürchtung hatte, dass sein Freund jeden Moment umkippen könnte. Augenblicklich vergrub dieser die Stirn an seiner Schulter.

Nach einem Moment des Durchatmens löste Gary sich von Jasper und hockte sich vor Lennard, der mit den Fingern an der Stuhllehne pulte. »Nein, Lenni, das hab ich nie. Gott, es ist furchtbar, dass irgendjemand so was rumerzählt. Es tut mir leid, dass du wegen mir in der Schule so eine schlimme Zeit durchmachen musst. Und die schlechte Note hast du auch nicht verdient, schließlich warst du bisher immer ein guter Schüler. Glaub mir, wenn ich könnte, würde ich irgendwas dagegen tun, aber du hast wohl ganz recht. Mich mit deiner Familie in Verbindung zu bringen, würde alles nur noch schlimmer für dich machen.«

»Die finden auch irgendwann ein anderes Thema und

dann hören sie auf über dich zu reden«, versuchte Lennard Gary tatsächlich zu trösten. »Es ist nur so schwer, ruhig zu bleiben, wenn irgendwer wieder irgendwas erfahren haben will, was er bestimmt selbst nicht mal versteht.«

Gary nickte und sah zu Jasper auf, der ein wenig hilflos neben ihnen stand. Er hatte keine Ahnung, was er machen sollte. Lennard war vermutlich noch zu jung, um irgendwas über den Spaß, den zwei Männern miteinander haben konnten, zu wissen, aber ihn darüber aufzuklären und ihm die Worte, die er da auf dem Schulhof hörte, zu erklären, dafür hielt er ihn eigentlich auch noch nicht reif genug. Zudem war er nun mal sein Bruder.

»Lass dich nicht provozieren, Kleiner«, riet Jasper und hockte sich neben Gary. »Nach den Ferien haben die Kids doch nur noch ihre Geschenke im Sinn und dann beruhigt sich das Thema vielleicht«, fügte er hoffnungsvoll hinzu. »Und wegen der Sechs, da rede ich mit Mama und Papa drüber, was wir da machen können, ohne dass wir Gary mit reinziehen, ja?«

»Okay.« Der Teenager nickte. »Ich hab ‘n bisschen Hunger.«

»Wir haben was beim Griechen geholt«, erzählte Jasper und richtete sich auf. »Ich mach's uns in der Mikrowelle warm.«

»Ist gut«, stimmte Lennard leise zu. Ein bisschen verunsichert oder bedrückt schien er noch zu sein, was nicht verwunderlich war.

»Möchtest du über irgendwas reden?«, fragte Gary leise, woraufhin Jasper über seine Schulter zu den beiden sah.

»Weiß nicht«, flüsterte Lennard, dann huschte sein Blick zu Jasper und er schluckte sichtbar. »Vielleicht.«

»Soll einer von uns rausgehen?«, bot Gary freundlich an.

Lennard schüttelte den Kopf und um ihn nicht zu sehr

zu bedrängen, lächelte Jasper ihm aufmunternd zu und widmete sich dann dem Essen, das er auf den Tellern verteilte. Mit klopfendem Herzen und einem flauen Gefühl im Magen harrte er der Dinge, die da kamen, und vertraute darauf, dass der anwesende Pädagoge die Sache meistern würde.

»Was bedeutet denn Twink?«, fragte sein Bruder schließlich.

»So nennt man schwule Männer, die sehr schlank sind, weniger Muskeln, kaum Bart oder Brusthaare haben und meist höchstens Mitte zwanzig sind oder zumindest noch so jung aussehen«, antwortete Gary ruhig.

Jasper konnte sich nicht davon abhalten, sich umzudrehen, um zu sehen, wie Lennard reagierte. Musternd begegnete ihm der Blick des Kleinen, der dann die Lippen schürzte und sie zu einem frechen Grinsen verzog.

»Das ist dann wohl wirklich nur ein Gerücht«, meinte er leise lachend und auch Gary gluckste.

Jasper warf ihnen einen bösen Blick zu, dann stellte er den ersten Teller in die Mikrowelle.

»Und was ist Bärensex?«

Verwundert sahen Jasper und Gary sich an. »Bärensex?«, fragte Jasper amüsiert.

Lennard nickte. »Ja. Ich glaub schon.«

Gary schmunzelte. »Also ich bin mir nicht sicher, was da gemeint ist, aber als Bär bezeichnet man auch Männer, die das Gegenteil von einem Twink sind. Stark behaart, groß, kräftig. Vielleicht war das damit gemeint?«

»Nein, das ergibt keinen Sinn. Davon würde man nicht krank werden«, entgegnete Lennard kopfschüttelnd. »Oder?«

»Ach so, verstehe«, mischte Jasper sich ein, als ihm einfiel, dass sein Bruder und er vor ein paar Tagen über HIV und AIDS gesprochen hatten. »*Bare* heißt das Wort und es bedeutet, dass man ohne Kondom mit jemandem Sex hat.«

»Dabei kann man sich allerdings mit so einigem anstecken«, pflichtete Gary ihm bei, während er sich auf einen Stuhl neben Lennard setzte, der ihn abwartend beobachtete. Als Gary jedoch nichts weiter sagte, sah Lennard zu Jasper auf.

»Wir hatten neulich über AIDS und HIV gesprochen, erinnerst du dich?«, fragte er, was sein Bruder bejahte. »Nun, das sind nicht die einzigen ansteckenden Krankheiten, vor denen ein Kondom dich schützt. Herpes, Tripper, Hepatitis, Syphilis und so weiter. Die Liste ist lang und ein Kondom einfach Pflicht.«

Lennard nickte sofort. »Okay.«

»Dann ist in der Schule die Rede davon, dass ich es bare mit Twinks mache?«, wollte Gary etwas gepresst wissen.

Lennard seufzte. »Es ist von allem Möglichen die Rede. Keine Ahnung. Jeder hat irgendwo ein Wort oder irgendwas, das Schwule angeblich machen, gehört und erzählt es weiter und dabei wird es immer verrückter. Und keiner weiß, ob es das dann wirklich gibt. Ich meine, was soll denn zum Beispiel *Rimming* sein? Hab ich noch nie gehört und ich wette, das Wort gibt's nicht mal.«

Jasper und Gary sahen sich an. Gary schüttelte leicht den Kopf und schluckte dann. Er schien wieder zu überlegen, dann atmete er tief durch und verzog das Gesicht. Erneut sah er ihn fragend an. Jasper war sich auch nicht sicher, ob Lennard das alles überhaupt schon wissen sollte, aber besser war es wohl, wenn er in ruhiger Atmosphäre von zwei sexuell erfahrenen Männern aufgeklärt wurde, als auf dem Schulhof von ein paar Kids, die auch nur mit Halbwahrheiten um sich warfen.

»Okay, Bruderherz«, entschied er, stellte die Mikrowelle aus und ging zum Tisch. Lennard sah ihn mit großen

Augen an, als er sich einen Stuhl vor ihn zog und sich ebenfalls rittlings drauf fallen ließ. Er sah Gary an. »Du schreitest ein, bevor ich das Gespräch pädagogisch gesehen gegen die Wand fahre?«

Gary nickte schmunzelnd. »Alles klar.«

Lennards Augen wurden riesig, als Jasper sich ihm wieder zuwandte. »Scheiße, ist das dein Ernst? Das Gespräch hatte ich schon mit Mama und das war peinlich genug. Ich weiß, wie Babys gemacht werden, Jasi. Bitte, erspar mir das!«

»Ganz ruhig. Gary und ich wollen dir nicht erklären, wie Babys gemacht werden, Lenni. Nur scheint in der Schule gerade viel Halbwissen über schwulen Sex verbreitet zu werden, und ich gehe davon aus, dass die Lehrer euch dazu keine Aufklärungsstunde anbieten. Ich möchte einfach vermeiden, dass du dabei etwas Falsches aufschnappst, oder Dinge, die dich verunsichern.«

Sein Bruder verzog das Gesicht. »Ich weiß doch aber noch gar nicht, ob ich schwul bin.«

Jasper nickte. »Eben. Wenn du das Wissen später nicht brauchst, okay. Aber mir ist lieber, dass du über einige Dinge Bescheid weißt, bevor sie dich verunsichern können. Du wirst bald fünfzehn und vielleicht hast du schon Veränderungen an deinem Körper bemerkt, die zeigen, dass du langsam ein Mann wirst.«

Lennards Kinnlade fiel nach unten und ein erboster Blick schoss zu Gary, der jedoch sofort abwehrend die Hände hob und den Kopf schüttelte.

»Ganz ruhig, Lenni. Was immer wir hier besprechen, verlässt den Raum nicht. Das versichere ich dir!«

Jasper bekam das ungute Gefühl, dass die zwei schon einmal ein Gespräch geführt hatten, von dem er aber offensichtlich nichts erfahren hatte. »Ich wollte damit nur sagen, dass es bei mir, und bei Gary sicher auch, ähnlich war«, sagte er schnell. »Das ist in deinem Alter einfach so. Deine Stimme verändert sich schließlich auch gerade, das ist dir sicher aufgefallen. Sie wird tiefer und vielleicht wächst auch schon das eine oder andere Haar an Stellen, wo vorher keines war.«

Lennard lief feuerrot an und ließ die Stirn auf die Stuhllehne sinken. »Ich glaub das nicht.«

Hilflos sah Jasper zu Gary hinüber, der vergeblich versuchte sich das Grinsen zu verkneifen. »Könntest du mal was sagen?«

Gary nickte eilig. »Vielleicht machen wir es andersrum. Möchtest du etwas von uns über das Thema erfahren, Lennard?«

Dieser zuckte mit den Schultern. »Schon. Aber nur, solange wir dabei nicht über *meinen* Körper reden müssen!«

»Nein, das müssen wir nicht«, versicherte Gary sofort. »Aber dein Bruder und ich halten es wirklich für wichtig, dass wir dir zumindest die Wörter, die du nicht verstehst, erklären. Wenn du dann noch etwas anderes wissen möchtest, beantworten wir dir das natürlich gern auch.«

»Ist gut«, nuschelte Lennard und hob langsam den Kopf, sah jedoch keinen von ihnen an.

»Du hast vorhin das Wort Rimming erwähnt. Das gibt es durchaus. Es bedeutet, dass man jemanden am Po mit dem Mund befriedigt«, erklärte Gary sachlich.

Lennard verzog das Gesicht. »Oh Gott, wirklich?«

»Wirklich. Dass dabei alles sauber sein sollte, ist sicher klar«, fügte Jasper hinzu.

Lennard sah zwischen ihnen hin und her. »Und das macht jemand wirklich freiwillig bei einem anderen?«

»Ja.« Gary zuckte betont lapidar mit den Schultern. »Nicht jeder mag es, aber das ist bei allem so. Was dem einen gefällt, kann den anderen völlig kalt lassen oder aber auch eine Menge Lust bereiten.«

»Aha.«

»Gibt es noch mehr Dinge, die du nicht verstehst oder bei denen du unsicher bist, ob sie stimmen?«, hakte Jasper nach.

Eine Weile antwortete Lennard nicht, sondern schien seinen Mut zusammenzukratzen. »Tut ein Blowjob wirklich weh?«, fragte er schließlich leise.

Jasper schmunzelte. »Weißt du denn, was ein Blowjob ist?«

Lennard schluckte. »Na, mit dem Mund, beim Mann. Vorne aber.«

»Das ist richtig«, bestätigte Gary und sah Jasper fragend an, woraufhin er ihm nickend den Vortritt ließ. »Ich bin mir nicht sicher, was du gehört hast, aber wenn der Penis lediglich zwischen die Lippen genommen und mit der Zunge gestreichelt wird, wüsste ich nicht, wo dabei Schmerzen entstehen sollten. Sicher ist jeder anders empfindlich, aber ich denke, richtige Schmerzen treten dabei nicht auf. Natürlich sollten die Zähne größtenteils rausgehalten werden.«

»Aber kann dabei nicht die Harnröhre platzen? Weil die Luft da nicht reingehört?«, wollte Lennard stirnrunzelnd wissen.

Gary sah ihn kopfschüttelnd an. »Luft? Du meinst, weil es Blasen heißt?« Als Lennard nickte, lächelte er. »Bei einem Blowjob wird keine Luft in den Penis geblasen, sondern er wird mit der Zunge und den Lippen geküsst, gestreichelt und massiert. Es heißt einfach nur so.«

»Ach so. Und dabei muss man auch ein Kondom anziehen, ja?«

»Ja.«

»Verstehe. Aber wenn man es nicht anzieht, kann dann die Frau aus Versehen schwanger werden?«

»Nein.« Gary schüttelte den Kopf. »Dann wird das Sperma einfach im Magen verdaut. Allerdings kann man sich auch beim Oralverkehr mit Krankheiten anstecken. Nicht nur beim Blasen, sondern auch, wenn man eine Frau mit dem Mund befriedigt.«

»Und wie geht das?«, wollte Lennard wissen.

Gary und Jasper sahen sich gegenseitig abwartend an.

»Ha ha ha, ihr müsstet mal eure Gesichter sehen!« Lennard lachte los. »Schon gut, das war nur ein Spaß. Ich will das gar nicht wissen, das finde ich sowieso eklig.«

Erleichtert atmeten sie synchron aus. »Scherzkeks«, grummelte Jasper. »Hast du noch was auf dem Herzen?«

Sein Bruder nickte. »Woran erkennt man denn, ob der andere schwul ist oder nicht?«

»Das ist schwierig«, gab Gary zu. »Zumindest anfangs und wenn man miteinander schon befreundet ist. Ich denke, man merkt es an den Blicken eines anderen. Sie sind musternd und dauern länger als bei Kerlen, die auf Mädels stehen. Die sehen sich andere Männer nicht so genau an. Vielleicht zwinkert dir mal jemand zu, ohne dass es einen offensichtlichen Grund gibt, also während des Gesprächs oder so, dann kann das durchaus ein Zeichen dafür sein. Ansonsten sind Regenbogenfahnen und solche Aufnäher meist ein eindeutiges Zeichen, wobei die Kerle dann auch nicht wirklich damit hinter dem Berg halten, wenn sie auf dich stehen.«

»Das ist ja ganz schön kompliziert, wenn man das nur an Blicken und so sieht«, wandte Lennard ein.

»Stimmt«, pflichtete Jasper bei. »Aber man bekommt irgendwann ein Gefühl dafür. Das braucht Übung und kommt nicht von heute auf morgen, und selbst dann kann man noch völlig danebenliegen.«

»Ist dir das schon mal passiert?«, fragte sein Bruder neugierig.

Jasper nickte, woraufhin Gary ihn ebenfalls gespannt ansah. »Erinnerst du dich an Papas ehemaligen Arbeitskollegen? Der manchmal zu Besuch kommt und dir, als du noch jünger warst, immer eine Schokolade mitgebracht hat?«

»Du meinst diesen Henning? Den mit dem Tattoo am Hals und dem Piercing in der Augenbraue?«, hakte Lennard nach.

»Genau.«

»Der ist doch viel zu alt für dich!«, empörte sich der Kleine.

»So alt ist der noch nicht. Vielleicht Anfang vierzig«, widersprach Jasper.

Lennard reckte das Kinn empor. »Na siehst du! Zehn Jahre älter als du!«

Garys leises Lachen hielt Jasper von einer Antwort ab. »So ist das also? Tätowiert und älter müssen sie sein?«

»Oh, halt die Klappe, ja?«, giftete er. »Was ich eigentlich sagen wollte, ist, dass ich mir bei dem absolut sicher war, dass er schwul ist, und dann war Papa im Sommer plötzlich zu seiner Hochzeit eingeladen und die Braut war wirklich sehr hübsch.«

Lennard sah ihn stirnrunzelnd an. »Aber er hat dich doch nicht echt vorher schon mal angebaggert, oder?«

»Was? Nein!«

»Wie bist du denn dann darauf gekommen?«

Jasper blies die Backen auf. »Ich weiß nicht. Er hat immer so nett gelächelt und mir zugezwinkert. Außerdem hat er mich öfter mal einen Moment zu lange berührt. Beim Begrüßen oder wenn er an mir vorbeigehen wollte oder so.«

»Hm«, brummte Lennard. »Weiß Papa das?«

Jasper stutzte. »Warum sollte er?«

»Na, wenn sein Kumpel sich an seinen Sohn ranmacht, dann wird er das sicher nicht gutheißen«, sagte sein Bruder empört.

Jasper schüttelte den Kopf. »Er hat sich nicht an mich rangemacht. Er war einfach nur sehr nett zu mir und hat mich nicht belästigt oder so.«

»Es ist ein himmelweiter Unterschied, ob jemand, der einige Jahre älter ist als du, freundschaftlich mit dir umgeht oder ob er sich an dich ranmacht oder gar bedrängt, Lennard«, fügte Gary ernst hinzu.

Der Teenager sah ihn nachdenklich an. »Okay, verstehe.«

Gary nickte schluckend. »Gut. Hast du noch Fragen?«

»Eine noch, dann will ich wirklich was essen.«

»Schieß los!«

Lennards Wangen färbten sich wieder rot, doch das bisherige Gespräch schien ihm die Hemmungen etwas genommen zu haben. »Wenn man schwul ist, bekommt man dann echt gar keinen Steifen, wenn man eine nackte Frau sieht?«

Jasper lächelte. »Also, ich kann da nur für mich sprechen und bei mir regt sich da nichts, aber ich kenne schwule Männer, die auf natürlichem Weg Kinder gezeugt haben und dafür brauchten sie ja nun mal eine Erektion, also scheint es durchaus zu gehen. Vielleicht hat die Fantasie da etwas nachgeholfen.«

»Und bei dir?«, fragte Lennard an Gary gewandt.

»Nix.« Er schüttelte grinsend den Kopf. »Und bei dir?«

Der Teenager riss die Augen auf. »Hey, wir wollten nicht über meinen Körper sprechen!«

»Feigling«, neckte Gary ihn.

Lennard lief feuerrot an, dann sprang er vom Stuhl. »Du bist fies!«

»Trotzdem Feigling.« Gary lachte.

Unter diesen Umständen war ein sinnvolles Gespräch wohl nicht mehr möglich, sodass Jasper sich erhob und wieder zur Mikrowelle zurückging, um endlich ihr Essen aufzuwärmen.

»Ich bin erst vierzehn, bei mir muss da noch nichts steif werden!«, schrie Lennard verärgert.

»Hey, so war das doch nicht gemeint. Ich wollte dir nicht zu nahe treten. Das war nur Spaß, okay?«, versuchte Gary ihn zu beschwichtigen. »Du musst überhaupt nicht antworten oder darüber reden. Das war echt nur ein Witz.«

»War aber nicht lustig!«, motzte der Teenager zurück.

»Ja, das fällt mir jetzt auch auf. Tut mir leid«, entschuldigte Gary sich.

Im nächsten Moment flog die Tür lautstark zu.

Gary starrte auf die Tür, dann wandte er sich zu Jasper um. »Oh Mann. Das hab ich wohl versaut.«

»Allerdings, Herr Pädagoge«, stimmte Jasper amüsiert zu.

»Das war ihm bestimmt total unangenehm«, erkannte Gary, während er auf seiner Unterlippe kaute. »Verdammter Mist, aber auch.«

»Hey, er kriegt sich wieder ein. Und spätestens wenn ihm sein Hunger wieder einfällt, steht er hier auf der Matte.«

Prompt ging die Küchentür wieder auf und ein grimmig dreinblickender Teenager kam um die Ecke. »Gibt's jetzt was zu essen?«

Jasper nickte. »Gleich. Du könntest schon mal Besteck und Gläser rausholen. Gary, gehst du Hände waschen?«

Sein Freund sah ihn überrascht an, dann drehte er sich um und verschwand in den Flur.

»Gary hat's echt nicht so gemeint, Lenni«, versuchte Jasper seinen Bruder zu beruhigen. »Sei nicht sauer auf ihn.«

Lennard stand, die Gabeln in der Hand mit dem Rücken zu ihm, und sagte nichts. Als das Piepen der Mikrowelle einen weiteren Teller warmes Essen verkündete, brachte Jasper ihn zum Tisch und stellte den letzten Teller in das Gerät.

»Noch drei Minuten, dann können wir essen«, versprach er.

»Ist das normal?«, hörte er Lennard leise fragen.

»Was?«, fragte er verwirrt zurück.

Sein Bruder stand noch immer mit dem Rücken zu ihm am Schrank, doch sein Nacken und seine Ohren waren feuerrot.

»Ach so, dass du keine Erektion bekommst, wenn du eine nackte Frau siehst? Auf Bildern, meinst du?«

»Ja«, kam die leise Antwort.

»Das ist total normal«, versicherte Jasper.

Lennard fuhr herum. »Woher willst du das wissen? Du bist schwul!«

»Ach, Lenni. Gib deinem Körper Zeit. Er beginnt gerade, sich zu entwickeln, da ist es normal, dass nicht alles so funktioniert, wie man es vielleicht gern hätte oder in Zeitschriften liest oder so. Irgendwann regt er sich, ob nun bei dem Bild einer nackten Frau oder bei dem eines Mannes oder bei beidem. Das ist alles völlig okay«, versuchte er ihn zu beruhigen. »Du kannst es nicht beschleunigen oder heraufbeschwören. Warte einfach ab und mach dir nicht so viele Gedanken.«

»Er wird ja hart«, entgegnete der Teenager trotzig. »Aber immer dann, wenn ich es nicht gebrauchen kann.«

»Glückwunsch zur Pubertät«, gratulierte Jasper grinsend. »Sei froh, dass du nicht einmal im Monat blutest.«

Lennard verzog das Gesicht. »Oh mein Gott, wieso sagst du denn so was?«

»Alles klar hier?«, wollte Gary wissen, der in der Tür stand und sie abwartend ansah.

»Nichts ist klar. Jasi redet von Mädchenkram. Periode

und so. Sag ihm, dass wir hier nur Jungs sind und er damit aufhören soll!«, flehte Lennard, wobei er das Gesicht noch immer angewidert verzogen hatte und wild fuchtelnd mit dem Finger auf Jasper zeigte.

Gary sah ihn jetzt ebenfalls mit großen Augen an. »Hör damit *auf.*«

Kopfschüttelnd wandte Jasper sich zur Mikrowelle um und nahm grinsend den letzten Teller heraus. Wenigstens waren die Wogen vorerst wieder geglättet. Die nächste Krise konnte also kommen.

Als Jasper vier Stunden später ins Schlafzimmer schlich, zog er sich leise aus und schlüpfte in das T-Shirt, das er zum Schlafen trug. Gary und er hatten den ganzen Abend kuschelnd auf der Couch verbracht, während Lennard auf dem Laptop einen Film geschaut und sich gegen halb elf ins Bett verabschiedet hatte.

Normalerweise hatten sie darauf geachtet, dass der Teenager nicht zu spät ins Bett ging, aber es war Freitagabend, daher hatten sie eine Ausnahme gemacht. Gary war in der letzten Woche wirklich eine riesen Unterstützung gewesen, denn allein bei dem Gespräch heute war Jasper froh gewesen, es nicht allein mit seinem Bruder führen zu müssen.

Er hatte Gary nach seiner Meinung zur derzeitigen Situation seines Bruders befragt, doch er hatte ihm versichert, dass es für einen Jungen in Lennis Alter völlig normal war, diese Fragen zu stellen. Auch unabhängig von den Geschehnissen an der Schule hätte er vermutlich viele solcher Fragen. Gary hatte Jasper auch zugestimmt, dass es besser war, sie ihm in ruhiger Atmosphäre zu beantworten, als Lennard damit allein zu lassen. Trotzdem war er froh, dass seine Eltern in ein paar Tagen wieder zu Hause sein würden.

Leise schlüpfte er unter die Bettdecke und legte sich auf die rechte Seite.

»Jasi?«

»Warum bist du denn noch wach?«, fragte er überrascht und drehte sich auf die andere Seite.

Lennard blickte ihm im Schein der Straßenlaterne entgegen. »Störe ich euch?«

»Was? Nein, wie kommst du denn darauf?«, fragte er verwundert.

»Wenn du willst, kann du auch bei Gary schlafen. Oder ich gehe ins Gästezimmer rüber«, sagte der Teenager leise.

Jasper seufzte. »Das ist wirklich nicht nötig, Lenni. Du störst uns absolut nicht.«

»Aber wollt ihr nicht … du weißt schon … es machen?«, flüsterte sein Bruder.

»Während du im Nebenzimmer liegst? Ganz sicher nicht«, entgegnete er leise lachend, denn sicher würde der Kleine es ihm nicht abnehmen, wenn er es leugnen würde.

Lennard grinste ebenfalls. »Ich kann mir ja meinen *iPod* anmachen.«

»Na, wenn das so ist.« Jasper zwinkerte. »Aber im Ernst, Kleiner. Das ist nett gemeint, aber ich denke, ein paar Tage werden wir uns noch beherrschen können.«

»Gary ist echt cool«, befand Lennard nach ein paar Minuten in die Stille hinein.

Jasper lächelte. »Ja, das stimmt.«

»Du hast ihn sehr gern, oder?«

»Ja.«

»Das ist gut«, meinte Lennard und drehte sich um. »Gute Nacht.«

»Schlaf gut«, sagte Jasper etwas verblüfft über die Feinfühligkeit des Teenagers.

# SIEBTES KAPITEL

Gary war gerade dabei, die letzten Schüsseln und Löffel vom Plätzchenbackmarathon abzuspülen, als es an der Tür klingelte.

»Das ist bestimmt Jasi mit den Einkäufen«, kommentierte Lennard dies beiläufig, während er eine weitere Kugel an den Baum hängte.

Gary deutete mit dem Kopf Richtung Tür. »Machst du deinem Bruder auch auf?«, fragte er amüsiert. »Wenn er klingeln muss, statt selbst aufzuschließen, wird er die Hände voll haben.« Die Denkweise eines Vierzehnjährigen war manchmal seltsam.

»Oh, klar.« Der Kleine nickte sofort und eilte in den Flur. »Ähm … hallo?«, hörte er ihn kurz darauf sagen.

»Guten Tag. Ich möchte zu Gary Finke.«

»Shit, shit, shit«, fluchte Gary und fischte sich das Geschirrhandtuch vom Tisch, um sich eilig die Hände abzutrocknen. »Shit!«

»Wer sind Sie denn?«, wollte Lennard wissen.

»Seine Ehefrau.«

»Gary, kannst du bitte mal kommen?«, rief Lennard prompt.

Er durchquerte den Wohnbereich und eilte in den Flur hinaus. Gott sei Dank hatte der Kleine sie nicht reingelassen. Stattdessen stand er mit gestrafften Schultern und verschränkten Armen im Türrahmen und machte seinem großen Bruder dabei alle Ehre.

»Doreen«, sagte Gary emotionslos, als er neben Lennard trat.

»Gary. Ist das dein Wachhund?«, wollte sie mit einem abfälligen Blick auf Lennard wissen.

Gary ignorierte sie und wandte sich stattdessen dem Teenager zu, dessen kühle Fassade ins Bröckeln geriet. »Lennard, darf ich vorstellen, der Teufel in Person.«

Der Kleine grinste, während Garys Noch-Ehefrau schnaubte. »Charmant wie immer.«

Bevor er etwas erwidern konnte, ging die Haustür auf. Jasper schob sie mit der rechten Schulter auf und bugsierte drei riesige Einkaufstüten ins Haus. Als er sich zu ihnen umdrehte und das kleine Treffen erblickte, zog er die Augenbrauen zusammen. Ohne Zweifel wusste er sofort, wer die ungebetene Besucherin war. Er stellte die Einkaufstüten an der Wand neben der Haustür ab und richtete sich anschließend zu voller Größe auf. Zufrieden beobachtete Gary Doreens Reaktion, während Jasper die Treppen zu ihnen hinaufkam. Sie schnappte nach Luft, bekam große Augen und wich einen Schritt zurück, was er ihr nicht verdenken konnte.

Statt Doreen zu begrüßen, sah Jasper seinen Bruder an und hielt ihm den Autoschlüssel hin. »Könntest du bitte die restlichen Sachen aus dem Auto holen?« Ohne auf eine Antwort zu warten, wandte er sich dann an Doreen. »Möchten Sie reinkommen?«

Doreen nickte, eindeutig perplex. Dann schien sie ihre

gewohnte Selbstsicherheit wiederzufinden. »Mein Mann scheint wohl seine Manieren vergessen zu haben. Ich bin Doreen Finke.«

»Das dachte ich mir.« Jasper ignorierte ihre ausgestreckte Hand und trat an ihr vorbei in den Flur, wo er sich die Schuhe auszog und dann ins Wohnzimmer ging.

Gary bedeutete ihr reinzukommen, lehnte die Tür an und ging hinter ihr her. Jasper war bereits in der Küche und sah ihn über seine Schulter hinweg an. »Kaffee?«

»Für mich nicht, danke«, antwortete Doreen, der offensichtlich entgangen war, dass nicht sie, sondern Gary angesprochen war, und presste die Hand auf ihre Jacke. »Ich hatte meine eine Tasse heute schon.«

Jasper zog die Augenbrauen hoch. »Gary?«

»Gern.« Er nickte und wandte sich dann an seine Frau. »Was willst du?«

Ihr Mund verzog sich zu einem fiesen Lächeln. »Sehen, wie es dir geht, Liebling!«

Jasper schnaubte leise, sagte jedoch nichts.

Gary verschränkte die Arme vor der Brust. »Was willst du wirklich?«

»Ich habe am Montag einen Arzttermin. Es wird ein Ultraschall gemacht und ich dachte, du möchtest vielleicht mitkommen und dir dein Baby ansehen«, flötete sie fröhlich.

»Das ist nicht mein Kind!«, knurrte er.

»Mach dich nicht lächerlich. Du bist mein Ehemann«, erwiderte sie höhnisch lächelnd.

»Nur auf dem Papier!«

Statt etwas zu sagen, sah Doreen sich um und musterte sein vorübergehendes Zuhause abschätzig. Dann fiel ihr Blick auf Jasper, der mit dem Hintern gegen den Küchenschrank gelehnt stand, die Arme vor der Brust verschränkt und die Lippen zu einem schmalen Strich zusammengepresst hatte. »Darf ich annehmen, dass Sie der neue Bettgefährte meines Mannes sind?«

»Sie dürfen annehmen, was immer Sie wollen«, entgegnete Jasper kühl.

»Hm. Nun gut, sicher hat mein Mann mich nicht im besten Licht dargestellt, daher kann ich ihre Abneigung verstehen.« Sie lächelte falsch. »Aber natürlich kennen Sie nur seine Version der Geschichte.« Jaspers Schweigen schien sie darin zu bestätigen, weiterzusprechen. »Mein Mann ist kein Kind von Traurigkeit, müssen Sie wissen. Er ist schlicht nicht fähig dazu, eine feste Beziehung zu führen, geschweige denn treu zu sein, sondern landet jedes Wochenende in einem anderen Bett. Auch unsere Ehe war für ihn nie mehr als Mittel zum Zweck.«

Gary hatte genug gehört. »Es reicht, Doreen!«

»Denkst du nicht, dass er ein Recht darauf hat, es zu wissen, wo er doch so nett ist, dich hier bei sich aufzunehmen?«, fragte sie mit unverhohlenem Spott in der Stimme. »Ich finde, da ist es doch das Mindeste, dass er erfährt, worauf er sich bei dir einlässt.«

Jasper zeigte keinerlei Regung. »Danke für Ihre Anteilnahme. Wenn ich Sie jetzt bitten dürfte zu gehen«, erklärte er mit einem völlig desinteressierten Ton in der Stimme. Gary hatte ihn noch nie so emotionslos erlebt. Jasper war nicht einmal feindselig, sondern einfach nur kalt.

»Sobald mein Mann und ich noch eine Sache geklärt haben, werde ich Ihre kleine Familienidylle nicht weiter stören«, erwiderte sie missbilligend und warf einen kurzen Blick auf Lennard, der mittlerweile die Tüten in die Wohnung getragen und damit begonnen hatte, deren Inhalt in den Schränken zu verstauen.

Endlich kam sie zum eigentlichen Grund ihres Besuchs und der konnte nichts Gutes verheißen. »Was willst du, verdammt?«, wiederholte Gary wütend.

Mit einem fiesen Lächeln wandte sich sie zu ihm um. »Ich habe mit meinem Anwalt gesprochen. Er ist ziemlich entsetzt darüber, dass du mich einfach so verlassen hast, jetzt, wo ich schwanger bin, und dass du Anzeige gegen mich erstattet hast, setzt dem Ganzen die Krone auf.«

»Komm zum Punkt!«, fuhr er sie an.

»Ungeduldig wie eh und je«, tadelte sie, obwohl sie beide wussten, dass er ein sehr geduldiger Mensch war. »Aber wie dem auch sei, du bist verpflichtet mir Unterhalt zu zahlen.«

Gary schnaubte. »Nachdem du mein Konto geplündert und dafür gesorgt hast, dass ich meinen Job verliere, willst du nun auch noch, dass ich dir Unterhalte zahle? Wovon bitte schön?«

Sie schnappte nach Luft. »*Ich* habe dein Konto geplündert? Soweit ich weiß, und die Kontoauszüge können das sicher belegen, wurden die Abhebungen mit deiner Karte durchgeführt. Und dass du deinen Job verloren hast, ist wohl eher deinem unchristlichen Lebensstil zuzuschreiben, als *meine* Schuld. Schließlich habe ich dich nicht gezwungen, Schwänze zu lutschen.«

In seinen Ohren begann es zu rauschen und er spürte, wie er ins Schwanken geriet.

»Raus hier!«, knurrte Jasper plötzlich neben ihm und zog ihn zum nächstbesten Stuhl. »Sofort!«

»Nichts lieber als das. Ich wollte lediglich so nett sein und dich vorwarnen. Mein Anwalt wird sich bei dir melden, jetzt, wo ich ihm deine aktuelle Adresse mitteilen kann«, hörte er seinen persönlichen Albtraum sagen.

»Sie verlassen auf der Stelle meine Wohnung!«, wurde Jasper nun laut, während er Gary den Kopf zwischen die Knie presste.

»Atme, Gary«, hörte er plötzlich Lennard sagen und fühlte eine warme Hand auf seiner Schulter.

Er gehorchte und nach ein paar tiefen Atemzügen ließ das Rotieren in seinem Kopf nach. Sein Herz klopfte noch immer wild und ihm war übel, doch wenigstens konnte er wieder klar sehen. Als er sich aufrichtete, blickte Lennard ihn besorgt an.

»Geht's wieder?«

»Ja. Danke.« Er sah sich um, doch Lennard und er waren allein.

»Sie ist weg und Jasi telefoniert«, informierte Lennard ihn.

Noch immer etwas benommen, nickte Gary. »Okay, gut.«

»Möchtest du ein Glas Wasser? Du bist ganz blass«, bot Lenni offensichtlich besorgt an.

»Ja bitte.« Gary nickte wieder. »Mit wem telefoniert Jasper?«

»Das weiß ich nicht«, antwortete der Teenager, während er ihm ein Glas reichte.

Betretenes Schweigen füllte den Raum, während Gary an seinem Wasser nippte und Lennard mit verschränkten Armen neben ihm stand.

»Geht es dir besser?«, hörte er Jasper von der Küchentür her fragen.

»Ja«, versicherte Gary und stand auf. »Es tut mir leid, ich habe keine Ahnung, woher sie weiß, dass ich hier bin.«

»Du musst dich nicht für sie entschuldigen«, entgegnete Jasper ernst. »Zieh dich an, wir haben einen Termin.«

»Einen Termin? Mit wem?«, fragte Gary perplex.

»Mit einem Anwalt«, kam die überraschende Antwort. »Ich habe ein bisschen rumtelefoniert und Sam kennt einen sehr guten Anwalt für Familienrecht, den er sofort angerufen hat. Wenn wir gleich losfahren, kann er uns heute noch empfangen.«

»Das ist wirklich nett von dir, Jasper, und ich bin dir

unendlich dankbar für deine Hilfe, aber ich kann mir keinen Anwalt leisten«, warf er panisch ein. Verdammt, er könnte sich nicht mal die nächste Woche leisten, wenn Jasper nicht wäre.

»Mach dir darüber keinen Kopf«, winkte Jasper ab. Er hatte Gary noch nicht einmal richtig angesehen, seit Doreen aufgetaucht war.

»Das kann ich nicht von dir verlangen, Jasper«, beharrte er kopfschüttelnd. »Du hast schon genug für mich getan.«

Mit drei schnellen Schritten stand sein Freund vor ihm. »Schlimm genug, dass dieses Biest dich um deinen Job und dein gesamtes Hab und Gut gebracht hat, aber ich werde nicht tatenlos zusehen, wie sie sich auch noch deine Würde unter den Nagel reißt und dir deine Zukunft versaut. Du wirst nicht einfach aufgeben, Gary, nicht solange ich dabei ein Wörtchen mitzureden habe!«

Noch nie hatte jemand sich für Gary eingesetzt, geschweige denn für ihn gekämpft. Tränen traten ihm in die Augen und er musste seine gesamte Willenskraft aufbringen, nicht loszuschluchzen, als Jasper ihn an seine starke Brust presste.

»Danke«, flüsterte er.

Jasper löste sich von ihm und sah ihm fest in die Augen. »Zieh dich an, Dr. Adler erwartet uns.«

»Soll ich mitkommen?«, fragte Lennard zaghaft.

Jasper schüttelte lächelnd den Kopf. »Du würdest dich nur langweilen. Alex kommt gleich mit seiner Patentochter Jodi vorbei. Er hat was von Brettspielen erzählt, die sie mitbringen.«

»Dein Chef passt auf mich auf?« Mit einem genervten Gesichtsausdruck starrte der Teenager seinen Bruder an.

»Nicht aufpassen. Jodi und er unterhalten dich ein wenig, solange wir weg sind, okay?«, beschwichtigte Jasper.

»Gary, zieh dich um!«, wandte er sich dann an seinen Freund.

»Bin schon dabei.« Gary flitzte ins Gästezimmer. Dort angekommen, blickte er ratlos in seine Reisetasche, die ihm als Schrankersatz diente. Er hatte keinerlei Kleidung für einen Termin bei einem Rechtsanwalt. Zuerst zerrte er ein hellblaues T-Shirt hervor, warf es jedoch gleich weiter aufs Bett, da es einen Fettfleck am Saum hatte, an dem er bisher gescheitert war. Ein grün-weiß gestreiftes Shirt war wohl auch nicht das Passende, entschied er. Auch ein rotes Polo-Shirt und ein hautenges schwarzes T-Shirt mit dünnen rosa Längsstreifen gesellte sich zu den ersten beiden.

»Gary?«

»Ich bin gleich so weit«, rief er Jasper zu, der in seiner offenen Zimmertür stand. Ein schlichtes dunkelblaues T-Shirt mit einer schwarzen Jeans musste es tun, entschied er und sprang aus seinen mit Plätzchenteig und Glasur bekleckerten Klamotten. »Geht das so?«, fragte er, als er drei Minuten später in den Flur trat, wo Jasper gerade seinen Chef und dessen Patentochter begrüßte.

»Hallo, Alex. Danke, dass du so schnell Zeit hattest.«

Alex lächelte und sah dann Gary über Jaspers Schulter hinweg an. »Hallo, Gary.« Dann wandte er sich wieder an Jasper. »Kein Problem. Wir waren sowieso kurz davor, uns zu langweilen. Wo ist denn unser dritter Spieler?«, fragte er und klopfte auf das Monopoly-Spiel unter seinem Arm. »Vielleicht verliere ich dann diesmal nicht.«

»Onkel Alex wartet immer darauf, dass er die teuren Straßen kaufen kann, aber bis er da hinkommt, hat er meist kein Geld mehr, weil er ja über meine Straßen drüber muss«, erklärte das kleine Mädchen neben ihm. »Er hat das Prinzip einfach noch nicht so richtig verstanden!«

Gary musste schmunzeln. Erik hatte ihm mal erzählt, dass Sam und Romans Tochter, Alex' Patentochter, eine kleine Überfliegerin war, deren IQ überirdisch zu sein schien. Das war unglaublich beeindruckend, konnte jedoch sowohl für das Kind als auch die Eltern Fluch und Segen zugleich sein.

»Lennard ist im Wohnzimmer, gleich hier lang«, antwortete Jasper und führte die beiden in den Raum. »Lenni, Alex und Jodi sind da.«

»Hallo«, hörte Gary den Teenager ausdruckslos sagen, während er sich seine Schuhe anzog.

»Hallo, Lenni. Spielst du mit uns Monopoly?«, flötete Jodi.

»Monopoly? Dafür muss man lesen und rechnen können«, entgegnete die skeptische Stimme des Jungen.

»Ach, das kriegen wir schon hin. Ich lese dir die Karten vor, wenn du das allein nicht so gut kannst, und du darfst einen Taschenrechner benutzen, wenn du Probleme mit dem Zählen hast«, versprach das Mädchen kompromissbereit. »Also, Onkel Alex, ich glaube, heute hast du eine reelle Chance, mal nicht haushoch zu verlieren.«

Jaspers und Alex' Lachen erfüllte die Wohnung. Dann trat Jasper in den Flur. »Lennis Gesicht gerade war einfach herrlich.«

»Das glaube ich.« Gary lächelte etwas gequält. »Ich bin nervös, Jasper.«

Sein Freund zog ihn in die Arme und gab ihm einen Kuss auf die Stirn. »Keine Sorge, Baby, ich bin bei dir. Die ganze Zeit. Und nicht nur ich. Alle unserer Freunde stehen dir bei.«

»Erik und Finn?«, fragte er stirnrunzelnd. Die zwei waren doch immer noch in der Toskana.

»Auch«, meinte Jasper und strich ihm liebevoll eine Strähne aus der Stirn. »Aber im Moment rede ich von Sam, Roman, Alex und den anderen.«

»Ich verstehe kein Wort«, gab Gary zu, während er die

Jacke nahm, die Jasper ihm reichte, und sich anschließend aus der Wohnungstür schieben ließ.

»Lass uns erst mal zu dem Anwalt fahren. Vielleicht überlegen wir uns im Auto schon mal, wie wir Dr. Adler erklären, warum du alibimäßig mit einer Frau verheiratet bist.«

Jasper beobachtete Gary, der nervös mit den Fingern auf den Knien trommelte, während der Anwalt ihnen erklärte, welche Schritte er ergreifen würde, um die Scheidung zwischen Gary und dessen Frau einzuleiten.

»Muss ich mit Unterhaltszahlungen rechnen?«, wollte Gary wissen.

»Ja, das denke ich schon.« Der Anwalt nickte, woraufhin Gary resigniert den Kopf hängen ließ. »Nun, um ehrlich zu sein, Ihre derzeitige berufliche sowie finanzielle Situation betrachtet, sind im Moment Sie der Unterhaltsberechtigte.«

Gary lief rot an und heftete den Blick auf die Schreibtischkante.

»Ihre Strafanzeige sowie die Tatsache, dass die Polizei ebenfalls davon ausgeht, dass Sie das Geld nicht abgehoben haben können, wird die Durchsetzung einer Unterhaltszahlung vereinfachen«, präzisierte der Anwalt.

»Ich Glückspilz«, flüsterte Gary.

»Gibt es eine Möglichkeit, die Scheidung zu beschleunigen?«, mischte Jasper sich ein.

Der Anwalt lächelte, schüttelte dann jedoch den Kopf.

»Ich fürchte nein. Selbst bei einer einvernehmlichen Scheidung ist eine zwölfmonatige Trennungszeit unabdingbar. Zudem müssten sich beide Ehepartner über sämtliche relevanten Dinge einig sein. Der Auftritt von Frau Finke lässt jedoch nicht darauf hoffen, dass das derzeit der Fall ist.«

»Kann man die automatische Anerkennung der Vaterschaft irgendwie verhindern?«, fragte Gary leise.

»Leider auch nicht. Da das Kind noch vor Ihrer Scheidung geboren werden wird, gelten automatisch Sie als Vater. Die einzige Möglichkeit, dies zu verhindern, ist, indem ein anderer Mann die Vaterschaft anerkennt, ebenso wie Ihre Frau. Die Vaterschaftsanerkennung wird jedoch frühestens mit Rechtskraft der Scheidung wirksam«, erklärte der ältere Mann, woraufhin Gary nickte und tief durchatmete.

»Sie sagt, sie wisse nicht, wer der Vater ist«, warf Jasper ein.

»Nun, in dem Fall bleibt uns kein anderer Weg, als die Vaterschaft anzufechten, sobald das Kind geboren wurde.«

Jasper griff nach Garys Hand. »Kann sie das irgendwie verhindern?«

Dr. Adler schüttelte den Kopf. »Sollte Ihre Noch-Ehefrau einem Vaterschaftstest nicht zustimmen, würden wir diesen gerichtlich anordnen lassen. Es würde natürlich eine zusätzliche Wartezeit bedeuten, jedoch den Test sicherstellen.«

»Verstehe.« Jasper nickte zumindest etwas erleichtert.

»Herr Finke, ich will ehrlich sein«, wandte sich der Anwalt an Gary, der endlich aufsah. »Ihre derzeitige Situation ist beschissen, aber nicht aussichtslos. Dass Sie eine Ehe eingegangen sind, um Ihre Homosexualität zu verstecken, war sicher nicht die beste Idee und wahrscheinlich werden sowohl Sie als auch Ihre Noch-Frau mit einigen Blessuren aus dieser Situation hervorgehen. Doch letztendlich werden

Sie in achtzehn Monaten, höchstens zwei Jahren geschieden und kinderlos sein.«

Gary schluckte sichtbar. »Danke, Herr Dr. Adler.«

Der Anwalt nickte zufrieden und schob Gary dann ein Schriftstück über den Tisch zu. »Eine vertragliche Regelung meiner Arbeit ist leider erforderlich«, erklärte er, woraufhin Gary das Papier zu sich zog. »Ihre derzeitige finanzielle Situation ist mir bewusst. Dr. Winter hat mir jedoch versichert, dass es dahin gehend keine Probleme geben wird. Ich kenne ihn und seine Familie seit einigen Jahren und vertraue ihm in jeglicher Hinsicht. Zudem ist es mir ein persönliches Anliegen, homosexuellen Männern und Frauen bei der familienrechtlichen Durchsetzung ihrer Rechte zu unterstützen.«

Gary sah überrascht auf und runzelte die Stirn. »Dr. Winter?« Dann sah er Jasper an. »Sam?«, hakte er nach, was Jasper nickend bestätigte. Gary sah den Anwalt mit großen Augen an. »Sam bezahlt Sie dafür, dass Sie mir helfen?«

»Nun ja –«

»Aber … warum? Ich kenne ihn kaum«, unterbrach Gary ihn sichtlich irritiert.

Jasper drückte seine Hand. »Weil Freunde sich untereinander helfen, Gary.«

»Freunde? Ich wusste nicht, dass Sam mich als Freund ansieht«, sagte er beinahe schockiert.

Jasper lächelte verständnisvoll. Gary war es so sehr gewohnt, sich als Einzelgänger zu sehen und nur sich selbst zu vertrauen, dass er es bisher nicht mitbekommen oder schlicht ignoriert hatte, dass es Menschen gab, die sich um ihn sorgten und für ihn da waren, ob er sie nun darum bat oder nicht. Jasper deutete auf den Vertrag, den Gary ungläubig beäugte.

»Das kann ich nicht annehmen«, flüsterte er kaum hörbar.

Jasper griff nach Garys Kinn und zwang ihn, ihm in die Augen zu sehen. »Nein, Gary, nein. Das ist nicht der richtige Zeitpunkt, den Einzelgänger zu spielen. Es gibt Menschen, die deine Freunde sind, denen du wichtig bist und die dir helfen wollen, ob du es nun glauben kannst oder nicht! Bitte, Baby, nimm das Angebot unserer Freunde an und unterschreib den Vertrag!«

»Wenn ich etwas dazu anmerken dürfte«, mischte sich Dr. Adler freundlich ein. »Die Kosten des Rechtsstreits werden durch die Winter-Kaufmann-Stiftung übernommen.«

»Alex hängt da auch noch mit drin?«, fragte Gary ungläubig.

»Nun, Herr Dr. Winter, dessen Lebensgefährte und Herr Kaufmann haben die Stiftung vor drei Jahren ins Leben gerufen und konnten bisher bereits einigen Männern und Frauen in ganz ähnlichen Situationen wie Ihrer helfen«, erklärte der Anwalt.

»Okay, okay, überzeugt«, seufzte Gary und unterschrieb den Vertrag, nachdem er ihn komplett gelesen hatte. »Wie geht es jetzt weiter?«

»Ich werde einen Anwaltsbrief aufsetzen, in dem wir das Trennungsdatum festlegen. Wie bereits eingangs erwähnt ist es wichtig dieses Datum von meiner Seite aus schriftlich festzuhalten, da nicht ausgeschlossen werden kann, dass Ihre Frau die Trennung bestreitet. Festhalten werden wir auch, wann Sie davon erfahren haben, dass Ihre Frau schwanger ist, da wir eine Zweijahres-Frist einzuhalten haben. Und dann bleibt uns im Moment nichts weiter, als abzuwarten. In sieben Monaten werde ich dann den Scheidungsantrag beim Familiengericht einreichen«, schilderte Dr. Adler.

»In Ordnung«, meinte Gary und atmete tief durch. »Vielen Dank!«

Nachdem sie sich von Herrn Adler verabschiedet hatten und vor der Tür der Anwaltskanzlei standen, zog Jasper seinen Freund in die Arme. »Sag mir, was ich tun kann, damit es dir besser geht«, flüsterte er.

»Kannst du uns einfach zu dir fahren?«, bat Gary und schob ihn ein Stück von sich.

Irritiert und ein wenig enttäuscht nickte er. »Okay.«

»Es tut mir leid«, murmelte Gary nach ein paar Minuten, in denen sie sich schweigend auf den Weg nach Hause machten. »Ich hasse diesen emotionalen Stress und weiß im Moment nicht, wie ich damit umgehen soll.«

»Okay«, meinte Jasper nachdenklich. »Was hast du denn bisher gemacht, wenn du Probleme oder Stress hattest?« Vielleicht ließe sich darauf aufbauend etwas finden, womit er Gary ein wenig von seinen Problemen ablenken oder ihm helfen könnte, sie zu verarbeiten.

»Ich bin ins *Heaven* gefahren«, antwortete Gary tonlos.

Es war Samstag, das passte perfekt. »Okay. Ich könnte versuchen, einen Babysitter aufzutreiben, und wir fahren später hin. Tanzen ein bisschen und lenken uns ein wenig ab, was meinst du?«, schlug Jasper vor.

»Ich bin nicht zum Tanzen dahingefahren.« Garys Stimme klang bitter und zitterte ein wenig.

Jasper sah zu seinem Freund rüber und erkannte, dass dieser den Tränen nah war. Zudem trommelte er wieder mit den Fingern auf seinen Oberschenkeln herum, die hektisch auf und ab hüpften, als würde er versuchen, einen Bewegungsdrang zu unterdrücken. »Du hast dir einen Kerl aufgerissen, verstehe.«

Gary nickte, sah ihn jedoch nicht an. Er hatte sich sein erstes Mal mit ihm allerdings um ein Vielfaches romantischer vorgestellt. Zudem würde es mit seinem kleinen

Bruder in der Wohnung eher schwierig werden. Nein, Sex war im Moment keine Option, da mussten sie eine andere Lösung finden.

»Könnte Kochen dich auch ablenken?«, versuchte er eine Alternative zu bieten. Bisher schien Gary dies immer Spaß gemacht zu haben.

Dessen Kopf fuhr zu ihm herum. Er runzelte die Stirn und schien zu überlegen. Dann zuckte er mit den Schultern. »Hab ich nie ausprobiert.«

»Okay, dann versuchen wir das«, entschied Jasper und atmete tief durch. »Von mir aus kannst du den Rest des Abends im Bad oder in deinem Zimmer verbringen, ins *Heaven* fährst du jedenfalls nicht – schon gar nicht allein!«

Aus dem Augenwinkel konnte er sehen, wie sich Garys Mund ein paar Mal öffnete und schloss, ein Protest blieb jedoch aus. »Das hatte ich auch nicht vor. Tut mir leid, wenn es so rübergekommen sein sollte«, hörte er ihn nach einigen Minuten leise sagen. »Ich setze Treue in einer echten Beziehung ebenfalls voraus.«

Hätten sie sich nicht gerade auf einer vierspurigen Straße mit dichtem Verkehr befunden, hätte Jasper jetzt einfach angehalten und ihn bis zur Besinnungslosigkeit geküsst. Stattdessen begnügte er sich damit, nach Garys Hand zu greifen und diese zu drücken. »Danke.«

»Wofür?«, wollte Gary wissen.

»Dass du es mit mir versuchen willst und anfängst, mir zu vertrauen«, antwortete Jasper mit schnell klopfendem Herzen. »Mir ist bewusst, dass dir das nicht leichtfällt, daher weiß ich, wie viel es bedeutet, dass du an eine Beziehung mit mir glaubst.«

»Kannst du mir versprechen, mich nicht zu enttäuschen?« Garys Stimme war kaum zu verstehen.

Jasper hielt an einer roten Ampel und sah lächelnd zu ihm rüber. »Nein, das kann ich nicht. Aber was ich dir versprechen kann, ist, dass ich alles in meiner Macht Stehende tun werde, damit diese Beziehung funktioniert.«

Gary nickte, sah dann auf die Straße zurück. Den Rest der Fahrt brachten sie schweigend hinter sich. Als sie schließlich vor seiner Haustür hielten, sprang Gary förmlich aus dem Auto. »Hast du was dagegen, wenn ich schnell noch mal eine Runde um den Block gehe?«

»Nein«, log Jasper, lächelte jedoch tapfer, als er vor der Motorhaube neben ihm stehen blieb. »Sollen wir mit dem Abendessen warten?«

Gary zog ihn in seine Arme. »Ich komme gleich nach. Ich brauche nur mal ein paar Minuten für mich, okay?«, flüsterte er. Jasper schloss seine Arme noch etwas fester um Gary, der ihm einen Kuss auf die Wange hauchte und lächelte, als er ihn schließlich freigab. »Zehn Minuten. Dann kümmere ich mich ums Abendessen. Finger weg vom Herd, Jasper!«

Jasper fiel ein Stein vom Herzen. Lächelnd schloss er die Haustür auf und ließ sich anschließend selbst in seine Wohnung. Lautes Geplapper empfing ihn und als er ins Wohnzimmer sah, fand er seinen Bruder und Jodi über das Monopolybrett gebeugt vor, die sich ein hitziges Wortgefecht zu liefern schienen.

Alex saß auf der Couch und war sichtlich erfreut ihn zu sehen. »Gott sei Dank, ich bin erlöst!«

Jasper zog sich eilig Schuhe und Jacke aus und gesellte sich zu den dreien. »Habt ihr keinen Spaß?«

»Doch!« Jodi und Lennard nickten eifrig, während Alex das Gesicht verzog.

»Die zwei haben mich abgezockt. Bis auf den letzten Taler. Und nun verhandeln sie seit fünfzehn Minuten über zwei besch– dämliche Straßen«, erklärte Alex offenbar tatsächlich genervt.

Jasper lächelte nachsichtig und setzte sich zu ihm aufs Sofa. »Nicht gerade dein Lieblingsspiel, hm?«

Alex schüttelte den Kopf. »Überhaupt nicht. Jodi hat darauf bestanden, es mitzubringen. Wollt ihr es haben? Ich schenke es euch!« Alex sah ihn flehend an.

»Das Spiel gehört Onkel Lars! Du kannst nicht einfach Sachen verschenken, die dir nicht gehören, Onkel Alex!«, mahnte Jodi streng.

Alex verdrehte die Augen. »Er ist mein Ehemann, was sein ist, ist auch mein, kleine Besserwisserin!«

Jodi zog die Augenbrauen zusammen und stemmte die Hände in die Hüften. »Wann hat er das Spiel gekauft?«

»Das weiß ich doch nicht. Es lag in einer der Umzugskisten, weißt du doch«, antwortete Alex ebenso ernst.

»Ha!«, rief sie triumphierend. »Dann hat er es mit in eure Ehe gebracht und es gehört allein ihm. Du darfst es also nicht verschenken.«

Alex warf Jasper einen vielsagenden Blick zu und sah dann seine Patentochter wieder an. »Ich sage dem Weihnachtsmann, wie frech du zu deinem Lieblingsonkel bist.«

Jodi riss die Augen auf. »Das würdest du nicht tun!«

»Mach dir keine Sorgen, Jodi. Den Weihnachtsmann gibt's doch gar nicht wirklich«, warf Lennard ein, woraufhin Alex die Kinnlade runterfiel.

Ehe einer von ihnen etwas sagen konnte, wirbelte Jodi zu dem vorlauten Teenager herum. »Mach dich nicht lächerlich, Lenni, natürlich gibt es ihn!«

»Ähm … nein«, widersprach sein Bruder amüsiert.

Jodi starrte ihn an, als würde sie an seinem Verstand zweifeln. »Natürlich! Wer sonst bringt die Geschenke an Heiligabend?«

Lennard zuckte mit den Schultern. »Deine Mama und dein Papa.«

Jasper sah Alex an, der ihm wiederum einen hilflosen

Blick zuwarf. Jodis Mama war bei der Geburt gestorben und er hatte keine Ahnung, wie das Mädchen auf die Aussage seines Bruders reagieren würde.

Jodi runzelte die Stirn. »Meine Mama kann es nun wirklich nicht sein«, meinte sie dann jedoch schlicht. »Und Papa und Roa haben keine Ahnung, was ich mir wünsche, wie also sollten sie da die richtigen Geschenke aussuchen?«

»Sie haben sich heimlich deinen Wunschzettel angeguckt, du Nuss«, entgegnete Lennard lachend. Ihm schien die Dramatik der Situation völlig zu entgehen.

»Das kann überhaupt nicht sein!«, entgegnete Jodi beinahe wütend. »Ich habe meinen Wunschzettel keinem gezeigt und in einen Umschlag gesteckt, bevor mich meine Tante zur Post gefahren hat. Die Frau am Schalter hat den Brief angenommen. Wenn es den Weihnachtsmann nicht geben würde, hätte sie doch sicher gesagt, dass sie den Brief nicht zustellen kann. Aber im Gegenteil, sie hat mir versprochen, dass er noch pünktlich ankommt.«

Lenni prustete los. »Wohin hast du ihn denn geschickt? Zum Nordpol?«

Jodi nickte. »Natürlich, wohin denn sonst?«

Der Teenager verstummte und starrte sie einen Moment ungläubig an. »Und welche Adresse hat der Nordpol, bitte schön?«

»Santa Claus, North Pole HOH OHO. Dahin habe ich meinen Wunschzettel geschickt«, antwortete sie sichtlich zufrieden.

»Hallo«, hörten sie Gary von der Tür aus sagen, der stirnrunzelnd auf sie zukam. »Worüber streitet ihr denn?«

»Ich versuche Lennard gerade zu erklären, dass er sich irrt, wenn er behauptet, den Weihnachtsmann gäbe es nicht«, antwortete Jodi an Gary gewandt. Dann drehte sie sich zu Lennard um, der begonnen hatte, das Geld sowie alle anderen Teile des Spiels in den Karton zurückzuräumen. »Und wenn ich du wäre, würde ich noch schnell einen Wunschzettel schreiben. Immerhin sind es noch sechs Tage bis Heiligabend, vielleicht kommt er noch rechtzeitig an.«

»Glaub doch, was du willst«, brummte er sie an.

Überrascht über den abrupten Stimmungswechsel seines Bruders, sah Jasper diesen irritiert an. Im gleichen Moment erhob Alex sich und fischte das fertig eingeräumte Brettspiel vom Tisch. »So, wir machen uns dann mal auf den Heimweg. Danke fürs Spiel. War nett mit dir, Lenni.«

Lennard nickte und verabschiedete sich eilig, bevor er aus dem Zimmer stürmte. Kurz darauf knallte die Schlafzimmertür ins Schloss.

»Hab ich was Falsches gesagt?«, fragte Alex verwundert.

Jasper und Gary sahen sich fragend an. »Keine Ahnung, was plötzlich mit ihm los ist«, gab Jasper zu.

»Bestimmt schreibt er jetzt doch noch schnell einen Wunschzettel«, meinte Jodi schulterzuckend, woraufhin Gary sich ein Lächeln nicht verkneifen konnte.

»Das wird es sein«, bestätigte Alex und schob seine Patentochter in den Flur. Als er an Gary vorbeikam, klopfte er ihm auf die Schulter. »Wir sehen uns morgen.«

Jasper folgte ihnen in den Flur. »Morgen?«, fragte er verwirrt »Hatten wir was geplant?«

»Nicht direkt. Aber seid ihr gegen vier, halb fünf zu Hause?«, wollte Alex wissen, während er Jodi in die Jacke half.

Jasper nickte. »Denke schon. Worum geht es denn?«

Sein Chef lächelte und schüttelte den Kopf. »Ich hatte da vorhin so eine Idee, muss aber vorher mit Anton sprechen«, erzählte er, bevor Jodi und er sich verabschiedeten.

Als Jasper ins Wohnzimmer zurückkam, fand er Gary mit dem Kopf im Vorratsschrank. »Was hältst du von Hähnchengeschnetzeltem mit Pilzen und Kroketten?«, wollte dieser wissen, als er mit einem Bund Zwiebeln sowie Knoblauch aus dem Schrank auftauchte.

»Klingt gut. Ich frage mal Lenni, ob er darauf auch Lust hat.« Als er ins Schlafzimmer kam, fand er Lennard auf dem Bett sitzend und mit dem Handy in der Hand vor. »Gary macht Hähnchen, Pilze und Kroketten zum Abendessen, ist das okay?«

»Ich hab keinen Hunger. Wie lange blockiert der denn eigentlich noch mein Zimmer?«, bekam er als Antwort, woraufhin Jasper die Kinnlade zu Boden fiel.

Als Jasper im Flur verschwunden war, holte Gary die Pilze, die sein Freund beim heutigen Einkauf mitgebracht hatte, aus dem Kühlschrank. Während er sie putzte und auf Qualität prüfte, drangen Jaspers und Lennards Stimmen über den Flur zu ihm.

»Wie bitte? Was genau willst du damit sagen?«, hörte er Jasper etwas zu laut fragen.

Bei Lennards Antwort ließ Gary das Küchenpapier sinken, mit dem er die Pilze von der Erde befreit hatte. »Du hast gesagt, er hätte keinen Schlafplatz, aber das ist doch gelogen. Warum wohnt er nicht bei seiner Frau?«

»Erstens geht dich das überhaupt nichts an und zweitens haben weder Gary noch ich uns vor dir zu rechtfertigen!« Jaspers Stimme klangt verärgert und Gary schloss resigniert die Augen. Das Letzte, was er jetzt noch wollte, war Ursache für einen Streit zwischen den Brüdern zu sein.

»Ich bin dein Bruder!«

»Das ist mir durchaus bewusst, ändert aber nichts daran, dass es dich nichts angeht!«

»Ich will nach Hause!«

»Du kannst nicht nach Hause, Mama und Papa kommen frühestens Montag zurück!«

»Ist mir doch egal! Dann bleib ich halt alleine! Ist immer noch besser als hier!«

»Was zum Teufel ist denn plötzlich los?«

Seufzend ging Gary in den Flur und dann ins Schlafzimmer. Lennard war dabei, Kleidung in eine Reisetasche zu werfen, während Jasper ihn mit in die Hüften gestemmten Händen anstarrte.

»Antworte mir, Lennard!«, verlangte dieser.

Der Teenager schnaubte. »Du kannst mich mal. Ich will nach Hause!«

»Du kannst aber nun mal gerade nicht nach Hause!«, brüllte Jasper zurück, woraufhin der Teenager zu schluchzen begann. »Oh Mann, Lenni, was ist denn los?« Jasper ging einen Schritt auf ihn zu. »Vermisst du Mama und Papa?«

Gary war sich sicher, dass dies nicht der Grund für Lennards Wutausbruch war, und trat einen Schritt ins Zimmer. »Jasper«, sagte er leise, woraufhin beide Brüder zu ihm herumfuhren. »Ich glaube nicht, dass Lennard Heimweh hat.« Dann wandte er sich an den Teenager, der sich die Tränen von den Wangen wischte und ihm einen grimmigen Blick zuwarf. »Können wir darüber reden?«

»Nein«, entgegnete der Teenager trotzig. »Was soll es da schon zu reden geben? Du bist verheiratet und machst trotzdem mit meinem Bruder rum. Du bist ein gemeines Arschloch, Gary!«

Er ließ sich seine Verletzung nicht anmerken, sondern nickte mitfühlend und ging einen Schritt auf Lennard zu.

»Verstehe. Du denkst, ich würde meine Frau mit deinem Bruder betrügen.«

»Aber das ist doch gar nicht wahr«, mischte Jasper sich ein, doch auch wenn dieser zweifellos ein Mitspracherecht in dieser Angelegenheit hatte, hob Gary die Hand, um ihn zu bremsen.

»Ich kann verstehen, warum du so denkst«, erklärte er dann an Lennard gewandt. »Und prinzipiell stimme ich dir zu. Die Ehe ist ein Versprechen, das meine Frau und ich uns gegeben haben, und das sollte man nicht so mit Füßen treten. Ich kann mir vorstellen, dass es dich wütend macht und verwirrt.«

»Ich bin verdammt wütend!«, bestätigte Lennard brüllend.

»Dazu hast du allen Grund«, versicherte Gary. »Immerhin hast du mir vertraut und geglaubt, dass Jasper und ich ein Paar werden würden. Du hast gehofft, dass dein Bruder endlich glücklich wird und nun befürchtest du, dass ich ihn lediglich ausnutze.«

Mit Tränen in den Augen ging er auf den Jungen zu, der mittlerweile schluchzte und mit hängendem Kopf am Fußende des Bettes stand. Als er ihn in seine Arme zog, wehrte Lennard sich. »Ist schon gut. Ich weiß, dass ich Mist gebaut hab und es tut mir unendlich leid, Lenni.«

Als der Teenager seinen Widerstand aufgab und den Kopf gegen Garys Brust sinken ließ, atmete er erleichtert durch. Jaspers Arme schlossen sich um sie beide und für einen Moment hielten sie sich stumm fest.

»Setzen wir uns, Lenni, dann erzähle ich dir die ganze Geschichte, okay?«, bat Gary schließlich.

Sie nahmen den Teenager in ihre Mitte, als sie sich auf die Bettkante fallen ließen. Während er dem Jungen seine komplette Vergangenheit, angefangen beim Studium und den Grund für seine Ehe erzählte, hörte dieser ihm aufmerksam zu. Hin und wieder nickte er oder verzog das Gesicht.

Als Gary fertig war, sah Lennard jedoch seinen großen Bruder an. »Hast du das überprüft, oder glaubst du ihm die Geschichte einfach so?«

»Ich glaube ihm«, antwortete Jasper sofort.

»Aber das ist doch irrsinnig! Was, wenn er doch der Vater ist und einfach keinen Bock auf das Kind hat und seine Frau jetzt mit dir betrügt?«, hakte der Teenager nach, auch wenn er Gary dabei nicht ansehen konnte.

Auf der einen Seite war er stolz auf die von einer gewissen Reife zeugende Aussage des Jungen. Andererseits taten die Worte schrecklich weh, auch wenn er die Skepsis des Kleinen völlig nachvollziehen konnte.

»Nein, das glaube ich nicht!«, antwortete Jasper kopfschüttelnd.

»Was? Wie kannst du dir da so sicher sein?«, wollte Lennard berechtigterweise wissen.

»Ich vertraue Gary«, antwortete Jasper und sah ihn über den Kopf seines Bruders hinweg an.

»Einfach so?«, fragte dieser offensichtlich skeptisch.

Jasper nickte. »Ja, einfach so.«

»Das ist doch bescheuert!«, entschied Lennard.

»Du hast vollkommen recht, Lenni«, pflichtete Gary ihm bei, woraufhin ihn beide Brüder überrascht ansahen. »Wie kannst du mir einfach so vertrauen?«, fragte er ratlos. Er konnte absolut nicht nachvollziehen, wie Jasper das offensichtlich ohne den geringsten Zweifel einfach so, mir nichts, dir nichts, konnte.

Jasper lächelte. »Ich kann das nicht erklären. Es ist einfach so. Ich spüre es.«

»Du spürst es?«, fragten Gary und Lennard unisono.

Jasper nickte wieder. »Ja. Ich spüre es. Nicht eine Sekunde habe ich an der Ehrlichkeit deiner Worte gezweifelt, Gary. Ich glaube fest, dass du von Anfang die Wahrheit gesagt hast.«

»Woher willst du das wissen?«, fragte er perplex.

Jasper zuckte mit den Schultern. »Das weiß ich nicht. Also nicht sicher. Aber ich vertraue dir. Ich weiß nicht, ob es daran liegt, dass ich nie solch schlimme Erfahrungen machen musste wie du, aber Fakt ist: Ich bin bereit das Risiko einzugehen.«

»Ich weiß nicht, was ich dazu sagen soll«, gab Gary zu. Er war überwältigt. Nicht nur von Jaspers Worten, sondern auch von der Bestimmtheit, mit der er sie vorgetragen hatte und von dem Blick, mit dem er ihn dabei angesehen hatte. Zweifellos hatte eine Menge Liebe darin gelegen, aber auch Hoffnung und gleichzeitig Zuversicht.

»Du musst nichts dazu sagen«, meinte Jasper sanft. »Aber kannst du bitte versuchen, mich zu verstehen? Mir zu glauben, vielleicht sogar mir zu vertrauen?«

»Daran arbeite ich noch«, murmelte er.

Jasper lächelte liebevoll. »Ich weiß. Tag für Tag, nicht wahr?«

Gary schluckte. »Ja. Anfangs fiel es mir schwerer, aber langsam wird es leichter.«

»Danke, Gary. Das zu hören bedeutet mir unglaublich viel.«

Lennards Augen wurden immer größer, während er zwischen ihn hin und her sah. »Wer zweifelt denn jetzt an wem?«

Jasper sah seinen Bruder verständnisvoll an. »Die Situation ist wirklich etwas verwirrend. Niemand kann uns garantieren, dass Gary die Wahrheit sagt. Aber mir ist wichtig, dass du dich mit Gary versöhnst. Vielleicht nicht sofort, aber bald. Ich mag ihn, Lenni. Sehr. Wir *sind* mittlerweile ein Paar. Ich liebe dich, Lenni, das weißt du, daher brauche ich deinen Segen.«

Lennard schluckte sichtbar und wandte langsam den Kopf zu Gary um. Einen Moment musterte er ihn. Garys Herz schlug ihm bis zum Hals. Er hielt den Atem an, während er auf Lennards Reaktion wartete. Als dieser plötzlich die Stirn kraus zog und vom Bett aufstand, rutschte ihm das Herz in die Hose.

»Ich muss mich nicht sofort entscheiden, hast du gesagt, oder?«, wollte er dann von seinem Bruder wissen.

Jasper schüttelte eilig, wenn auch sichtlich irritiert, den Kopf. »Nein.«

»Kann ich dich mal allein sprechen, Gary?«, fragte Lennard, woraufhin Jasper und er sich kurz ansahen.

»Sicher«, antwortete Gary dann an Lennard gewandt und wieder beschleunigte sein Herz das Tempo. Jasper verließ mit gerunzelter Stirn das Zimmer und zog die Tür hinter sich zu.

»Okay, Gary.« Lennard sah ihn ernst an, woraufhin Gary schluckte. »Wehe, du versaust das jetzt!«

# ACHTES KAPITEL

Den gesamten Sonntagvormittag hatten Gary, Lennard und Jasper mit dem Verzieren der letzten Plätzchen sowie dem Durchstöbern der Rezeptebox seiner Mutter verbracht. Nun saßen sie bei Kakao, Kaffee und Keksen auf dem Sofa und zockten eine Runde Autorennen, während Gary sich den Kopf über das perfekte Weihnachtsessen zerbrach, das er für Jaspers Familie zubereiten wollte.

Beim Gedanken daran, wie sein Freund gestrahlt hatte, als Jasper ihm die Rezeptebox ausgehändigt hatte, musste er wieder grinsen. Gary bestand darauf, sich für die letzten Wochen zu revanchieren und da ihre Mutter mit dem gebrochenen Arm kaum kochen konnte, ließ Jasper ihn gewähren.

»Was haltet ihr von Gulasch?«, wollte Gary plötzlich wissen.

Nach einem erfolgreichen Überholmanöver sah Jasper kurz zu seinem Freund rüber. »Zum Abendessen?«

»Nein, zu Weihnachten. Da braucht eure Mutter nichts

schneiden und kann bequem mit einer Hand essen«, erklärte der selbst ernannte Chefkoch.

»Okay.« Jasper nickte und versuchte seinen Bruder abzuhängen, der virtuell an seiner Stoßstange klebte.

»Ist Gulasch vom Schwein?«, mischte Lennard sich ein. »Mann, Jasi, fahr zur Seite, du lahme Kröte!«

»Ja, ich mache es mit Schweinefleisch, wollte es aber mit Huhn mischen. Wieso? Ist Schweinefleisch ein Problem?«, hakte Gary nach.

Lennard schüttelte den Kopf und riss den Controller rum, als er versuchte, an einer besonders engen Stelle zu überholen. »Nein, hat mich nur mal interessiert. Von welchem Teil vom Schwein?«

»Aus der Oberschale«, antwortete Gary, offensichtlich verdutzt über Lennards plötzliches Interesse an Fleisch.

Die zwei verstanden sich wieder außerordentlich gut, seit sie am gestrigen Abend eine halbe Stunde im Schlafzimmer miteinander gesprochen hatten, ehe sie ins Wohnzimmer zurückgekommen waren. Lennard sichtlich zufrieden mit dem, was er mit Gary besprochen hatte, dieser hingegen augenscheinlich etwas mitgenommen. Beide hatten sich jedoch geweigert, Jasper Details ihres Gespräches zu verraten.

Lennard steuerte sein Auto knapp hinter Jaspers über die Ziellinie und sah dann Gary an. »Was is'n die Oberschale?«

»Ein Teil der Keule.«

»Ach so. Und was machst du dazu? Rotkohl und Kartoffelklöße?«

Gary nickte. »Ja, das hatte ich mir auch überlegt.«

Während Lennard und Gary sich über das weitere Menü austauschten, lief Jasper, immer noch erstaunt über Lennards Kocheifer, zur Kaffeemaschine und goss sich nach.

Ein Blick auf die Uhr verriet ihm, dass Alex jeden Moment klingeln würde, was zehn Minuten später der Fall war. Da seine beiden Gäste gerade hitzig über das Dessert diskutierten, öffnete er die Wohnungstür.

»Hi«, grüßte er seinen Chef und guten Freund.

»Hallo.« Alex folgte ihm ins Wohnzimmer. »Okay, ich komme gleich zur Sache«, eröffnete er, nachdem er Gary und Lennard ebenfalls begrüßt und es sich auf dem Sofa bequem gemacht hatte. »Ich muss zugeben, ich war neugierig und habe Lennard gestern ein wenig über dich ausgefragt«, sagte er dann an Gary gewandt, der ihn im Sessel sitzend mit großen Augen anstarrte. »Er hat mir erzählt, dass du Lehrer bist.«

»War«, korrigierte sein Freund bitter.

Alex lächelte. »Lennard hat schon gesagt, dass du gerade ein paar Probleme hast, einen Job zu finden.«

Garys Kopf fuhr zu Lennard herum, der nervös auf seinem Kissen herumrutschte. »Ich habe nicht geplaudert, es hat sich nur so ergeben«, murmelte der Kleine.

»Er hat mir auch erzählt, dass du der beste Lehrer warst, den er je hatte, und, um ehrlich zu sein, wenn das von einem Teenager kommt, glaube ich schon, dass es etwas zu bedeuten hat«, fuhr Alex fort.

Gary runzelte die Stirn. »Das ist ja alles schön und gut, aber worauf willst du hinaus?«

Gespannt verfolgte Jasper das Gespräch. Gary schien sich unwohl zu fühlen, da er ständig an dem Saum seines dunkelgrünen T-Shirts zupfte. Alex' blaue Augen hingegen blitzten vergnügt, als wartete er nur darauf, eine besonders tolle Nachricht verkünden zu dürfen.

»Ich habe gestern mit Anton gesprochen. Du kennst Anton, oder?«

Gary nickte. »Sicher. Dein Geschäftspartner und Sams Schwager.«

Alex beugte sich ein Stück vor. »Genau. Wir sind seit einiger Zeit auf der Suche nach einem Dozenten für unsere Seminare und Weiterbildungskurse und möchten dir gern ein Angebot machen.«

Für einen Moment herrschte Stille im Raum und alle Augen richteten sich auf Gary, der nervös von einem zum anderen sah. »Ist das ein Scherz?«

Alex runzelte die Stirn. »Nein, ganz und gar nicht. Wie kommst du darauf?«

»Ich unterrichte Geschichte, Englisch und Italienisch. Ich habe keinen blassen Schimmer vom Personenschutz«, meinte Gary steif.

»Ach so, ja, das ist uns durchaus bewusst«, entgegnete Alex abwinkend. »Mach dir keine Sorgen. Du müsstest natürlich selbst erst mal eine Menge darüber lernen, bevor wir dich auf unseren Nachwuchs loslassen, aber wir würden dir selbstverständlich sämtliche Informationen zur Verfügung stellen. Wir haben uns da heute früh schon einen groben Plan überlegt, aber ich wollte erst mal rauskriegen, ob du überhaupt Interesse hast.«

Gary war sichtlich verwirrt. »Ihr meint das wirklich ernst?«

»Ja!«, bestätigte Alex lachend und lehnte sich entspannt zurück. »Wir haben derzeit ein paar ehemalige Personenschützer, die ihr Wissen in lockerer Runde an unseren Nachwuchs weitergeben. Das ist wichtig und wir wollen das auch so beibehalten, aber wir haben das Gefühl, dass die relevanten Fakten dabei ein wenig untergehen. Personenschutz ist halt einfach mehr. Die rechtlichen Grundlagen vermitteln derzeit unsere Anwälte in monatlichen Seminaren, aber es sind halt Anwälte – die versteht kein Mensch. Was uns fehlt, ist ein Pädagoge, der es versteht, notwendiges Wissen didaktisch gut rüberzubringen. Ich will ehrlich sein: Ich habe keine Ahnung, wie die Jungs reagieren, wenn wir ihnen einen echten Lehrer vorsetzen. Die meisten von ihnen sind Anfang zwanzig und kommen gerade von der Schule oder dem Wehrdienst. Sie sind natürlich hoch motiviert und würden am liebsten sofort loslaufen und versuchen die Welt zu retten. Wir brauchen jemanden, der ihnen die Grundlagen, Gefahren, Probleme des Personenschutzes und nicht zuletzt rechtliches Basiswissen dazu vermitteln kann.«

»Warte mal«, unterbrach Gary ihn. »Ich weiß nichts über Personenschutz. Ich kann mir kaum vorstellen, dass ich eurem Nachwuchs irgendwas beibringen kann, was ich selbst lediglich aus ein paar Büchern weiß.«

»Bei der Französischen Revolution warst du doch auch nicht dabei und trotzdem hast du mit uns ein cooles Projekt sogar mit Theaterstück dazu gemacht«, warf Lennard ein, woraufhin Gary errötete.

»Das ist doch was völlig anderes. Ich glaube kaum, dass sich Erwachsene von so was beeindrucken lassen«, murmelte er.

»Das sehe ich anders. Rollenspiele sind sicher unabdingbar, wenn es darum geht, verschiedene Situationen während eines Einsatzes durchzugehen«, wandte Alex ein.

Jasper fand, dass Alex durchaus recht hatte. Er selbst hatte den Großteil seines Wissens über den Personenschutz durch Zuschauen, Nachmachen und eigene Erfahrungen gelernt. Zwar hatte er ein paar Kurse und Seminare zu den Rechtsdingen besucht und war natürlich in Selbstverteidigung und Schusswaffengebrauch ausgebildet. In so manch brenzliger Situation wäre es aber ganz sicher hilfreich gewesen, wenn er sie vorher schon mal hätte durchspielen können, statt mit spontanen Reaktionen und nur dem Verlass auf seine Instinkte zu versuchen, das Leben seiner Klienten und schlussendlich auch seine einige Haut zu retten. In einigen Fällen hatte er einfach pures Glück gehabt.

Er war froh, dem Personenschutz endlich den Rücken kehren zu können, und konnte jedem Neuling nur wünschen, eine fundierte Ausbildung zu bekommen, bevor er in die wirkliche Welt entlassen wurde.

Als Gary ihn Hilfe suchend ansah, lächelte Jasper zuversichtlich. »Du kannst dir doch Alex' und Antons Angebot wenigstens mal anhören«, schlug er vor.

Gary schien kurz zu überlegen, nickte dann jedoch und sah Alex an. »Wie genau habt ihr euch das vorgestellt?«

Alex strahlte ihn an. »Okay, wie gesagt, wir haben uns erst mal nur einen groben Plan überlegt, es ist noch nichts in Stein gemeißelt, schließlich wissen wir im Moment auch nur, wie es nicht mehr laufen soll. Aber wir haben uns gedacht, dass wir erst mal versuchen, dir alles zu erklären oder zu zeigen, was wir unserer Erfahrung nach für das Grundwissen zum Personenschutz halten. Es gibt ein paar sehr gute Bücher dazu, die du lesen müsstest, und wir haben angedacht, dass du, wenn du dich bereit dafür fühlst, mit einem oder zwei unserer Anwälte sprichst, damit sie dir die rechtlichen Aspekte erklären können. Die erste Unterrichtsstunde haben wir für Mitte des zweiten Quartals nächsten Jahres angedacht«, erzählte Alex eifrig. »Was hältst du davon? Klingt das wie etwas, das dich reizen könnte?«

Gary nickte nachdenklich. »Prinzipiell schon, nur habe ich keine Erfahrung damit, Erwachsene zu unterrichten. Ich müsste meine Lehrmethoden sicher anpassen, mir ein bisschen was Neues einfallen lassen, abhängig davon, was für Stoff ich vermitteln soll«, erläuterte er, offensichtlich tief in Gedanken versunken. »Was, wenn meine Art zu unterrichten nicht so ankommt, wie ihr es euch erhofft?«

»Nun, das Risiko besteht natürlich.« Alex zuckte mit den Schultern. »Genauso ist uns bewusst, dass du feststellen könntest, dass bei uns zu arbeiten nicht das ist, was du machen willst. Wir würden das gern über eine Probezeit regeln.«

Gary brummte skeptisch vor sich hin. »Also würdet ihr mich fest anstellen oder als freien Mitarbeiter engagieren wollen?«

»Nein, wir bestehen auf einen festen Vertrag«, antwortete Alex sofort. »Glaub mir, die Konkurrenz schläft nicht und wenn wir uns mit dir als ausgebildeten und erfahrenen Pädagogen einen Vorteil in der Ausbildung unseres Nachwuchses verschaffen können, dann wollen wir sichergehen, dass wir dich auch für uns behalten. Und natürlich würden wir deine Arbeit anständig vergüten.«

Lennard grinste und hopste auf seinem Kissen herum und auch Jasper konnte sich ein leises Lachen nicht verkneifen, als Gary die Augen aufriss und nach Luft schnappte, nachdem Alex ihm die Gehaltsvorstellung genannt hatte.

»Tut mir leid, wir haben da keine Vergleichsmöglichkeiten und ich habe einfach mal eine Zahl in den Raum werfen wollen«, entschuldigte Alex sich sichtlich verlegen, da er Garys Reaktion sicher falsch gedeutet hatte.

»Was?«, quiekte Gary beinahe, woraufhin Lennard laut zu lachen begann. »War das nun ein ernst gemeintes Angebot oder nicht?«

»Eigentlich schon, aber am Geld soll es bestimmt nicht scheitern«, sagte Alex sofort. »Da werden wir uns schon einig.«

Gary starrte ihn ungläubig an. Dann brach auch er in Gelächter aus. »Soll ich dir mal verraten, was ich bisher verdient habe? Die Hälfte von dem, was du gerade gesagt hast – brutto!«

»Tatsächlich?« Alex runzelte die Stirn und verzog den Mund zu einem Schmollen. »Verdammt, ich hätte tiefer ansetzen sollen.«

Gary lachte wieder. »Schon gut, wir werden uns sicher einig. Was denkt ihr denn, wie viele Kurse es pro Woche wären?«

»Nun, bisher fanden dreimal wöchentlich diese Gesprächsrunden bei uns statt, dazu die Seminare mit den Anwälten viermal pro Monat und ein paar Einzelstunden bei Problemen. Das würden wir gerne alles ein bisschen umstrukturieren. Die Erfahrungsberichte werden wir beibehalten, vielleicht kannst du sie in die Kurse einbauen und durch Grundwissen-Einheiten sinnvoll ergänzen, sodass du schon mindestens drei bis vier Veranstaltungen pro Woche hättest. Dazu kämen noch mal genauso viele Schulungen von Leuten externer Firmen, die bei uns immer wieder Anfragen stellen. Bisher haben wir da reines Basiswissen vermittelt, was sicher auch ausbaufähig wäre. Dann müsstest du die Kursunterlagen vorbereiten, damit die Jungs was zum Nachlesen haben.«

Gary nickte. »Eine Art Handbuch?«

»Genau, aber halt kein schwer verständliches Fachbuch.«

»Von wie vielen Leuten pro Kurs reden wir denn überhaupt?« Gary sah mittlerweile ziemlich begeistert aus und als Alex ihm antwortete, nickte er strahlend. »Zehn Leute sind eine gute Kursgröße, denke ich. Wann soll es losgehen?«

Alex grinste. »Von uns aus direkt nach Neujahr.«

»Das wäre perfekt. Brauchst du was von mir? Lebenslauf, Abiturzeugnis, Diplom und Arbeitszeugnisse?« Ohne auf eine Antwort zu warten, sprang Gary auf und schnappte sich seinen Laptop vom Esstisch, der dort mittlerweile einen festen Platz gefunden hatte. »Ich kann dir alles sofort per E-Mail schicken.«

»Tu, was du nicht lassen kannst«, antwortete Alex lachend und nannte ihm die E-Mail-Adresse der Firma. »Diplom und das letzte Arbeitszeugnis, das du hast, reichen mir.«

Gary nickte, während seine Finger bereits eilig über die Tastatur flogen.

»Weißt du schon, wo du wohnen wirst?«, wollte Alex dann wissen.

Gary hielt inne und sah auf. Für einen kurzen Moment huschte sein Blick zu Jasper, bevor er den Kopf schüttelte. Jasper wurde leicht übel bei dem Gedanken, dass Gary demnächst ausziehen würde. Natürlich war ihm klar, dass ihre Wohnsituation nur vorübergehend war, jedoch musste er zugeben, dass er sich schon sehr daran gewöhnt hatte, morgens mit Gary zu frühstücken, gemeinsam eine Einkaufsliste zu schreiben oder sich abzusprechen, wer die nächste Wäsche übernahm.

Alex lächelte. »Ich weiß nicht, ob du das weißt, aber mir gehört der Block gegenüber von hier«, begann er, woraufhin Gary nickte und sich das flaue Gefühl in Jaspers Magen verstärkte. »In der Nummer eins ist gerade eine kleine Zweiraumwohnung frei geworden. Sie ist möbliert, aber wenn du lieber deine eigenen Möbel mitbringen willst, ist das auch möglich, dann lagern wir die Möbel ein. Sie hat zwar keinen Balkon, aber wenn du darauf verzichten kannst, denke ich, ist es eine schöne Wohnung.«

»Das ist wirklich nett, Alex, und ich bin dir dankbar, dass du an mich gedacht hast, aber meine Frau hat mein Konto geplündert und ich könnte dir zurzeit keine Miete zahlen, also danke, aber ich kann nicht«, antwortete Gary leise.

Alex winkte ab und legte Gary eine Hand aufs Knie.

»Ach, mach dir da keine Gedanken. Ich weiß doch, dass du derzeit ein paar finanzielle Probleme hast. Ich hatte mir gedacht, dass wir die ersten drei Monatsmieten einfach mit den ersten beiden Gehaltszahlungen verrechnen und ab dann zahlst du einfach zur Mitte des Monats, wie alle anderen auch.«

Gary sah überrascht auf. »Das klingt wirklich zu gut, um wahr zu sein! Ab wann könnte ich denn einziehen?«

»Nun, die Wohnung steht leer, wenn die letzten Renovierungsarbeiten erledigt sind, kannst du jederzeit rein«, begann Alex und sah dann zwischen Jasper und Gary hin und her. »Ob es dieses Jahr noch was wird, weiß ich nicht, denn der derzeitige Mieter hat noch bis zum 31. bezahlt«, fügte er hinzu, als er bemerkte, wie Jasper mit den Tränen kämpfte.

Gary nickte und sah dann Jasper an, der versuchte sich sein derzeitiges Gefühlschaos nicht anmerken zu lassen. »Meinst du, du kannst mich so lange noch aushalten?«

Jasper nickte und zwang sich zu lächeln. »Sicher.« Er freute sich wirklich, dass Gary wieder auf die Füße kam, gleichzeitig hatte er Angst davor, zu verlieren, was sie sich gerade aufbauten.

»Dann würde ich mir die Wohnung gern ansehen«, sagte Gary an Alex gewandt, der zufrieden nickte und sich erhob.

»Ich melde mich, wenn ich mit dem Noch-Mieter gesprochen habe. Er muss natürlich zustimmen, schließlich hat er für diesen Monat noch bezahlt.«

»Ach so, klar. Und wegen der Möbel, das weiß ich noch nicht. Meine Frau lässt mich ja nicht in die Wohnung, aber schließlich sind es zum Teil auch meine Möbel, also da sage ich dir noch Bescheid, ja?«, erzählte Gary, der sich ebenfalls erhob.

Alex nickte. »Sicher. Das eilt nicht. Zur Not können wir

sie auch später noch einlagern. Das machen einige Mieter, die nach und nach die Wohnung nach ihren eigenen Vorstellungen einrichten. Können ja nicht alle so pflegeleicht sein wie Finn und Erik.« Er grinste. »Den Arbeitsvertrag mache ich morgen oder übermorgen noch fertig. Ich rufe dich an. Vielleicht kommst du dann einfach mal rüber ins Büro und guckst dich schon mal um.«

»Danke, Alex.« Gary lächelte mit feuchten Augen und zog seinen zukünftigen Chef in die Arme. »Vielen Dank!«

Jasper erhob sich ebenfalls und bot an, Alex zur Tür zu bringen. Dieser versicherte Gary noch einmal, dass er ebenso froh über die Zusage war und er sich in den nächsten Tagen melden würde.

Im Flur angekommen, zog Alex Jasper an seine Brust. »Hey, ich nehme ihn dir nicht weg«, flüsterte er.

»Ich weiß«, flüsterte Jasper zurück. Waren seine Emotionen so offensichtlich?

»Hattest du gehofft, dass er bei dir wohnen bleibt?«

»Eigentlich war mir schon bewusst, dass es so kein Dauerzustand sein kann, aber na ja. Ich mag es, wie es gerade ist«, gab er zu.

Alex hielt ihn an den Schultern fest und sah ihm in die Augen. »Darf ich dir meine Meinung dazu sagen?« Als Jasper nickte, lächelte er. »Ich bezweifle, dass er gleich mit dir Schluss macht, nur weil er einen Job hat und auf der anderen Straßenseite wohnt. Aber manchmal ist ein wenig Abstand sinnvoll, um zu merken, wie sehr man einander braucht und vermisst. Sprich mit ihm darüber, wie es zwischen euch weitergehen soll, und erkläre ihm deine Bedenken. Wie soll er sonst wissen, was in dir vorgeht?«

Jasper atmete tief durch. »Du hast vermutlich recht. Danke.«

»Gern.« Alex drückte ihn noch einmal kurz. »Wir sehen uns. Kommt ihr Silvester auch ins *Heaven*?«

»Wir stehen auf der Gästeliste, aber ich habe noch keine Gelegenheit gehabt, mit Gary darüber zu sprechen. Ich weiß nicht, ob er vielleicht schon etwas anderes geplant hat.«

Alex schlüpfte in seine Jacke und zog die Wohnungstür auf. »Melde dich, wenn was ist, ja? Wenn du jemandem zum Reden brauchst oder es mal wieder Probleme in der Küche gibt.« Er grinste frech. »Wie ist die Sache mit dem Popcorn eigentlich ausgegangen?«

Jasper verzog gequält das Gesicht. »Die ganze Aktion hat mich beinahe einen Topf gekostet und mir Herdverbot eingebracht. Ach, und sie wird mir natürlich bei jeder Gelegenheit unter die Nase gerieben.«

»Doch so schlimm, ja?«, meinte Alex lachend und winkte dann, bevor er die Treppen hinunterlief.

Jasper schloss die Wohnungstür und lehnte sich einen Moment dagegen. Er wusste, dass er sich mit Gary freuen sollte und das tat er auch. Sein Freund verdiente einen kleinen Hoffnungsschimmer und es war egoistisch, traurig zu sein, weil Gary auszog, schließlich waren sie erst seit Kurzem ein Paar und sicher hatte Alex recht, dass ein wenig Abstand hin und wieder kein Weltuntergang war. Umso mehr würden sie sich auf das Wiedersehen freuen. Und es sagte ja keiner, dass sie nicht irgendwann wieder zusammenziehen konnten.

Mit diesem Gedanken ging er ins Wohnzimmer zurück, wo Lennard eine weitere Runde Autorennen gestartet hatte und Gary gerade aufgeregt mit Erik chattete, während er an der Theke saß und Kartoffeln schälte. Es war unglaublich, dass es gerade mal elf Tagen her war, dass er Gary in beinahe der gleichen Situation vorgefunden hatte. Seitdem hatten sie so viel miteinander durchgestanden, waren ein Paar geworden und Jasper fand, dass es an der Zeit war, ein wenig Ruhe einkehren zu lassen.

Erik plapperte irgendwas auf Italienisch, woraufhin Gary lachte und sich dann umdrehte. Jasper lief auf ihn zu, als sein Freund ihn zu sich winkte.

»Hallo, Erik«, grüßte er den grinsenden Blondschopf auf dem Display.

»Hi, Jasi«, grüßte dieser zurück. »Wie findest du es, dass Gary bald unser Kollege ist?«

»Ich finde es großartig«, antwortete er aufrichtig und zog Gary in seine Arme. »Obwohl ich auch ein bisschen Bedenken habe, dass deine Aufgedrehtheit abfärben könnte, wenn er bald den ganzen Tag mit dir zusammen ist«, neckte er sie beide.

Gary schüttelte den Kopf. »Keine Sorge. Ich hab doch gesagt, dass nicht er der Grund war, dass ich immer so viel Blödsinn erzählt habe, wenn wir uns gesehen haben.«

»Stimmt.« Jasper nickte. »Ich war der Grund.«

Sein Freund lächelte verlegen. »Ja. Du. Nur du.«

Jaspers Herz klopfte heftig gegen seine Rippen, als er Gary noch fester an sich zog und in die glücklich funkelnden Augen seines Freundes sah.

»Finn«, erklang Eriks Flüstern aus dem Lautsprecher. »Komm mal ganz schnell her, sonst verpasst du was ganz Romantisches!«

Gary grinste und auch Jasper musste lachen. Dann reckte Gary das Kinn ein Stück in die Höhe und eine weitere Einladung brauchte Jasper nicht, um seine Lippen auf den willigen Mund zu pressen. Gary sank augenblicklich an seine Brust und vergrub die Finger in seinen Oberarmmuskeln. Reifenquietschen und die schreckliche Hintergrundmusik des Videospiels tönten durchs Zimmer, begleitet von Finns und Eriks leisen Stimmen, doch als eine feuchte Zungenspitze gegen seine Lippen klopfte, war alles, was Jasper wahrnahm, der attraktivste, liebenswerteste und wundervollste Mann in seinen Armen.

Mit einem leisen Keuchen ließ er ihn ein und im nächsten Moment flutete ein atemberaubendes Kribbeln seinen Bauch. Garys Griff um seine Oberarme verstärkte sich, als würde er Halt suchen und Jasper hoffte ihn ihm dadurch zu geben, dass er eine Hand an Garys Hinterkopf legte, während er den anderen Arm um dessen schlanke Taille schlang.

Gary stöhne leise und drängte seinen Unterleib gegen Jaspers Oberschenkel. Jaspers eigene Erektion zuckte und er rieb sich sanft an Gary, woraufhin dieser hinter sich griff und nach einigem Suchen und Tasten den Laptop zuklappte.

Jasper öffnete die Augen, warf einen kurzen Blick auf Lennard, der jedoch so sehr in sein Spiel vertieft zu sein schien, dass er nicht mitbekam, was sich hinter ihm abspielte. Garys Lippen wanderten über Jaspers Kinn und seinen Hals, während er ihn sanft Richtung Flur schob. Jasper verstand den Wink und dirigierte seinen Freund ins Gästezimmer.

Gary drückte die Tür hinter ihnen zu und drehte den Schlüssel im Schloss, bevor er sich grinsend das T-Shirt über den Kopf zog. Dann lag er wieder in seinen Armen.

»Ich weiß, dass wir es langsam angehen lassen wollten und Lennard da drüben sitzt, aber …«

Jasper nickte. »Zieh dich aus, Baby«, raunte er ihm zu, bevor er seine Lippen wieder auf Garys Mund presste.

Sie stolperten sich küssend zum Bett, wo Gary Jaspers T-Shirt hoch zerrte und sich anschließend an seinem Gürtel zu schaffen machte. Jasper folgte seinem Beispiel und beinahe zeitgleich standen sie schwer atmend und lediglich in Unterwäsche voreinander.

Er schob seine Hände in Garys Boxershorts und ließ seine Finger durch das weiche Schamhaar gleiten, während er die linke Hand um den harten Schaft schloss. »Blow- oder Handjobs?«, fragte er atemlos.

»69?« Gary verzog das Gesicht. »Mist. Ich hab keine Kondome.«

»Also Handjobs?«

Jaspers Slip wurde ihm über die Hüften gezogen und zwei Sekunden später lag er mit dem Rücken auf dem Bett. Gary saß auf seinem Schoß und dessen Mund presste sich auf Jaspers Lippen.

»Ich hatte noch nie einen beschnittenen Mann«, murmelte Gary, als er ihre Penisse umfasste und sanft zu reiben begann.

Jasper umfasste Garys Hüften und stieß sanft nach oben in dessen Faust. »Dafür machst du es schon ganz gut«, neckte er grinsend und erstickte Garys Lachen, indem er ihn erneut in einen Kuss verwickelte.

Keuchend, küssend und leise stöhnend genossen sie Garys Reiben, das immer schneller wurde, während sein Griff sich verstärkte. Gerade als Jasper das Gefühl hatte, es keine Sekunde länger auszuhalten, spürte er, wie Garys Atmung stockte. Sein Freund presste die Stirn gegen seine Schulter und stöhnte laut auf, kurz bevor Sperma über Jaspers Schaft und seine Eichel lief und schließlich auf seinem Bauch landete. Überwältigt von Garys Lustschrei und dem plötzlichen Gleiten seiner Faust, schoss ein atemberaubendes Prickeln Jaspers Wirbelsäule entlang. Sein Schwanz zuckte und kaum schlossen sich Garys Finger erneut fester um seinen Schaft, kam er heftig. Blendend weiße Lust überrollte ihn und er versenkte sein Gesicht in Garys Halsbeuge, um sein Stöhnen zu dämpfen.

Als sein Orgasmus langsam abebbte und er die Augen wieder öffnete, grinste sein Freund ihn an. Ein paar blonde Strähnen fielen ihm in die Stirn, während er mit funkelnden Augen zu ihm hinuntersah.

»Küss mich, Liebling«, flüsterte Gary.

Bevor Jasper der Aufforderung nachkommen konnte, klopfte es an der Tür. »Gary? Bist du da drin?«

Sein Freund seufzte kurz, lächelte dann jedoch wieder. »Was ist denn?«, rief er zurück.

»Weißt du, wo Jasi ist?«,

»Ist er noch zu jung für die Wahrheit?«, fragte Jasper flüsternd, da er nicht wusste, ob Lennard nicht vielleicht doch gleich kapieren würde, dass sie gerade Sex gehabt hatten.

»Vielleicht doch noch ein bisschen«, murmelte Gary und sprang aus dem Bett, um sich eilig anzuziehen. »Was wolltest du denn von ihm?«, rief er Richtung Tür, während er seine Finger an einem getragenen Shirt abwischte und es Jasper anschließend in die Hand drückte.

»Nichts. Ich habe mich nur gewundert, wo ihr hin seid, weil du die Kartoffeln nicht fertig gemacht hast und plötzlich alles ruhig war«, brüllte Lennard zurück.

Jasper wischte sich notdürftig sauber, bevor er sich ebenfalls anzog, wurde jedoch von Gary hinter die Tür geschoben. Der legte sich einen Finger auf die Lippen, drehte den Schlüssel im Schloss und öffnete sie dann. »Willst du mir beim Kochen helfen?«

»Klar. Wo ist Jasi denn nun?«

»Vielleicht im Bad«, sagte Gary betont gleichgültig. »Oder er ist kurz mit zu Alex rüber.«

Grinsend zog Jasper sich lautlos fertig an und schlich dann in den Flur und von dort weiter ins Bad, wo er sich mit einem nassen Lappen das restliche Sperma vom Bauch wischte und anschließend auf Zehenspitzen zur Wohnungstür schlich. Einen Moment blieb er stehen und lauschte dem Gespräch zwischen seinem Bruder und seinem Freund, das sich um das Abendessen drehte.

Offensichtlich interessierte sich Lennard tatsächlich für

die Zubereitung des Fleisches und die Garzeit von Kartoffeln. Bisher hatte er keinen Berufswunsch für später geäußert und er hatte ja auch noch Zeit, doch sicher konnte es nicht schaden, seine Interessen zu unterstützen, daher nahm Jasper sich vor, seiner Mutter davon zu berichten.

# NEUNTES KAPITEL

»Deine Eltern werden bald hier sein!« Gary merkte selbst, dass er wie ein aufgescheuchtes Huhn durch die Küche wuselte, während Jasper die Ruhe selbst zu sein schien, aber er konnte nichts dagegen tun. Die Eltern seines Freundes kennenzulernen, war schließlich absolutes Neuland für ihn.

Die beiden waren, statt wie geplant am Montag, erst einen Tag später, also gestern aus der Klinik entlassen und mit einem Krankentransport nach Hause gebracht worden. Jasper hatte sie noch kurz besucht und mit dem Nötigsten geholfen, bevor er für ein paar Arbeiten an einem der Trainingsräume ins Studio gefahren war.

»Würdest du bitte aufhören, da rumzuliegen, und mir mal zur Hand gehen?«, bat Gary ungeduldig.

Es war ein wenig unfair, schließlich hatte Jasper ebenfalls kaum geschlafen, da er erst irgendwann gegen drei Uhr nach Hause gekommen war. Da sein Vater in nächster Zeit auf zwei Krücken angewiesen sein würde und sich deshalb nur schwerlich fortbewegen konnte, war Jasper gezwungen, den Großteil der letzten Arbeiten im Studio allein zu bewältigen.

Auch wenn Gary ihm in den letzten Tagen geholfen hatte, war er doch eher ein Hindernis gewesen, statt von Nutzen. Jasper hatte ihm jeden Arbeitsschritt erklären müssen, da er keine Ahnung vom Innenausbau eines Gebäudes und noch dazu keinerlei handwerkliches Geschick hatte. Dennoch waren sie recht gut vorangekommen, auch dank Lennards Hilfe und der von Jaspers Freunden.

Der ehemalige Personenschützer richtete sich auf und sah ihn über die Sofalehne hinweg an. »Gary«, mahnte er gedehnt.

»Nichts *Gary*«, äffte er ihn nach. »Hast du mal auf die Uhr gesehen?« Er warf noch einmal einen prüfenden Blick in den Herd, doch sein Essen sah perfekt aus. Nun musste es nur noch ein paar Stunden im Ofen vor sich hin garen.

Jasper seufzte und im nächsten Moment schlossen sich starke Arme um Garys Brust. »Ganz ruhig, Baby. Du hast keinen Grund, nervös zu sein. Meine Eltern lieben dich doch jetzt schon«, raunte er ihm ins Ohr.

»Erzähl doch keinen Blödsinn. Deine Eltern kennen mich gar nicht«, entgegnete er, nahm seinen Zeitplan von der Arbeitsfläche, bekam jedoch keine Gelegenheit, ihn ein hundertstes Mal zu checken, da Jasper ihm den Zettel aus den Fingern zog. »Gib wieder her, ich muss sehen, ob ich noch Zeit zum Duschen habe!«

Jasper gab ihm einen Kuss auf die Wange und sah sich dann die Liste an. »Meine Eltern kommen in einer Stunde. Was muss bis dahin denn noch gemacht werden?«

»Das Besteck muss sortiert und auf Wasserflecken kontrolliert werden. Das Fleisch sollte ich im Auge behalten und die Klöße müssten schon mal geformt werden«, erklärte er und deutete auf die Punkte auf dem

DIN-A4-Zettel. »Ach, und der Tisch muss noch gedeckt werden!«

»Den Tisch müssen wir jetzt schon decken? Wir essen doch erst heute Abend, oder?«, fragte Jasper stirnrunzelnd.

Gary wand sich aus der Umarmung und schnappte sich den Stapel Teller, den er bereitgestellt hatte. »Ich fände es besser, wenn der Tisch schon fertig ist, dann müssen wir das nachher nicht mehr machen.«

Jasper nahm ihm die Teller aus der Hand und stellte sie auf die Theke zurück. Dann schob er ihn Richtung Flur. »Verstehe. Keine Sorge, ich kümmere mich um alles. Du gehst unter die Dusche!«

»Aber du weißt doch gar nicht, wie der Tisch eingedeckt werden soll«, warf Gary skeptisch ein.

Jasper lachte. »Du hast doch einen Plan auf die Rückseite deiner Liste gemalt! Lenni verdonnere ich dazu, mir zu helfen, und sollte es dir nicht gefallen, ändern wir es halt noch mal.«

»Aber das Fleisch –«

»Behalte ich im Auge«, sagte Jasper lächelnd. »Muss ich dabei was beachten?«

Gary runzelte die Stirn. So richtig gefiel ihm die Aktion nicht. »Eigentlich nicht. Aber die Klöße muss ich noch formen, ich will das nicht nachher machen, wenn alle zugucken. Dann werden sie bestimmt nichts.«

»Gut, dann forme ich die Klöße zu Kugeln, behalte dein Fleisch im Auge, während Lennard den Tisch nach deinem Plan deckt«, wiegelte Jasper den Protest ab. »Und du gehst unter die Dusche und entspannst dich ein bisschen.«

»Entspannen?«, fragte Gary ungläubig. Wie sollte er sich entspannen, wenn er versuchte, für Jaspers Familie ein perfektes Weihnachtsessen zu zaubern? Sein Freund grinste, während er sich die Hand in den Schritt legte und sie auf und ab rieb. »Ist das dein Ernst? Deine Eltern stehen jeden Moment in der Tür und ich soll mir erst mal gemütlich einen runterholen?«

Jaspers Grinsen wurde noch breiter. »Wie immer es dir gefällt. Von mir aus auch gemütlich.«

Gary verdrehte die Augen. »Oh Mann, dir ist doch nicht mehr zu helfen.«

Jasper ignorierte diese Aussage, zerrte Gary ins Bad und gab ihm einen Kuss auf den Mund. »Viel Spaß!« Dann drehte er sich um und lief zurück in den Flur. »Lenni! Küche!«

Gary wusste, wann er einen Kampf verloren hatte, also sprang er aus seinen Klamotten, warf sie eilig in die Waschmaschine, da sie ganz sicher nach Schweiß und Bratfett müffelten, und stieg unter die Dusche.

Während er sich einseifte, ließ er die letzten Wochen Revue passieren. Dabei kam es ihm bedeutend länger vor, dass Jasper ihn bei sich aufgenommen hatte. Vor fünfzehn Tagen hatte er noch gedacht, erneut vorübergehend auf einer Parkbank schlafen und sich von weggeworfenen Essensresten anderer ernähren zu müssen. Niemals hätte er es für möglich gehalten, stattdessen von seinem Traummann aufgelesen zu werden und von dessen Mutter keine vierundzwanzig Stunden später zu erfahren, dass ihr Sohn seit Monaten in ihn verliebt war.

Seitdem fuhren Garys Gefühle Achterbahn, im ständigen Kampf zwischen Zuversicht und Bedenken, Vertrauen und Unsicherheit. Immer wieder überkam ihn die Angst, dass Jasper aufwachen und feststellen würde, dass Gary es nicht wert war und dass er ihn dann vor die Tür setzen würde. Doch sein Freund gab sich alle Mühe der Welt, ihm zu zeigen, dass dies nicht passieren würde und allmählich begann Gary ihm zu glauben.

Jasper war geduldig, bedrängte ihn nicht, selbst wenn er

ohne Zweifel spürten musste, dass Gary immer wieder mit sich und der Situation haderte. Stattdessen gab er ihm Luft zum Atmen, akzeptierte seinen Putzfimmel sowie seine Abneigung gegen Transfette und ungesundes oder gar minderwertiges Essen. Gary war klar, dass sie nicht ewig in ihrer Blase leben konnten, in der sie sich derzeit befanden, schließlich konnte er nicht länger auf Jaspers Kosten leben, auch wenn sein erstes Gehalt noch eine Weile auf sich warten lassen würde. Dafür musste eine Lösung her.

Außerdem konnte Gary nicht weiterhin verlangen, dass Jaspers Freunde den Anwalt bezahlten, um seine Scheidung durchzusetzen und gegen die Vaterschaft vorzugehen, die ihm seine Frau anhängen wollte. Aber erst mal war Heiligabend und er hatte ein Weihnachtsessen zu organisieren.

Während er sich abtrocknete, drang das Gelächter des Teenagers aus der Küche an sein Ohr, gefolgt von einer tiefen Stimme, die einige Flüche ausstieß. Lediglich mit einem Handtuch um die Hüften und einer bösen Vorahnung rannte Gary in den Flur und riss anschließend die Tür zur Küche auf.

Lennard lachte, mit einem Arm auf die Theke gestützt, aus vollem Hals. Tränen liefen ihm über die Wangen und er schien arge Nöte zu haben, Luft zu bekommen. An der Arbeitsfläche fand Gary den Grund für den Lachflash des Teenagers.

»Oh mein Gott, was machst du mit meinem Teig?«, quiekte er.

Jasper hob herausfordernd die Augenbrauen. »Ich forme daraus Kugeln.«

»Ich hätte dir niemals mein Essen anvertrauen dürfen«, keuchte Gary, als er mit Schrecken feststellte, dass sich gut ein Viertel des Schüsselinhalts auf dem Fußboden befand, während zwei unförmige Kugeln der Größe von kleinen Handbällen auf der Arbeitsfläche statt auf einem Teller lagen, woraufhin Jasper die Hände sinken ließ und ihn ziemlich verletzt ansah. Betretenes Schweigen erfüllte die Küche, während Gary versuchte abzuschätzen, für wie viele Klöße der restliche Teig noch reichen würde.

»Tut mir leid, ich wollte nur helfen«, sagte Jasper leise.

»Ja, schon gut«, winkte Gary frustriert ab und schnappte sich die Küchenrolle von der Theke, um die Sauerei auf dem Boden aufzuwischen, bevor noch jemand ausrutschte.

»Willst du dir nicht erst mal was anziehen, Gary?«, fragte Lennard amüsiert.

Als hätte er dafür gerade Nerven! »Guck halt nicht hin, wenns dich stört!«

Die Tür knallte zu und als Gary sich umsah, stellte er fest, dass beide Brüder gegangen waren. Seufzend wischte er den Boden weiter, bevor er den Rest der Teigmasse inspizierte. Wenn er die Klöße kleiner rollte, würde es vielleicht noch gerade so reichen.

Er beschloss, sich nach dem Anziehen um das Problem zu kümmern, für den Fall, dass Jaspers Eltern zu früh dran waren. Auf dem Weg zur Küchentür warf er einen Blick auf den Tisch, der genau nach seinen Vorstellungen gedeckt war, auch wenn die einzelnen Besteckteile krumm und schief lagen und die Gläser nicht symmetrisch hingestellt waren, aber das ließe sich ja schnell nachbessern.

Als er in den Flur kam, war Jasper gerade dabei, sich Schuhe anzuziehen.

»Wo willst du denn hin?«, fragte Gary verwirrt.

»Nur kurz über die Straße. Bin gleich wieder zurück«, antwortete Jasper, ohne ihn anzuschauen. »Vielleicht solltest du mal kurz nach Lennard sehen.« Mit diesen Worten ließ er ihn stehen und zog die Tür hinter sich zu.

Jasper hatte natürlich recht. Er hatte den Teenager ziemlich angeschnauzt. Hier war wohl eine Entschuldigung fällig. Nachdem er sich angezogen hatte, klopfte er an die Schlafzimmertür. »Lenni?«

»Was?«

»Kann ich reinkommen?«

»Wenns sein muss.«

Er atmete tief durch und schob die Tür auf. Lennard saß im Schneidersitz auf dem Bett, ein großes Brett vor sich, auf dem sich die Teile für ein neues Modellfahrzeug befanden. »Was baust du denn?«

»A380«, kam die kurz angebundene Antwort.

»Der Airbus?«, hakte er nach, während er sich aufs Fußende des Bettes setzte.

Lennard brummte zustimmend.

»Lenni, es tut mir leid, dass ich dich angeschnauzt habe. Ich war genervt und hätte das nicht an dir auslassen dürfen«, entschuldigte er sich.

»An uns«, warf Lennard ein.

»Das stimmt. An euch«, gab er zu. »Es ist nur, Jasper hat mir erzählt, wie sehr euch das gemeinsame Weihnachtsessen am Herzen liegt und ich wollte, dass ihr eines bekommt, auch wenn eure Mama es in diesem Jahr nicht selbst zubereiten kann.«

Endlich sah der Teenager auf. »Wir? Was ist mit dir? Du isst doch wohl auch mit, oder?«

Er nickte. »Ja, natürlich.«

»Jasper hat wohl recht gehabt«, murmelte Lennard und vertiefte sich dann wieder in seine Plastikteile.

»Womit hatte dein Bruder recht?«, fragte er verwirrt, bekam aber nur ein Schulterzucken als Antwort.

»Gary? Kommst du mal in die Küche?«, verhinderte Jaspers Frage eine weitere Unterhaltung.

Als er der Aufforderung folgte, stand sein Freund an der Spüle und ließ Wasser hinein laufen. »Ich war bei Alex und habe mir ein paar Kartoffeln geborgt. Er meinte, wir könnten den Kloßteig auch mit rohen Kartoffeln verlängern. Meinst du, es reicht dann für alle?«

»Ja, das könnte funktionieren.« Gary nickte und warf einen Blick in den Kühlschrank. »Wir haben noch ein bisschen Quark, damit können wir die Masse binden. Dann müssen wir sie aber gleich kochen, sonst werden sie braun.«

»Okay, das klingt doch gut. Ich schäle sie dir. Dabei kann ich nicht viel falsch machen, oder?«

Resigniert schloss Gary die Augen, dann wandte er sich zu Jasper um, der offenbar neugierig auf seine Reaktion wartete. »Es tut mir leid. Ich weiß, dass du mir nur helfen wolltest, aber als ich das Chaos gesehen habe, hatte ich das Essen schon als Katastrophe verbucht und bin wohl ein bisschen durchgedreht.«

»Nur ein bisschen.« Jasper schmunzelte. »Komm mal her, Chefkoch.«

Er ließ sich in die starken Arme seines Freundes ziehen und atmete langsam aus. »Ich will doch nur, dass alles perfekt ist.«

»Ich weiß«, murmelte Jasper und streichelte ihm über den Rücken. »Und glaub mir, das ist es, auch ohne identisch geformte Klöße und trotz zerzauster Haare.«

»Zerzauste Haare?«, fragte Gary stirnrunzelnd und betastete seine fast trockenen Haare. Dann riss er die Augen auf. »Oh mein Gott, ich sehe bestimmt aus, als hätte ich einen Wischmopp auf dem Kopf.«

Jasper lachte und gab ihm einen Kuss auf besagten Mopp. »Eigentlich sieht es ziemlich heiß aus und ich betrachte es als kleinen Vorgeschmack darauf, wie du aussiehst, wenn du gerade aus dem Bett gefallen bist. Vorzugsweise aus meinem, gleich nachdem wir uns ein bisschen ausgetobt haben.«

»So kann ich doch nicht deinen Eltern gegenübertreten!«, echauffierte Gary sich. »Schäl Kartoffeln, ich geh mir die Haare machen.«

»Was immer du befiehlst, Boss.« Grinsend drehte Jasper sich wieder zur Spüle.

Gary schlang seine Arme um dessen Hüfte und zog ihn ein Stück zu sich ran. »Danke«, flüsterte er und drückte ihm einen Kuss auf die Wange.

»Wofür?«, fragte Jasper lächelnd.

»Für deine Hilfe und weil du so viel Geduld mit mir hast.«

»Ja, ich hab's schon nicht leicht mit dir«, seufzte Jasper. »Hast du ein Glück, dass ich mich in dich verliebt habe, bevor ich wusste, dass ich mal kartoffelschälend an der Spüle enden würde«, fügte er grinsend hinzu, bevor Gary das Herz in die Hose rutschen konnte. »Nun mach mal ein bisschen hin und rette deine Sexfrisur, meine Eltern kommen in einer halben Stunde und wir haben noch einen Kloßteig zu retten und die Geschenke liegen auch noch nicht unter dem Baum!«

»Ich dachte, die Geschenke bringt Santa.«

Jasper grinste dreckig. »Nur für die Artigen unter uns.«

»Na, dann kann wenigstens ich noch hoffen.« Lachend floh Gary aus der Küche.

Ein wenig besorgt betrachtete Jasper seinen Freund. Gary hatte sich in den Küchenbereich verzogen und schien sich beschäftigt zu halten. Gerade war er dabei,

Kekse in einer Tüte zu zerkleinern, weil er die wohl für sein Dessert benötigte.

»Gary, warum setzen Sie sich nicht zu uns aufs Sofa? Wir wollen gleich die Geschenke verteilen!«, rief Jaspers Mutter, woraufhin der Koch leicht zusammenzuckte, dann jedoch lächelnd über seine Schulter sah.

»Natürlich. Gerne. Ich bin in einer Minute fertig«, flötete er, wobei Jasper ihm die gute Laune nicht ganz abnahm.

Stirnrunzelnd stand er vom Sessel auf und lief zu ihm. »Hey. Alles klar?«, fragte er leise.

Gary war seinen Eltern gegenüber ausgesprochen freundlich und zuvorkommend, aber dennoch sah er so aus, als wäre er lieber an jedem anderen Ort auf der Welt statt hier, was Jasper mehr als traurig machte. Schließlich war er froh und stolz darauf, seinen Eltern endlich seinen Freund vorstellen zu können, und dem Strahlen im Gesicht seiner Mutter nach zu urteilen vergötterte sie Gary schon jetzt.

»Sicher. Ich bin gleich so weit. Geh ruhig zu deiner Familie zurück. Ich komme sofort nach. Soll ich Fotos von euch machen, wenn ihr die Geschenke auspackt?«

Was dieses durchaus beeindruckende Sprechtempo zu bedeuten hatte, wusste Jasper mittlerweile sehr genau. Und normalerweise würde er Gary den Raum geben, den er gerade brauchte, aber vielleicht war es diesmal an der Zeit, ihn ein wenig zu schubsen, damit er merkte, was er ihm und auch dem Rest der Familie bedeutete.

»Du kannst gern Fotos machen, aber viel lieber wäre mir, wenn du dich einfach zu uns setzt. Ich weiß, dass das alles Neuland für dich ist, aber es gibt keinen Grund, sich in der Küche zu verstecken. Ich verspreche dir, dass du absolut willkommen bist und meine Mutter dich quasi bereits adoptiert hat«, erklärte er ernst, bevor er lächelte. »Und keiner darf Geschenke auspacken, bevor nicht die ganze Familie versammelt ist.«

Gary schluckte sichtbar. »Wenn ich das Gemüse jetzt nicht in die Suppe gebe, ist es nachher nicht gar und –«

Welche Ausflüchte auch immer Gary noch anbringen wollte, um sich weiterhin in der Küche verstecken zu können, stoppte er, indem er ihn an sich zog und die Lippen auf seinen Mund presste. Gary versteifte sich und als er sich von Jasper löste, starrte er ihn mit großen Augen an.

»Deine Eltern«, flüsterte er kaum hörbar, aber eindeutig panisch.

»Kommt ihr zwei, bitte? Ich weiß nicht, wie lange wir Lenni noch von den Geschenken fernhalten können«, rief seine Mutter fröhlich.

»Oh Mann, Mama! Ich war doch gar nicht in der Nähe der Geschenke!«, protestierte der Teenager.

Jasper lächelte. »Komm schon, Baby. Es würde mir wirklich viel bedeuten, wenn du mit rüberkommst, und meine Mutter wird doch sowieso nicht eher Ruhe geben.«

Er ließ Gary los und ging einen Schritt zurück, um ihm den nötigen Freiraum zu geben. Dann streckte er die Hand aus und zu seiner Freude nahm Gary sie, wenn auch zögerlich. Hand in Hand gingen sie zu seiner Familie zurück. Seine Mama strahlte über das ganze Gesicht und auch sein Papa lächelte. Lennard schien ebenfalls erfreut zu sein, wenn auch hauptsächlich aus einem anderen Grund.

»Wer darf denn zuerst ein Geschenk auspacken?«, wollte er wissen und schielte Richtung Baum, unter dem ein großer Haufen bunt eingeschlagener Pakete lag.

»Ich will!«, ärgerte Jasper seinen Bruder, der ihm einen giftigen Blick zuwarf.

»Jasper!«, mahnte seine Mutter, woraufhin Lennard ihm grinsend die Zunge rausstreckte. »Lennard! Also wirklich Jungs, reißt euch zusammen! Jedes Jahr das Gleiche!«, schimpfte sie weiter. Gary setzte sich neben Jasper auf die Sessellehne und lachte leise, während ihre Mama sich an ihren Papa wandte. »Die Ungeduld haben sie von dir, Marvin!«

»Ich habe doch gar nichts gesagt«, entgegnete dieser erstaunt. »Aber wenn wir nun schon streiten, dann will ich auch das erste Geschenk auspacken!«

Jaspers Mama verdrehte resigniert die Augen und sah Gary an. »Sehen Sie, womit ich mich hier rumplagen muss?«

Gary lächelte. »Warum packen Sie nicht einfach das erste Geschenk aus und lassen Ihre Männer zusehen?«, schlug er vor.

»Wissen Sie was? Das mache ich auch!« Seine Mutter strahlte. »Welches nehme ich denn?«, murmelte sie dann an den Baum gewandt.

»Meins, Mama, meins!«, schrie Lennard und sprang vom Sofa!

»Halt!«, dröhnte die Stimme seines Vaters durchs Zimmer. »Ich bin ihr Ehemann. Meins packt sie zuerst aus!«

Gary lachte wieder und schien sich sichtlich zu entspannen. Jasper schlang einen Arm um Garys Taille und lächelte ihm zu, als er ihn ansah.

»Ich packe das von Jasper zuerst aus!«, entschied seine Mutter.

Jasper streichelte liebevoll Garys Hüfte und zwinkerte ihm zu, woraufhin Gary erneut leise lachte.

»Oh Jasper, die sind ja wunderschön!«, staunte seine Mutter dann und hielt eine Schachtel mit Ohrringen in die Höhe.

»Freut mich, dass sie dir gefallen«, sagte er zufrieden lächelnd.

Während seine Mutter sich von ihrem Mann die

Ohrringe anlegen ließ, stand Jasper auf und holte eines der Pakete unter dem Baum hervor.

»Wer hat denn bestimmt, dass du jetzt dran bist?«, echauffierte sich Lennard.

Er ignorierte seinen Bruder und drückte Gary das Päckchen in die Hand. »Fröhliche Weihnachten!«

Gary errötete leicht, als er ihm dankte, und sah sich dann verstohlen um. »Bin gleich wieder da.«

Etwas verblüfft und ein wenig besorgt beobachtete Jasper, wie Gary aus dem Zimmer eilte. Seine Eltern sahen ebenfalls überrascht aus.

Kurz darauf kam sein Freund mit einem Umschlag in der Hand wieder und hielt ihm diesen hin. »Frohe Weihnachten.«

»Danke«, sagte Jasper überrascht, während Gary sich wieder auf die Lehne setzte und vorsichtig begann das Paket auszupacken, indem er sorgsam das Klebeband vom Papier pulte.

Seine Mutter überreichte Lennard ein Paket. »Das ist für dich, Schatz.«

Nachdem Gary endlich das letzte Stückchen Klebeband abgefummelt hatte, beobachtete Jasper mit angehaltenem Atem, wie Gary das Papier zurückschlug und große Augen bekam. Er hob eines der T-Shirts in die Höhe und plötzlich breitete sich das erhoffte Grinsen auf seinem Gesicht aus.

»Was hast du bekommen, Gary?«, verlangte Lennard zu erfahren, obwohl er die T-Shirts zumindest schon mal gesehen hatte.

Gary drehte das Shirt um und hielt es erneut in die Höhe.

*»I cannot even think straight«*, las Lennard in schlechtem Englisch vor. »Du kannst nicht gerade denken? Was soll das denn heißen?«

Ungläubig sah Gary ihn an. »Ist das ein Ernst? Bei wem hattest du Englisch?«

»Frau Minge«, antwortete Lenni schulterzuckend.

»Na, kein Wunder«, seufzte der ehemalige Lehrer. »*Straight* heißt auch hetero oder Heterosexueller. Findest du jetzt eine passendere Übersetzung?«

»Hey! Ich hab Ferien!«, protestierte der Teenager, betrachtete jedoch den weißen Druck des dunkelblauen T-Shirts noch einmal. »Was heißt *even*?«

»*Even*«, korrigierte Gary die Aussprache. »Hier musst du das in Verbindung mit dem *not* aus *cannot* übersetzen, dann bedeutet es *nicht mal*«, erklärte Gary in bester Lehrermanier. Während Lennard weiter nach einer Übersetzung zu suchen schien, lächelte Gary Jasper an. »Danke, das ist eine tolle Idee!«

»Ich hab dich noch nie mit einem *Out and Proud*-Shirt gesehen, daher dachte ich, wäre es an der Zeit«, sagte er lächelnd.

Gary nickte. »Du hast recht, solche T-Shirts konnte ich bisher nicht tragen. Danke.«

»Was steht auf dem anderen?«, mischte sich nun sein Vater ein.

Gary zog das nächste T-Shirt aus dem Päckchen und lief rosa an. »Ähm … das ist eher eins, das ich im *Heaven* tragen sollte, oder?« Sein Freund blickte ihn an, woraufhin Jasper nickend lachte, ihm das Shirt aus der Hand nahm und es in die Runde hielt.

»*I suck dicks*«, las Lennard erwartungsgemäß vor. »Du saugst was?«

»So, nun bist du dran, Marvin!«, schritt seine Mutter ein.

Während Jasper und sein Vater lachen mussten, wechselte Garys Gesichtsfarbe zu dunkelrot.

Gary faltete die beiden T-Shirts wieder zusammen und

inspizierte das dritte, auf dem ein kleiner Regenbogen in Brusthöhe aufgedruckt war. Darunter stand in ebenfalls kleinen Buchstaben *love is love*.

»Die sind alle toll«, murmelte er wieder und warf einen Blick auf den Umschlag, den Jasper noch immer in der Hand hielt.

Vorsichtig riss er ihn auf und nahm die kleine Karte heraus, die darin steckte. Zu seiner Überraschung war es ein selbst gebastelter Gutschein. »Oh verdammt, wer hat dir das verraten?«, stöhnte er, woraufhin sich alle Augen auf ihn richteten.

Gary grinste. »Wenn du möchtest, komme ich auch mit und halte deine Hand.«

»Was ist es, Schatz?« Seine Mutter kam zu ihm an den Sessel. »Also Gary, bis eben dachte ich, Sie hätten einen positiven Einfluss auf meine Jungs«, schimpfte sie, woraufhin Garys Gesichtszüge entgleisten und er mittelmäßig schockiert die Augen aufriss.

»Ein Tattoo-Gutschein! Cool!«, rief Lennard, der ebenfalls zum Sessel gekommen war.

»Ich weiß nicht, ob das so cool ist, mein Junge. Da wird einem mit Nadeln giftige Farbe unter die Haut gespritzt«, erklärte ihre Mutter stirnrunzelnd.

Lennard schüttelte protestierend den Kopf. »Aber Mama! Du müsstest mal Garys Tattoo sehen, das sieht Hammer aus!«

Wann hatte sein Bruder denn den nackten Oberkörper seines Freundes gesehen? Jasper sah überrascht zu Gary rüber und auch seine Eltern richteten ihre Aufmerksamkeit nun auf seinen Freund, der kreidebleich neben ihm saß und sich das Paket T-Shirts an die Brust drückte.

»Na, dann zeigen Sie mal her«, forderte seine Mutter trocken, bevor Jasper einschreiten konnte.

»Ich …« Hilflos blickte Gary ihn an.

Plötzlich brach seine Mutter in Gelächter aus und zog Gary mit dem linken Arm an sich. »Wenn du in dieser Familie überleben willst, musst du viel gelassener werden.«

»Nun mach dem armen Mann doch keine Angst, Elisa. Er ist ja schon ganz blass«, rief sein Vater vom zweiten Sessel aus und grinste ebenfalls über das ganze Gesicht. »Aber meine Frau hat recht, du musst cooler werden, wenn du es mit uns aushalten willst.«

»Sie haben mich nur verarscht?«, fragte Gary verblüfft, als ihre Mutter ihn wieder freigab.

»Das mit dem Sie lassen wir ab jetzt ruhig sein, Elisa und Marvin reicht völlig«, informierte sie ihn bestimmt, dann zwinkerte sie. »Betrachte dich offiziell als in die Familie aufgenommen.«

Jaspers Herz begann schnell zu klopfen, als er sah, wie Gary Tränen in die Augen stiegen, die er eilig wegblinzelte, während er umständlich das Papier faltete, in das sein Geschenk verpackt gewesen war. Er legte ihm die Hand aufs Bein und lächelte, als Gary ihn mit feuchten Augen ansah.

Dann zog er ihn ein Stück zu sich und gab ihm einen Kuss auf die Lippen. »Danke, Baby. Ich weiß zwar noch nicht, ob ich mich wirklich traue, da hinzugehen, aber wenn, dann musst du auf jeden Fall mitkommen und mein Geheule ertragen!«

»Aber ich finde die Idee ziemlich reizvoll. Was meinst du, Eli, sollte ich mich vielleicht auch noch ein wenig verzieren lassen?«, fragte sein Vater grinsend.

»Ich weiß nicht, mein Lieber. Manche Dinge sollten wir doch der Jugend überlassen. Außerdem tut es doch tatsächlich höllisch weh, oder?«, wollte sie von Gary wissen.

»Ja, das stimmt«, bestätigte dieser Jaspers Befürchtung. »Auf den Rippen ist es die reinste Qual, weil die Haut da so dünn ist, aber am Bauch und auf den Schultern ist es noch grade so auszuhalten.«

Genau deswegen hatte Jasper sich bisher nicht unter die Nadel getraut. Er war vielleicht ein knallharter, furchtloser Personenschützer gewesen, aber wenn es um Schmerzen jeglicher Art ging, war er eine echte Memme. »Na, wie aufbauend«, murmelte er ängstlich, wurde jedoch ignoriert.

»So viele Tattoos hast du?«, fragte seine Mutter und lief Gary nach, der nach dem Essen sehen wollte.

»Eigentlich ist es nur eins, aber ich musste zweimal hin, weil ich es nicht in einer Sitzung geschafft habe. Mein Kreislauf hat nach fünf Stunden schlapp gemacht«, antwortete Gary, woraufhin Jasper spürte, wie ihm übel wurde.

Seine Mutter schien nun erst recht neugierig geworden zu sein. »Jetzt muss ich doch mal ernsthaft fragen: Darf ich es mal sehen?«

Gary sah unsicher von einem zum anderen, dann zuckte er mit den Schultern, öffnete die oberen Hemdknöpfe und zog es sich anschließend über den Kopf.

»Oh, wow, das ist wirklich hübsch. Hast du das selbst entworfen?«, fragte sie, was Gary nickend bestätigte. »Es sieht toll aus. Fast so, als würden die Federn eine Geschichte erzählen.«

Gary schwieg, zog sich das Hemd wieder über und griff nach einem der Rotkohlgläser, die neben dem Herd bereitstanden.

Jasper hatte bereits die gleiche Vermutung wie seine Mutter gehabt, jedoch noch nie die Gelegenheit bekommen, das Tattoo ausgiebig zu inspizieren. Er hoffte allerdings, dass sich dies heute Abend ändern würde.

»Du hast mein Geschenk noch nicht aufgemacht, Gary!«, beschwerte Lennard sich vom Baum aus.

Jasper löste Gary am Herd ab, der ihm tatsächlich die

Anweisung gab, die Gläser aufzuschrauben und den Inhalt in den Topf zu kippen, woraufhin seine Mutter zu kichern begann und Gary schnappte, um ihn zum Sofa zurückzubringen.

»Das ist ja witzig, wart ihr zusammen einkaufen?«, wollte Gary lachend wissen, als er Lennis Geschenk ausgepackt hatte.

»Na ja, die Idee habe ich bei Jasi geklaut, aber das T-Shirt habe ich allein ausgesucht«, murmelte der Teenager.

»Das ist echt klasse!«, versicherte Gary und hielt ein schwarzes Shirt in die Höhe, auf dem in rosafarbenen Buchstaben *The Other Team* stand. »Das ist genial! Ich wusste gar nicht, dass es die so zu kaufen gibt«, sagte er dann und strahlte Lenni an.

»Na, gibt's ja auch nicht. Jasi und ich haben doch alle T-Shirts drucken lassen«, verriet der Kleine. »Ich bin mitgefahren, als Jasi die anderen T-Shirts abgeholt hat und der Typ in dem Druckgeschäft hatte so eins an und als er mir erklärt hat, was es bedeutet, fand ich, dass das gut zu dir passt.«

»Das stimmt. Das war eine tolle Idee! Vielen Dank!« Gary zog den Teenager in die Arme.

»Und jetzt du, Jasi«, beschloss Lennard, als er sich genug hatte drücken lassen.

»Bin gleich bei euch. Auf was soll ich den Herd stellen, Gary?«, fragte er, um sicherzugehen.

»Na, lass mal lieber die Finger davon. Ich kümmere mich schon drum.« Gary grinste und kam auf ihn zu. »Wir wollen doch kein zweites Desaster wie beim Popcorn, oder?«

Jasper stöhnt genervt. »Das wirst du mir jetzt ewig vorhalten, oder?«

»Eine Weile schon noch, ja«, meinte Gary lachend und schob ihn vom Herd weg. »Und nun erlös deinen Bruder!«

»Das Essen ist wirklich wundervoll geworden, Gary. Vielen, vielen Dank.« Jaspers Mama strahlte ihn über den Tisch hinweg an. »Die Suppe hast du sogar besser hingekriegt, als ich es je geschafft habe.«

Gary lächelte verlegen. Er hatte gehofft, dass sein Essen Jaspers Familie schmecken würde, aber ob es gelungen war, wusste man ja immer erst, wenn es auf dem Tisch stand.

»Ich hatte tatkräftige Unterstützung«, gab er zu.

Elisa hob ungläubig die Augenbrauen. »Du meinst nicht wirklich einen meiner Söhne damit?«

»Hey, das ist gemein, Mama. Ich hab Gary schon die ganze Zeit beim Kochen geholfen!«, empörte Lennard sich sofort und das war nicht ganz unberechtigt, denn der Kleine hatte tatsächlich Freude daran gehabt, mit ihm zu kochen.

»*Du* hast beim Kochen geholfen?«, fragte sie zweifelnd.

Lenni nickte eifrig. »Klar. Ich hab Gemüse geschnitten und Zwiebeln und Suppenkraut angebraten.«

»Suppengrün«, verbesserte Gary leise.

»Genau. Und Gary hat mir neulich gezeigt, wie man Nudeln kocht und Erbsensuppe und wie man Pizzateig selbst macht. Das ist ganz einfach Mama, das können wir zu Hause auch mal machen«, erzählte Lennard stolz.

»Sicher, ja.« Elisa nickte offensichtlich noch immer perplex. »Hörst du das, Marvin? Gary hat ihm das Kochen beigebracht.«

Jaspers Vater nickte anerkennend. »Allerdings. Find ich gut.«

Aufgeregt rutschte Lennard auf dem Stuhl herum. »Gary und ich waren gestern auch zusammen das Fleisch für das Gulasch kaufen, als Jasper im Studio war. Wusstest du, dass es beim Fleischer total viele verschiedene Sorten Fleisch gibt, Mama?«

»Ich hab davon gehört«, sagte sie, über den Rand ihres Weinglases hinweg grinsend.

»Ja, ehrlich!«, versicherte Lennard. »Wir haben uns zum Abendessen rohe Steaks gekauft und sie zusammen gebraten. Die waren lecker!«

»Ich wusste doch, dass es hier nach gebratenem Fleisch gerochen hat, als ich nach Hause gekommen bin«, mischte sich Jasper empört ein, der links neben Gary am Kopf des Tisches saß. »Warum habe ich nichts gekriegt?«

Lennard grinste. »Als klar war, dass du es nicht pünktlich schaffst, haben Gary und ich uns dein Steak noch geteilt.«

»Das hätte ich schon noch gegessen«, grummelte er und sah dann Gary an. »Ich will demnächst auch Steak!«

Er lächelte. »Bekommst du.« Sein Herz begann heftig zu klopfen, als er sah, wie liebevoll Jasper ihn daraufhin ansah.

»Nach dem ganzen Krankenhausessen bin ich froh, endlich mal wieder was Vernünftiges zu bekommen«, mischte Jaspers Vater sich ein. »Vielen Dank, Gary.«

»War das Essen so schlecht, ja?«, hakte er mitfühlend nach, hauptsächlich, um überhaupt mal was zum Tischgespräch beizutragen.

Marvin verzog das Gesicht. »Furchtbar. Harte Kartoffeln ohne Salz, zerkochtes Gemüse und das Fleisch total zäh. Wenn Eli mir nicht ab und zu mal was vom Döner oder Asiaten geholt hätte, wäre ich verhungert.«

»Ach, na so schlimm war es nun auch nicht«, warf Elisa augenrollend ein. »Aber es ist wirklich schön, wieder bei euch zu sein. Nun müssen wir nur noch nach einem neuen Auto schauen, dann sind wir auch wieder mobil.«

»Kannst du denn mit dem Arm schon fahren?«, fragte Jasper zweifelnd.

»Keine Ahnung«, gab seine Mama zu. »Aber wir können nicht ständig ein Taxi rufen oder uns von dir durch die Gegend kutschieren lassen. Vielleicht könnten wir ein Automatikauto kaufen.«

»Bis ihr selbst fahren könnt, ruft ihr einfach an, ja? Da finden wir dann schon eine Lösung«, versprach Jasper.

»Habt ihr das Auto denn noch gesehen?«, wollte Marvin wissen.

Gary beobachtete, wie Jasper seinen Vater unbehaglich ansah und nickte. »Auf dem Hof vom Abschleppdienst.«

»Sah es echt so schlimm aus, dass man es nicht wieder hingekriegt hätte?«

Jasper schüttelte den Kopf. »Keine Chance.«

Gary stand auf und nahm das Handy von der Theke. Dann trat er neben Jaspers Vater und suchte die Fotos heraus, die er beim Abschleppdienst gemacht hatte.

»Heilige Scheiße!«, entfuhr es Marvin. »Hast du das gesehen, Eli? Wir hatten verdammtes Glück. Scheiße, das hätte böse ausgehen können. Da war ja echt gar nichts mehr übrig.«

»Nein, hab ich nicht«, kam die leise Antwort von seiner Frau.

Gary sah auf und in ihr betretenes Gesicht. Jasper lehnte sich rüber, schlang einen Arm um seine Mutter und gab ihr einen Kuss auf den Haaransatz, während Lennard etwas unsicher zwischen ihnen allen hin und her sah.

»Darf ich auch mal gucken?«, fragte er schließlich.

Elisa räusperte sich. »Lass mich erst mal sehen, ja?«

Gary trat neben sie und reichte ihr das Handy, woraufhin sie riesige Augen bekam und zu ihm aufsah. »Das war unser Auto? Unglaublich, dass wir da so glimpflich bei weg und überhaupt rausgekommen sind.«

»Jetzt zeig doch mal!«, forderte Lennard, sprang vom Stuhl und kam um den Tisch gelaufen. Seine Mutter schlang ihren linken Arm um ihn, als Lennard erschrocken laut einatmete.

Jasper war ein wenig blass geworden und sah von einem Elternteil zum nächsten, bevor er seinen Blick auf Gary richtete. Tränen schimmerten in seinen Augen.

Gary warf ihm ein mitfühlendes Lächeln zu, dann steckte er das Handy in die Tasche und wollte zu seinem Stuhl zurückgehen, doch Elisa hielt ihn am Handgelenk fest, sodass er sich wieder umwandte.

»Ich weiß gar nicht, wie wir dir danken können, Gary. Du hast Jasper zu uns gefahren, geholfen, dich um Lenni zu kümmern, und allein dieses wunderbare Essen. Du bist ein wahrer Engel«, sagte sie lächelnd und mit Tränen in den Augen.

Ehe er antworten konnte, musste Gary sich räuspern, um den dicken Kloß in seinem Hals loszuwerden. »Das war doch selbstverständlich. Und ich hab es gern gemacht.«

»Wir danken dir trotzdem. Wenn es irgendwas gibt, das wir für dich tun können, lass es uns wissen«, mischte Marvin sich mit ernstem Blick ein.

»Das ist nett, aber –«

»Kein Aber!«, fuhr Elisa ihm über den Mund. »Was immer wir tun können, du sagst es und wir helfen. Das ist das Mindeste!«

Ehe Gary erneut widersprechen konnte, fiel ihm Jasper ins Wort: »Versuch es gar nicht erst, Baby. Du bist jetzt Teil einer Familie und solltest dich daran gewöhnen, dass man sich gegenseitig unterstützt und hilft.«

Gary schluckte schwer, während er die Tränen wegblinzelte, die unweigerlich in seinen Augen brannten. Seine Nase kribbelte und der Kloß in seinem Hals war auf die doppelte Größe angeschwollen.

»Wieso denn *einer* Familie? Was ist denn mit deinen Eltern, Gary?«, fragte der Teenager am Tisch geradeheraus, wobei ihm jegliches Feingefühl fehlte.

Gary spürte, wie die Farbe aus seinem Gesicht wich, doch er zwang sich, Lennard anzusehen. »Meine Mutter hat mich rausgeworfen, als ich fünfzehn war. Das war der letzte Tag, an dem ich meine kleine Schwester gesehen habe, und meinen Vater kenne ich nicht.«

»Oh, Gary«, flüsterte Jaspers Mutter. Ihr Griff an seinem Handgelenk verstärkte sich.

»Ist … ist schon okay.« Er zwang sich, zu lächeln und entzog ihr den Arm, während er sich erneut räusperte. »Ist lange her und Alex hat mir neulich einen Job als Lehrer seiner Bodyguards und eine Wohnung in seinem Block gegenüber angeboten, also werde ich Jasper nicht länger als nötig zur Last fallen.«

Jetzt war es an Jasper, blass zu werden. »Du fällst mir überhaupt nicht zur Last. Ich hab dich gern bei mir!«

Für einen viel zu langen Moment herrschte betretenes Schweigen.

»Gary?«, forderte Lennard seine Aufmerksamkeit, als er sich bereits auf seinen Platz gesetzt hatte. Der Junge setzte sich wieder neben ihn und sah ihn verschwörerisch an. »Wenn die Personenschützer dich mögen sollen, darfst du wirklich niemals Bodyguard zu ihnen sagen. Die sind da total empfindlich.«

Perplex starrte Gary ihn an. Ohne dass er es aufhalten konnte, wanderte ein Lachen seinen Hals hinauf. Kopfschüttelnd schnappte er sich den Teenager und zog ihn an seine Brust. »Danke, Lenni. Bist der Beste, Kleiner.«

»Was hab ich denn gemacht?«, fragte der offensichtlich verwirrt.

»Schon gut.« Gary sah in die Runde. »Hat noch jemand Platz für Nachtisch?«

»Ich helfe dir!«, entschied Lennard und sprang vom Stuhl. »Gibst du mir deinen Teller, Mama?«

Sichtlich überrascht nickte sie und reichte ihm den Teller. Dann sah sie ihren Ehemann an. »Ist das wirklich unser Teenager-Sohn, der gerade freiwillig den Tisch abräumt und beim Kochen geholfen hat?«, flüsterte sie.

Gary lachte leise, während er Marvins Teller entgegennahm und sich dann zu Jasper umwandte, der ihn mit einem liebevollen, fast schon träumerischen Blick ansah. »Alles klar, Jas?«

»Sicher, Baby.« Er lächelte. »Kann ich was helfen?«

Gary grinste nur, was Elisa zum Kichern brachte.

»Oh, komm schon«, empörte sich Jasper.

»Du kannst mir nachher beim Abwasch helfen«, bot Gary lachend an, lief in die Küche und stellte die benutzten Teller auf der Arbeitsfläche ab.

»Was macht ihr Silvester?«, fragte Jaspers Mutter, als Gary die vorbereiteten Desserts aus dem Kühlschrank nahm und sie Lennard reichte, der sie zum Tisch brachte.

»Ähm …«

Gary sah über seine Schulter und begegnete Jaspers unsicherem Blick. »Hast du schon was geplant?«

Sein Freund zuckte mit den Schultern. »Nicht verbindlich. Wir stehen auf der Gästeliste im *Heaven*, aber wir müssen nicht gehen, wenn du nicht magst oder schon was anderes vorhast.«

»Nein, hab ich nicht. Aber ins *Heaven*? Ich weiß nicht«, murmelte er. So richtig Lust, die erste gemeinsame Silvesternacht mit seinem Freund an dem Ort zu verbringen, an dem er sich sonst seine Ficks aufgerissen hatte, hatte er eigentlich nicht. »Haben wir noch etwas anderes zur Auswahl?«

»Spontan nicht. Die Clubs sind ausverkauft, aber wenn du mir sagst, wo du gern hinmöchtest, könnte ich versuchen, über Alex noch Karten zu bekommen. Oder wir bleiben hier.« Er zwinkerte vielsagend.

»Oh cool, kann ich dann mit euch feiern?«, mischte Lennard sich sofort ein, woraufhin Marvin und Elisa zu lachen begannen. »Was denn? Bei euch ist es doch immer so langweilig.«

»Wenn wir wissen, was wir machen, schreiben wir dir, ja?«, versprach Gary und klopfte dem Teenager auf die Schulter, als er sich neben ihn auf seinen Stuhl setzte.

»Cool«, befand Lennard grinsend, bevor er sich auf sein Dessert stürzte.

Elisa warf ihm ein dankbares Lächeln zu, dann wandte sie sich an ihren Jüngsten. »Hast du denn schon deine Sachen gepackt, Schatz? Nicht, dass dein Bruder sich am Ende noch um deine Dreckwäsche kümmern muss.«

Lennard sah offensichtlich irritiert in die Runde. »Kann ich nicht noch bleiben?«

»Wir könnten zu Hause deine Hilfe gebrauchen, jetzt, wo du dieses bisher unentdeckte Kochtalent gezeigt hast«, meinte sein Vater, ehe Gary oder Jasper reagieren konnten.

Lennard schien jedoch nicht überzeugt. »Aber ich denke, wir essen morgen noch mal hier.«

»Vielleicht möchten Gary und dein Bruder mal ein wenig allein sein, hast du daran schon mal gedacht?«, warf Elisa sanft ein.

Lennard sah sie stirnrunzelnd an. »Ich hab neulich schon angeboten, mit Gary das Zimmer zu tauschen, aber Jasper meinte, dass das nicht nötig ist und ich nicht störe. Und Gary hat gesagt, dass sie sich zwar lieben, aber es langsam angehen lassen, weil es ihnen wirklich ernst ist und Sex nicht alles ist.«

»Oh Gott«, stöhnte Gary leise in sein Dessert. Hitze schoss seinen Hals hinauf und sammelte sich in seinen Wangen. Als von gegenüber auch noch doppeltes Kichern ertönte, wagte er es erst recht nicht, den Kopf zu heben, sondern schielte zu Jasper rüber, der sich mit einem gequälten Gesichtsausdruck mit Daumen und Zeigefinger über die Augen rieb.

»Ich muss sagen, dieses Weihnachtsessen wird besser und besser«, meinte Marvin lachend. »Die Selbstbeherrschung der beiden verdient meinen höchsten Respekt, aber du kommst trotzdem mit heim, Lenni. Wir wollen sie ja nicht noch mehr foltern. Es ist schließlich Weihnachten.«

»Papa, bitte«, grummelte Jasper, während Garys Kopf mittlerweile glühte.

»Was denn? Ich dachte, das wäre in eurem Interesse«, erklärte sein Vater fröhlich.

Elisa lachte. »Ach Marvin, nun hör aber auf. Gary, geht es dir gut?«

»Nein, ich glaube, ich sterbe gleich vor lauter Peinlichkeit«, murmelte er kopfschüttelnd, woraufhin ihr Lachen lauter wurde.

»Was ist dir denn peinlich?«, fragte Lennard neben ihm offenbar wirklich verwirrt, was Gary vor lauter Absurdität ebenfalls zum Lachen brachte.

Weil er im Moment definitiv nicht weiteressen konnte, ließ er den Löffel in das Dessertglas fallen und griff nach seiner Serviette, um sich damit über den Mund zu wischen, während auch alle anderen am Tisch, abgesehen von Lennard, der fragend zwischen ihnen hin und her sah, herzlich lachten. Er lehnte sich im Stuhl zurück und sah zu Jasper rüber, der ihn mit roten Wangen angrinste.

»Das mit der Diskretion üben wir noch mal, Kleiner«, wandte dieser sich an seinen Bruder.

Lennard runzelte die Stirn und zuckte mit den Schultern, bevor er sich einen weiteren Löffel Dessert in den Mund steckte.

Als Jasper vom Heimfahren seiner Familie zurückkam, schob er mit vor Aufregung zitternden Fingern den Schlüssel ins Schloss. Der Gedanke daran, dass Gary auf der anderen Seite dieser Tür auf ihn wartete und sie endlich mal allein wären, ließ die Schmetterlinge in seinem Bauch förmlich Amok flattern und sein Herz rasen. Schon lange nicht mehr war er wegen eines Mannes in seiner Wohnung so aufgeregt gewesen.

Aber es war schließlich nicht irgendein Mann, der dort drinnen auf ihn wartete. Es war der Mann, in den er seit zwei Jahren verliebt war. Der Mann, der ihm ohne mit der Wimper zu zucken zehn Tage lang bei der Betreuung seines Bruders geholfen hatte. Der Mann, dem man erst erklären musste, wo bei einem Hammer vorn und wo hinten ist. Der Mann, der seiner Familie ein wundervolles Weihnachtsessen bereitet hatte, obwohl seine eigene von ihm nichts wissen wollte.

Der Mann, den er so sehr liebte und mit dem er sich eine Zukunft nicht nur vorstellen konnte, sondern mehr als alles andere auf der Welt wünschte.

Vorsichtig schob Jasper die Wohnungstür auf und spähte in den dunklen Flur. Aus der halb offenen Küchentür schien Licht und das Klappern von Geschirr sowie leise Musik waren zu hören. Gary musste sein *Jess Glynne*-Album aus dem Regal gefischt haben.

»Ich bin zurück!«, rief er, während er aus den Schuhen schlüpfte und die Jacke auszog. Da sie nicht vorhatten, die Wohnung noch mal zu verlassen, schloss er gleich noch die Eingangstür ab.

Als er sich wieder umwandte, fiel ihm auf, dass die Musik verstummt war und auch sonst war es mucksmäuschenstill in der Wohnung.

»Hey.« Gary grinste ihm von der anderen Seite des Flurs aus an und kam auf ihn zu.

Er lächelte zurück. »Hey. Kann ich dir noch –«

Weiter kam Jasper nicht, denn Gary hatte die Hände an sein Gesicht gelegt und ihm die Lippen auf den Mund gepresst. Jasper schlang die Arme um die Taille seines Freundes und zog ihn an sich, woraufhin Gary die Hände in seinen Nacken legte und ganz sanft mit der Zunge über seine Lippen fuhr. Gleichzeitig neigten sie die Köpfe ein wenig und eine Sekunde später berührten sich ihre Zungenspitzen zärtlich. Ein heftiges Ziehen durchfuhr Jaspers Körper, gefolgt von einem atemberaubenden Kribbeln. Ihr Kuss wurde leidenschaftlicher, ihr Keuchen lauter. Jasper schob die Hände ein Stück tiefer, sodass sie auf Garys Pobacken lagen, und drückte sie sanft.

Lächelnd unterbrach Gary den Kuss. Mit großen blauen Augen sah sein Freund ihn an. Gary schluckte, dann lächelte er. »Ich liebe dich, Jasper«, flüsterte er mit glitzernden Augen.

»Gary«, hauchte Jasper überwältigt zurück.

Gary sah ihn besorgt an und räusperte sich. »Hast du Zweifel?«

»Nein«, versicherte er sofort. Nein, er hatte keine Zweifel daran, dass Gary es ernst mit ihm meinte. Schon lange nicht mehr. »Ich liebe dich auch. So sehr, Gary.« Er zog ihn an sich und lächelte, bevor er ihm kurz die Lippen auf den Mund presste. »Und Gott, das klingt jetzt total billig, aber ich will dich so dringend.«

Stöhnend sank Gary an seine Brust. Seine Hände krallten sich in Jaspers T-Shirt und zogen dabei an seinen Brusthaaren. Zärtlich drängte er seine Zunge in Garys Mund. Dieser Kuss war sehr viel intensiver, stürmischer. Er schloss seine Arme um die schlanke Taille seines Freundes und zog ihn fest an sich.

»Du bist so verdammt sexy, Baby«, murmelte Jasper an Garys Lippen.

»Oh bitte, wenn hier einer sexy ist, dann bist du das«, keuchte Gary atemlos. »Und wenn du nicht gleich dein Shirt ausziehst, schwöre ich dir, reiße ich es dir vom Körper.«

Jasper lachte leise und zog es sich über den Kopf. »Das kann ich nicht riskieren, ist mein Lieblingsshirt.«

»Gott, endlich«, seufzte sein Liebster und fuhr mit den Fingern durch seinen dunklen Flaum und über seine Bauchmuskeln. Dann sah er grinsend auf. »Wie sehr hängst du an deiner Hose?«

»Du hast es ja ziemlich eilig«, stellte Jasper amüsiert fest, während er sich die Jeans aufknöpfte.

Gary schluckte. »Geht es dir zu schnell?«

Jasper stieg aus seiner Jeans und schob sich gleich darauf den Slip von den Hüften. Garys Atmung beschleunigte sich, als er hinunter auf Jaspers pochende Erektion sah. »Nein, Baby, ich kann es auch kaum erwarten, dich zu spüren.«

»Gott, mein Schwanz zuckt und mein Eingang auch«, flüsterte Gary und errötete leicht. Es war süß, wie verlegen er wurde, wo er doch mit Sicherheit bereits bei Weitem schmutzigere Dinge zu vielen der anderen Männer gesagt hatte, die er flachgelegt hatte.

»Das muss ich dir wohl glauben, denn du hast definitiv noch zu viel an, um das beurteilen zu können.« Grinsend schob Jasper die Zeigefinger in die vorderen Gürtelschlaufen von Garys Jeans.

Der lächelte und schlang die Arme um den Nacken seines Gegenübers. Küssend schob er ihn zum Bett. Sie ließen sich darauf fallen und Gary krabbelte auf Jaspers Schoß. Wieder ließ er die Finger durch seine Brusthaare gleiten, für die er eine Faszination zu entwickeln schien.

»Würdest du mich dich auch ficken lassen?«, fragte Gary kaum hörbar.

Jasper lächelte und zog ihn ein Stück höher, sodass er in das Gesicht seines Liebsten sehen konnte. »Ich bin fest davon ausgegangen, dich früher oder später in mir zu spüren, Baby.«

Gary sah ihn ungläubig an und schien sein Gesicht nach Zeichen abzusuchen, ob er die Wahrheit sagte.

Jasper lächelte ihn, wie er hoffte, versichernd an. »Glaub mir, Gary, ich will dich. Sehr. Nicht nur dich ficken, sondern mindestens genauso sehr, dass du dich in mich schiebst und mich zum Stöhnen und Schreien bringst.« Das schien Gary zu entspannen und er begann erneut in seinen Brusthaaren zu wühlen. »Gary, bitte«, drängelte Jasper und hob sein Becken demonstrativ.

»Ja, Sweetheart?«, fragte dieser frech und sah auf.

»Fass mich an«, bat Jasper heiser.

Gary lächelte und schüttelte den Kopf, während er sich mit den Händen links und rechts von Jaspers Schultern abstützte und zu ihm hinunter sah. »Küss mich noch mal«, flüsterte er und näherte sich ihm langsam. Jasper kam ihm entgegen und ließ sich in einen romantischen, innigen Kuss verwickeln.

Als sie sich schließlich voneinander lösten, öffnete Gary langsam die Augen und lächelte. Dann setzte er sich auf und begann sich das Hemd aufzuknöpfen. Als er es schließlich zu Boden warf, richtete er sich auf seine Knie auf und öffnete seinen Gürtel sowie den Knopf und Reißverschluss der Hose. Er trug keine Unterwäsche.

»Oh, Baby, das ist heiß«, flüsterte Jasper und streckte die Hand aus, um den zuckenden Schwanz zu streicheln. Gary schloss die Augen und stöhnte leise, während Jasper sanft die weiche Vorhaut zurückzog und mit dem Daumen die Lusttropfen auf der glatten Eichel verrieb. Mit der anderen Hand versuchte er die Hose ein Stück runterzuschieben.

Gary öffnete die Augen. Lächelnd schob er sich die Hose von den Hüften und strampelte sie sich anschließend von den Beinen. Als das letzte Hindernis aus dem Weg geräumt war, schlang Jasper die Arme um den schlanken Oberkörper seines Freundes und zog ihn zu sich aufs Kopfkissen.

Auf der Seite liegend und einander zugewandt, ließen sie ihre Hände auf Entdeckungsreise gehen. Jasper streichelte über die haarlose Brust seines Freundes, ließ seine Hand dann über dessen Bauch gleiten und umrundete den flachen Bauchnabel. Stöhnend hielt er inne, als Gary seinen linken Nippel zwischen Daumen und Zeigefinger nahm und langsam rieb.

»Hm … empfindliche Nippel, ist gespeichert«, murmelte Gary. »Hast du noch mehr solcher Stellen?«

Jasper lachte. »Die eine oder andere.« Er nahm Garys Hand, um sie an seinen mittlerweile beinahe schmerzenden Ständer zu führen, stellte sein linkes Bein auf und genoss das herrliche Prickeln, als Gary begann, ihn zu streicheln. Er beobachtete seinen Freund, der den Blick auf seine

Hand gerichtet hatte und seine Zunge kurz über die Lippen gleiten ließ, bevor er sich auf die Unterlippe biss. »Dein Blick gerade ist so scharf, Baby«, flüsterte er und küsste ihn, als Gary aufsah. Dabei schob er seinen rechten Arm unter Garys Kopf und schlang den linken um dessen Taille. Langsam streichelte Jasper Garys Wirbelsäule entlang. Sein Freund drängte sich ihm entgegen. Als ihre Schwänze aneinander entlangglitten, stöhnten sie gleichzeitig.

»Bitte, Jas, bitte nimm mich«, flüsterte Gary und drückte sich seiner Hand entgegen, als Jasper über sein Steißbein und anschließend seine Pobacken strich.

Er nickte lächelnd und deutete auf den Nachtschrank auf Garys Seite des Betts. »Obere Schublade.« Sein Freund verstand sofort, streckte sich und zog die Schublade auf, um eilig das Gleitgel und ein Kondom herauszufischen. Er legte beides auf das Kopfkissen und rollte sich anschließend auf den Bauch.

Jasper schüttelte den Kopf. »Ich werde dich nicht bloß ficken, Gary.« Er rutschte zu ihm ran, drehte ihn wieder auf die linke Seite und griff in Garys rechte Kniekehle, um dessen Bein anzuwinkeln und es sich über die Hüfte zu legen. »Ich will dich lieben.« Mit diesen Worten griff er nach dem Gleitgel, ließ etwas davon auf seine Finger tropfen und schob sie dann zwischen Garys Pobacken.

»Jasper!«, flüsterte sein Freund und schluckte sichtbar. Die strahlend blauen Augen glitzerten und er blinzelte heftig.

»Ich liebe dich«, flüsterte Jasper und küsste Gary zärtlich, während er dessen Anus streichelte und dann einen Finger in ihn gleiten ließ. »Und wenn es sein muss, werde ich dir jeden Tag aufs Neue zeigen, wie es sich anfühlt, geliebt zu werden, bis du aufhörst, daran zu zweifeln und es mir glaubst.«

»Ich glaube es dir«, murmelte Gary und sah ihm fest in die Augen. »Es ist nur … ahhh.«

Ein zweiter Finger gesellte sich zum ersten und Gary schien endlich zu vergessen, was er sagen wollte. Stattdessen umfasste er ihre Ständer und begann die Hand synchron zur Bewegung von Jaspers Fingern auf und ab zu bewegen.

»Oh Gott«, keuchte Gary, als Jasper einen dritten Finger in ihn schob. »Bitte, Jas, bitte, nicht mehr foltern.«

»Roll mir ein Kondom über, Baby«, wies er ihn liebevoll an.

Gary gehorchte sofort, griff nach einem Kondom und streifte es ihm eilig über. Dann sah er auf und Jasper erkannte all die Unsicherheit in Garys Blick. Er zog sanft seine Finger zurück, küsste seinen Liebsten zärtlich. Dann drehte er ihn auf die andere Seite und rutschte hinter ihn.

Garys Herz schlug ihm bis zum Hals, als Jaspers Hand sich auf seine Hüfte legte und sein Freund dicht an ihn heran rutschte.

»Zieh die Beine an, Baby.« Jaspers warmer Atem kitzelte ihn am Ohr. Gary gehorchte und atmete zitternd ein. »Ganz ruhig.«

»Ich bin nervöser als beim ersten Mal«, presste er heiser hervor. Es war beinahe lächerlich.

»Gut«, kommentierte Jasper, während er Garys Pobacken auseinanderzog.

»Ja?«, fragte er verwirrt.

Jaspers Eichel tippte gegen seinen Anus. »Mhm«, brummte er in sein Ohr. »Hier?«

»Ja.« Er nickte und entspannte seinen Schließmuskel. »Ohhh …«

Langsam schob Jasper sich tief in ihn. Dann hielt er inne und streichelte sanft über Garys Bauch. »Dass du aufgeregt bist, zeigt mir, dass es auch für dich etwas Besonderes ist«, beantwortete er seine Frage doch noch.

Gary sah über seine Schulter. »Natürlich ist es das!« Zweifelte Jasper etwa doch noch? »Ich hatte noch nie so starke Gefühle für jemanden wie für dich.« *Geschweige denn habe ich jemanden geliebt.*

»Oh Baby«, flüsterte Jasper und hauchte zärtliche Küsse auf Garys Wange, seine Schulter und seinen Hals.

Dann begann er sich zu bewegen und Gary hatte das Gefühl, vor lauter Kribbeln den Verstand zu verlieren. Sein Atem stockte, ein Geräusch, das halb Schluchzen, halb Stöhnen war, entkam seinem Mund, während er sein Gesicht ins Kissen presste. Er drängte sich Jasper entgegen, wurde jedoch von dessen Hand auf seiner Hüfte gestoppt.

»Nein, Baby. Fühle und genieße«, raunte er ihm ins Ohr.

»Oh Gott«, keuchte Gary atemlos. »Jasper. Oh Gott.« Dieses Prickeln war überall. Sein ganzer Körper stand in Flammen und sein Schwanz schrie nach Berührung und Erlösung.

»Ich weiß, Baby, ich weiß. Ich fühle es auch«, flüsterte sein Freund. Mit gleichmäßigen, zärtlichen Stößen liebte Jasper ihn. Er zog sich immer wieder weit zurück und schob sich dann ganz in ihn. »Ich liebe es, wie du dich um mich herum anfühlst. So heiß und eng.«

»Jasper!«, stöhnte Gary laut und griff nach dessen Hand. Er dirigierte sie an seinen Penis und Jasper verstand.

Er umfasste ihn, reizte und streichelte ihn beinahe bis zur Besinnungslosigkeit. »Jas! Oh mein Gott. Es kribbelt so.«

Dessen Keuchen drang zu ihm durch. »Ja. So gut. Himmel, Gary, das ist unvergleichlich.«

»Bitte schneller«, flehte Gary seinen Freund an und stieß sich in dessen Faust.

Jaspers Becken erhöhte das Tempo, doch seine Stöße verloren nichts von ihrer Zärtlichkeit.

»Oh Gott, ja«, keuchte Gary atemlos. Ein erneutes Prickeln schoss seine Wirbelsäule entlang, direkt in seine Hoden, die sich eng an seinen Körper zogen.

Jaspers Lippen strichen über seinen Nacken. Sein heißer Atem kam stockend. »Oh, Baby!« Es war kaum mehr als ein Hauchen.

Garys Herz begann erneut zu rasen, klopfte laut in seiner Brust. »Ja, ich fühle es auch«, wiederholte er Jaspers Worte. Endlich verstand er. In diesem Moment waren sie eins.

Jaspers Stöhnen wurde lauter, der Griff der Hand fester. Die Stöße schneller und härter. »So geil.«

In Garys Kopf begann es zu rotieren. Seine Eichel kribbelte heftig, während seine Hoden sich beinahe schmerzhaft zusammenzogen. »Jasper!« Er stieß sich immer schneller in seine Hand. »Ja, ja! Oh Gott, ich … ohhh …« Ein heftiger Orgasmus raste auf ihn zu.

»Ich auch … Gary, Baby!« Hart und schnell stieß er ihn. Dann veränderte Jasper plötzlich den Winkel und beim nächsten Stoß begannen Sterne vor seinen Augen zu tanzen.

»Jackpot«, keuchte Gary zitternd.

Jasper presste die Nase in seinen Nacken und blies keuchend heiße Luft gegen seinen feuchten Haaransatz. »Oh Himmel!« Jaspers Hüften kamen aus dem Rhythmus. »Ich komme, Baby. Oh Gott.«

Gary konnte spüren, wie Jaspers Schaft in ihm anschwoll, während er immer wieder gegen seine Prostata stieß. Und plötzlich schlug die Woge der Lust über Gary zusammen. Stöhnend ergoss er sich in Jaspers Hand, spritzte sein Sperma über das Laken und seinen Bauch.

»Oh Gott, Baby, das war unglaublich«, keuchte Jasper in sein Ohr. »Ich liebe dich.«

»Ich habe noch nie so etwas gefühlt«, flüsterte Gary atemlos. »Noch nie.« Sein Herz klopfte ohrenbetäubend laut. Seine Hand zitterte, als er Jaspers Finger von seinem erschlaffenden Penis löste. Einen Moment lang konnte Gary sich zusammenreißen, dann brach seine Selbstbeherrschung und er atmete schluchzend ein.

Jasper richtete sich auf und sah mit gerunzelter Stirn über Garys Schulter, bevor er sich langsam aus ihm zurückzog, ihn auf den Rücken drehte und begann die Tränen von seinem Gesicht zu küssen. »Glücklich?«, fragte er leise.

Lachend nickte Gary. »Sehr.« Dann schlang er die Arme um den Nacken seines Freundes und zog ihn fest an sich. »Ich liebe dich.«

Jasper legte die Stirn auf seine Brust, atmete tief ein und dann lange aus. Als er den Kopf wieder hob, glitzerten Jaspers Augen und ein glückliches Lächeln breite sich auf dessen Gesicht aus.

# ZEHNTES KAPITEL

Am Samstagnachmittag versuchte Jasper sich davon abzulenken, dass sein Freund sich gerade die angebotene Wohnung ansah, indem er sich um die Wäsche kümmerte. Er versuchte sich für Gary zu freuen, eigentlich tat er es wirklich, aber er hatte ihn gerade so weit, dass er anfing ihm zu vertrauen und an ihre Beziehung zu glauben. Ihn jetzt gehen zu lassen, und wenn es nur in eine Wohnung auf der anderen Straßenseite war, fiel Jasper schwer. Tief im Inneren wusste er, dass er sich an Gary ein Beispiel nehmen und ihm ebenfalls mehr Vertrauen schenken sollte. Das hatte Gary verdient.

»Hey.« Sein Freund lächelte, als er zehn Minuten später den Kopf zur Badezimmertür reinsteckte.

Jasper grinste zurück. »Hey. Hast du noch was Helles für die Maschine? Ist erst halb voll.«

Gary schüttelte den Kopf. Er schloss die Tür hinter sich und lief zum Waschbecken. »Die Wohnung ist toll und die Möbel super gepflegt. Da hat bisher ein älteres Ehepaar gewohnt, das jetzt in die Nähe seiner Kinder ziehen will. Auf dem Rückweg habe ich Alex getroffen. Er wollte wissen, ob wir heute mit ins *Heaven* kommen«, erzählte er mit den Händen voller Seifenschaum.

»Was hast du ihm geantwortet?«, fragte Jasper, während er auf Garys Shirt deutete, das ein Kaffeefleck zierte. »Her damit.«

Gary sah stirnrunzelnd an sich herunter, als hätte er nicht bemerkt, dass er sich irgendwann, wahrscheinlich beim Kaffee mit den ehemaligen Mietern, bekleckert hatte. »Ich hab gesagt, dass ich dich frage und ihm dann Bescheid gebe«, antwortete er, während er sich das T-Shirt auszog und es Jasper zuwarf. »Danke.«

»Von mir aus können wir gern hinfahren. Wir haben schon lange nicht mehr miteinander getanzt.« Jasper grinste anzüglich. Er freute sich bereits, die geschmeidigen Bewegungen des sexy Körpers seines Freundes zu sehen und ihn an den Hüften haltend über die Tanzfläche zu wirbeln. »Warte mal!«, hielt er ihn zurück, als Gary mit dem Handy in der Hand das Bad verlassen wollte.

»Hm?«

Jasper richtete sich auf und ging auf ihn zu. »Was bedeutet es?«, fragte er leise, als er hinter Gary stand und mit dem linken Zeigefinger über das Tattoo auf dessen Schulterblatt fuhr. »Ein schwarzes Herz mit schwarzen Tränen?«

»Meine Kindheit«, antwortete Gary tonlos. »Sie hat mir gegeben, was ich brauchte, außer …«

»Liebe«, vervollständigte Jasper den Satz leise. Langsam fuhr er die Federn entlang über Garys Schulter nach vorne. Er gab ihm einen sanften Kuss auf die empfindliche Stelle unter dem Ohr. »Und das hier? Eine Bank unter Bäumen?«

»Mein Schlafplatz für eine viel zu lange Zeit.«

Jasper stellte sich vor ihn, um ihm besser in die Augen sehen zu können. »Das tut mir so leid.«

»Es ist Vergangenheit.« Sein Freund zuckte mit den Schultern, sah dabei jedoch an ihm vorbei.

Jasper lächelte mitfühlend, dann fuhr er den Pfad der Federn weiter entlang. »Was ist das? Das Kolosseum?«, fragte er, als er das Bild kurz unter Garys rechter Brust streichelte.

Diesmal lächelte sein Freund sogar. »Genau. Mein Studium, das erste Mal Freiheit spüren. Es war eine aufregende, schöne Zeit.«

Jasper erwiderte das Lächeln nickend. »Und das hier?«, fragte er, als er beim letzten Bild neben dem Bauchnabel seines Freundes angekommen war. »Was heißt das?«

»*Ama Vitam.* Es ist Latein und bedeutet *Liebe das Leben*«, antwortete Gary leise. »Es soll mich daran erinnern, sollte ich es mal vergessen.«

»Oh, Baby«, flüsterte Jasper und zog ihn fest an sich. »Ich werde dir dabei helfen«, versicherte er. »Ich passe auf dich auf.«

Gary schnaubte leise. »Ich brauche keinen Aufpasser, Jasper. Ich brauche … ich …«

»Komm her«, flüsterte er und zog ihn wieder in die Umarmung zurück. »Sag mir, was du brauchst.«

»Jemanden, der mich liebt«, wisperte Gary.

Jasper lächelte. »Das tue ich. *Und* ich passe auf dich auf. So macht man das in einer Beziehung.«

Gary schluckte, dann sah er mit feuchten Augen auf. »Jemanden, dem ich vertrauen kann.«

»Natürlich kannst du mir vertrauen«, versicherte Jasper ebenso ernst wie leise. »Ich weiß, dass du mir das noch nicht glaubst, nicht glauben kannst. Dafür wurdest du bereits zu oft enttäuscht. Aber ich werde es dir beweisen. Tag für Tag, solange du mich lässt.«

Eine Träne löste sich aus Garys Augenwinkel. »Danke.«

»Jederzeit, Baby.« Jasper lächelte, während er ihm mit dem Daumen die Träne wegwischte. »Ich liebe dich, Gary.«

Gary schluckte, dann lächelte er. »Ich liebe dich auch, Jasper.«

Für einen Moment sahen sie sich tief in die Augen, dann löste Jasper sich von ihm. »Na los, sag Alex Bescheid, dass wir mitkommen. Und dann tanzen wir die Nacht durch, hm?«

Gary nickte. »Als Personenschützer habt ihr doch gute Kontakte überallhin, oder?«

»Ähm … ja«, antwortete er überrascht über den abrupten Themenwechsel.

»Könnt ihr auch Personen ausfindig machen?«, fragte Gary offensichtlich unbehaglich. »Adressen rausfinden und so?«

Jasper nickte. »Eigentlich schon, ja. Ein paar Informationen wie den Namen und die letzte bekannte Anschrift, vielleicht ein Geburtsdatum, brauchen wir schon, aber dann sollte es kein Problem sein.«

»Bianka Finke, wenn sie noch so heißt. Sie müsste jetzt neunundzwanzig sein. Ich weiß nicht mehr, wann sie Geburtstag hat, im Mai, glaube ich. Keine Ahnung, wo sie wohnt«, flüsterte Gary. »Kannst du versuchen sie zu finden?«

Garys Schwester! »Ich versuch's«, versprach er sofort. »Ich muss allerdings Alex davon erzählen, es ist seine Firma, seine Daten und Programme.«

»Sicher, mach ruhig«, stimmt Gary leise zu. »Danke.«

Jasper nickte, schlang seine Arme um den schlanken Körper seines Freundes, der gerade so zerbrechlich und doch so stark wirkte. »Wollen wir zum Abendessen zu Antonio gehen und anschließend tanzen fahren?«

Gary lachte leise. »Du kennst mich schon viel zu gut.« Er zog ihn an den Schultern zu sich, dann vergrub er die

Stirn in seiner Halsbeuge und atmete mit einem offenbar erleichterten Seufzer aus.

Gary lächelte glücklich, als er sich am Montagabend selbst in Jaspers Wohnung ließ. Er hatte gerade seinen Arbeitsvertrag unterschrieben und seinen zukünftigen Arbeitsplatz besichtigt und es war ein fantastisches Gefühl. Er bekam sogar ein eigenes, wenn auch kleines Büro, direkt gegenüber von Erik und Finns Zimmer.

Er verstand noch immer nicht wirklich, wie die zwei es schafften, seit mittlerweile zwei Jahren vierundzwanzig Stunden am Tag aufeinanderzuhocken, ohne sich gegenseitig in den Wahnsinn zu treiben, doch laut Aussage seines neuen Chefs wurden jegliche Versuche, die zwei zu trennen, von Erik mit einem mindestens fünfminütigen Monolog über die Notwendigkeit eines gemeinsamen Büros und begleitet von Finns leisem Lachen abgeblockt. Das wiederum konnte er sich durchaus lebhaft vorstellen.

Nach Besichtigung seines neuen Arbeitsplatzes hatte Alex ihm die anderen Geschäftsräume, den Seminarraum sowie das Archiv gezeigt. Letzteres schien ebenfalls eine seltsame Geschichte zu haben, da Alex von ihm verlangt hatte, es unverzüglich zu sagen, sollte er mitbekommen, dass Finn und Erik sich dort gemeinsam aufhielten. Dabei hatte er allerdings ziemlich amüsiert ausgesehen.

Gary schälte sich aus seiner Jacke und schüttelte sich die Stiefel von den Füßen.

»Danke«, hörte er eine vertraute Stimme sagen und

hielt abrupt in seiner Bewegung inne. »Er hasst mich, nicht wahr?«

Er stürmte ins Wohnzimmer. »Was zum Teufel hast *du* hier zu suchen? Hast du mein Leben nicht bereits genügend durcheinandergebracht?«, schnauzte er seine Noch-Ehefrau an.

»Gary, warte!« Jasper sprang vom Sofa, auf dem er neben Doreen gesessen hatte. »Bitte, hör dir an, was sie zu sagen hat.«

»Nenn mir einen, nur einen einzigen Grund, warum ich das tun sollte«, knurrte er.

»Mir zuliebe«, nannte sein Freund ihm sofort den wirklich einzigen Grund, dem er nicht widersprechen konnte, während er ihn kurz an sich drückte.

Verärgert zog Gary die Augenbrauen zusammen, nickte dann jedoch. Mit verschränkten Armen starrte er Doreen an. Sie schien geweint zu haben, oder war immer noch dabei, dem Taschentuch nach zu urteilen, mit dem sie sich die geröteten Augen abtupfte.

»Es tut mir alles so schrecklich leid«, sagte sie leise. »Ich war so wütend und eifersüchtig, dass ich dich noch mehr verletzen wollte. Das war unglaublich egoistisch von mir und glaub mir, ich bereue zutiefst, was ich dir angetan habe. Du bist mein bester Freund, mein Seelenverwandter, Gary, und ich habe dir wehgetan.« Tränen liefen über ihre Wangen, während sie schluchzend ihre Nase putzte.

Er schnaubte ungläubig. »Und du erwartest jetzt von mir, dass ich dir einfach so verzeihe?«

Sie schüttelte den Kopf. »Nein, das wäre zu viel verlangt. Ich weiß, dass du sauer bist und das völlig zu Recht, Gary. Ich habe Fehler gemacht, große Fehler, die ich nie wiedergutmachen kann. Aber bitte, bitte glaub mir, dass es mir aufrichtig leidtut.«

Unsicher, was er darauf antworten sollte, sah er Jasper

an, der seine Hand ergriffen hatte und sie kurz drückte. Der Blick seines Freundes war warm und liebevoll. Mit einem sanften Lächeln zog er ihn hinter sich her zum Sessel und ließ sich auf der Lehne nieder, nachdem er Gary auf das Polster gedrückt hatte.

»Ich habe gestern mit meinem Anwalt gesprochen. Er wird sich so schnell wie möglich mit deinem in Verbindung setzen, damit wir die Scheidung einvernehmlich über die Bühne bringen können. Und ich habe dein Geld. Es tut mir leid, dass ich dich bestohlen habe«, sagte sie und zog einen großen, dicken Umschlag aus ihrer Handtasche. »Es ist alles drin, bitte zähl nach. Ich habe nichts genommen.«

Er nahm den Umschlag aus ihren zitternden Händen und drückte ihn an seine Brust. Sprachlos, verwirrt, aber auch erleichtert starrte er sie an. »Danke«, brachte er überwältigt hervor. »Warum hast du das alles getan?«, platzte es schließlich doch aus ihm heraus. Er verstand es einfach nicht. Wie hatte sie ihm das antun können, wenn er doch angeblich ihr bester Freund gewesen war?

Als er schon nicht mehr damit rechnete, dass sie antworten würde, sah sie ihn zum ersten Mal richtig an. Sie sah müde aus, fertig und schien mit den Nerven am Ende zu sein. »Ich war so wütend und verletzt, Gary. Als ich dir erzählt habe, dass ich schwanger war, hatte ich gehofft, dass du mir helfen würdest. Ich hatte überhaupt nicht damit gerechnet, dass du nein sagen könntest und wusste nicht, was ich machen sollte. Dann habe ich einen deiner Kollegen getroffen und es war einfach eine Kurzschlussreaktion. Als du weg warst, hat mir eine Freundin erzählt, dass sie gesehen hat, wie du hier ins Haus gegangen bist und ich dachte, wenn ich mich entschuldige, würdest du zu mir zurückkommen. Aber du schienst mich gar nicht vermisst zu haben und dann, als dein Freund zur Tür reinkam und ich deinen Blick gesehen habe, da wurde mir klar, dass du nicht zu mir zurückkommen würdest und ich bin einfach durchgedreht.«

»War?«, unterbrach er sie.

»Was?« Doreen runzelte die Stirn.

»Du hast gesagt, du hattest gehofft, dass ich dir helfen würde, als du schwanger *warst*«, erklärte er.

Wieder kullerten Tränen über ihre Wangen. »Das Baby ist weg.«

»Wie meinst du das? Weg?«

»Der Arzt hat doch diesen Ultraschall gemacht und da war kein Herzschlag und –« Ein Schluchzen, dann brach sie zusammen.

Gary sprang vom Sessel und zog sie in seine Arme, als er sich neben sie setzte. »Oh, Süße, das tut mir leid.«

»Nein.« Sie schüttelte den Kopf, als sie sich etwas zu beruhigen schien. »Mir tut es leid, Gary. Ich war so egoistisch und habe deine Hilfe für selbstverständlich gehalten.«

»Aber ich hätte dir doch geholfen. Ich konnte nur kein Vater sein. Schon gar nicht von einem fremden Kind«, versuchte er zu erklären. »Ich war immer gern dein Ehemann.«

Sie schniefte. »Ich weiß. Wir waren ein gutes Team und dann habe ich alles versaut.«

Gary nickte. »Ja, das stimmt.«

»Es tut mir leid«, flüsterte sie. »Glaubst du mir das?«

Unsicher sah er zu Jasper hinüber, der noch immer auf der Sessellehne saß, die Hände im Schoß zusammengelegt hatte und sie neugierig beobachtete. Er legte den Kopf schief und lächelte kaum sichtbar.

Schließlich nickte Gary und drückte sie an sich. »Aber ich bin noch nicht so weit, dir zu verzeihen.«

»Das verstehe ich«, sagte sie und rückte ein Stück von ihm ab, um sich erneut die Nase zu schnäuzen.

»Wie geht es dir?«, fragte er und schob ihr eine blonde Strähne hinter das linke Ohr.

»Besser. Jetzt«, antwortete sie leise.

»Warum hast du nichts gesagt? Du hättest das nicht allein durchmachen müssen.«

Sie schüttelte den Kopf und lächelte sanft. »Es war nicht dein Problem, Gary.« Dann sah sie zu Jasper rüber. »Ich meine, euer.«

Jasper stand auf und kam zu ihnen. Er setzte sich an Doreens rechte Seite und griff nach ihrer Hand. »Können wir irgendetwas für dich tun?«

»Ob ihr etwas für *mich* tun könnt?« Ungläubig starrte sie Jasper an, dann sah sie zu Gary rüber. Plötzlich lächelte sie. »Was hast du dir da denn für einen außergewöhnlichen Mann geangelt?«

Gary spürte, wie seine Wangen warm wurden, während Jasper ihn über Doreens Kopf hinweg anlächelte. »Den besten«, hörte er sich über sein Herzklopfen hinweg sagen. »Endlich.«

Sie riss die Augen weit auf, dann wandte sie sich zu seinem Freund um. »Oh mein Gott, du bist Jasper! Der Mann, von dem Gary seit Monaten schwärmt!«

Das selbstgefällige Grinsen seines Freundes brachte Garys Herz dazu, Purzelbäume zu schlagen. »Ach, hat er das?«

»Du machst dir ja keinen Begriff«, plapperte Doreen, nun voll in ihrem Element. »Seit fast zwei Jahren höre ich *Jasper hier, Jasper da.* Ganz besonders schlimm war es, wenn ihr euch am Wochenende gesehen hattet und zusammen essen wart, dann war er kaum zu bremsen.«

»Doreen!«, mahnte Gary augenrollend.

Jasper grinste. »Nein, Baby, lass sie ruhig ausreden!«, meinte er zwinkernd.

»Baby? Och, das ist süüüüß«, quiekte Doreen beinahe.

»Ihr seid so ein hübsches Paar. Und ich habe Gary noch nie so verliebt gesehen. Er ist wirklich hin und weg von dir.«

»Ich brauche ein Bier«, seufzte er resigniert und stand vom Sofa auf. Es war offensichtlich, dass Doreen beschlossen hatte, dafür zu sorgen, Jasper bis ins Kleinste über seine Schwärmerei, mit der er sie monatelang gequält hatte, zu informieren.

»Ich nehme auch eins«, flötete Jasper und wandte sich dann Doreen zu. »Bleibst du noch ein wenig? Ich würde nämlich zu gern erfahren, was er dir über mich erzählt hat.«

»Nur, wenn ich euch wirklich nicht störe«, sagte sie zögerlich.

Gary holte die Bierflaschen aus dem Kühlschrank. Als plötzlich Stille herrschte, sah er von der Schublade auf, aus der er den Flaschenöffner hervorgekramt hatte. Doreen und Jasper sahen ihn über die Sofalehne hinweg an und es schien an ihm zu sein, eine Entscheidung zu fällen. Er war noch immer sauer auf seine Noch-Ehefrau, doch er musste auch zugeben, dass er ohne ihre Aktion wahrscheinlich noch immer lediglich von Jasper schwärmen würde, statt endlich in dessen Armen einzuschlafen. Aber sie hatte ihm seinen Job als Lehrer genommen, auch wenn er sich durchaus auf seine neue Aufgabe freute. Sie war der Grund, warum sein komplettes Leben innerhalb von drei Wochen auf den Kopf gestellt wurde. Er sah auf die drei Bierflaschen, die vor ihm standen, und schmunzelte.

»Bier, Süße?«, fragte er an Doreen gewandt, deren Augen erneut feucht wurden, während sie nickte.

»Wohnt ihr jetzt zusammen?«, fragte sie, als Gary sich zurück aufs Sofa gesetzt hatte.

Ehe er antworten konnte, schüttelte Jasper den Kopf. »Nein, das ist nur vorübergehend.«

»Ich habe eine kleine Wohnung gegenüber gemietet«,

fügte Gary hinzu und deutete in die entsprechende Richtung. »Ab Januar.«

»Das ist schön.« Doreen lächelte. Es war ein aufgesetztes, gequältes Lächeln. Wahrscheinlich realisierte sie erst jetzt, dass er nicht mehr zu ihr zurückkommen würde – weder als Ehemann noch als Mitbewohner. Vielleicht würden sie irgendwann wieder so was wie Freunde sein können, aber im Moment glaubte er nicht, dass er ihr je wieder würde vertrauen können. »Was ähm … machst du denn jetzt eigentlich?«, fragte sie dann zaghaft.

»Ich arbeite wieder als Lehrer. Allerdings werde ich bald Personenschützer unterrichten, keine Teenager mehr.«

Stirnrunzelnd sah sie ihn an. »Personenschützer?«

Er nickte. »Ja, Bodyguards.«

»Oh mein Gott!«, keuchte Jasper daraufhin. »Gary, tu dir selbst einen Gefallen und erwähne nie, wirklich niemals das Wort Bodyguard in Gegenwart eines Personenschützers!«

»Was?« Er blinzelte überrascht. »Warum eigentlich nicht? Was ist so schlimm daran?«

»Personenschützer sind nun mal keine Bodyguards!«, entgegnete sein Freund ernst.

»Nicht?«, fragte er verwundert. »Was ist denn der Unterschied?«

»Oh Mann, Baby, das ist jetzt nicht dein Ernst, oder?«, echauffierte sich Jasper. »Ein Bodyguard ist nichts weiter als ein Leibwächter. Er passt auf, dass dir physisch nichts passiert – Punkt. Wir Personenschützer schützen dich rundum. Wir bewachen deine Privatsphäre, sorgen falls nötig für Anonymität, entschärfen gefährliche Situationen, bevor sie entstehen, und versuchen dabei so gut wie nicht aufzufallen.« Mit einem durchdringenden Blick starrte Jasper ihn an. »Was hattest du denn für eine Vorstellung davon, was mein Job war?«

»Ähm, na … dass du Menschen verteidigst, wenn sie angegriffen werden«, murmelte Gary verlegen. Er hatte sich eigentlich keine wirklichen Gedanken darüber gemacht, wie genau Jaspers Arbeit aussah, erkannte jedoch, dass er sich wirklich noch gründlich würde informieren müssen, bevor er seinen neuen Job antrat.

Jasper schnaubte empört und setzte sich die Flasche an die Lippen. Gary hatte schon immer eine Schwäche dafür, wenn Männer direkt aus der Flasche tranken, und beobachtete beinahe hypnotisiert, wie Jaspers Kehlkopf auf und ab hüpfte.

»Gary!« Doreens leises Kichern riss ihn aus seiner Starre und er wandte den Blick von dem unglaublich sexy Bild ab.

Er sah sie an. »Hm?«

»Klapp den Mund wieder zu«, flüsterte sie lachend.

Jasper sah ihn grinsend an und Gary spürte, wie er rot wurde. Eilig nahm er selbst einen Schluck Bier.

»Was machst du denn beruflich?«, wollte Jasper von Doreen wissen.

»Ich bin Tierärztin«, antwortete sie lächelnd. »Großtiere sind mein Fachgebiet.«

»Echt?« Jasper sah sie mit großen Augen an. »Wie groß sind denn die Tiere, die du behandelst?«

Doreen hob den Arm. »So einen Meter zehn bis zwei Meter zwanzig.«

»Also keine Elefanten und Giraffen?«, fragte Jasper, offensichtlich ein wenig enttäuscht.

Doreen schüttelte lachend den Kopf. »Nein. Eher Rinder, Pferde und Schweine.«

»Und, hast du eine eigene Praxis hier in der Stadt?«

Während Doreen Jasper alles über ihre Arbeit erzählte, beobachtete Gary die beiden. Sein Freund schien Doreen trotz ihres holprigen Starts durchaus zu mögen. Im

Moment war er sich noch nicht sicher, was er davon halten sollte. Allerdings wollte er zu gern wissen, wie lange sie schon miteinander gesprochen hatten, bevor er dazu gekommen war, und nahm sich vor, Jasper später danach zu fragen.

Als Doreen sich eine Stunde später von ihnen verabschiedete, musste Gary zugeben, dass seine Wut schon nicht mehr so schlimm war. Mittlerweile war es eher die Enttäuschung über ihr Verhalten und das damit verbundene Misstrauen, das ihn beschäftigte. Seit Jahren war sie der einzige Mensch gewesen, dem gegenüber er sich vollkommen hatte öffnen können. Sie war seine beste Freundin gewesen und er war vor allem traurig darüber, dass sich das zwischen ihnen geändert hatte.

»Hey.« Jasper zog ihn an sich. »Woran denkst du gerade?«

Gary kuschelte sich in die starken Arme seines Freundes und legte den Kopf an dessen Schulter. »Dass die Stelle als mein bester Freund wieder frei ist«, murmelte er.

»Lass das nicht Erik hören.« Jasper streichelte sanft Garys Rücken und schob ihn durch den Flur Richtung Schlafzimmer. »Dann hält er dir einen ellenlangen Vortrag darüber, warum du damit so was von falsch liegst.«

Er sah auf und begegnete Jaspers abwartenden Blick. »Du meinst, Erik ist mein bester Freund?«

»Ob er dein bester Freund ist, kannst nur du wissen, aber so wie ich euch zusammen erlebt habe, denke ich, dass er eine reelle Chance auf den Posten hat«, meinte Jasper lächelnd, während er sich aufs Bett fallen ließ. Er zog Gary auf seinen Schoß und hauchte ihm einen zarten Kuss auf die Lippen.

»Aber ich habe Erik nie erzählt, dass ich verheiratet bin«, gab er zu bedenken.

»Stimmt. Aber ich bin mir sicher, dass es für Erik auch keine Rolle gespielt hätte. Irgendwann hättest du ihm genug vertraut, um es ihm zu erzählen.«

»Ja?«, fragte er überrascht. Woher wollte Jasper das wissen? Er war sich nicht mal selbst sicher, ob er das getan hätte.

Jasper seufzte und dessen Lippen unterbrachen ihre Erkundungstour an seinem Hals. »Mit wem verbringst du am liebsten deine Wochenenden?«

»Mit dir«, antwortete Gary sofort.

Jasper strahlte. Dann schüttelte er jedoch den Kopf. »Ich meinte, bevor wir zusammengekommen sind.«

»Mit Erik und Finn.«

»Was hast du getan, als du erfahren hast, dass du kein Geld mehr hast und nicht wusstest, wo du schlafen solltest?«

»Ich bin zu Erik und Finn gegangen.«

»Wen hast du angerufen, um dir Rat zu holen, als meine Mutter dir verraten hat, dass ich in dich verliebt bin?«

Gary lächelte, denn er verstand, worauf Jasper hinauswollte. »Erik.«

Sein Freund nickte. »Wem hast du sofort erzählt, dass du einen neuen Job hast?«

»Okay, okay, ich hab's kapiert!« Lachend griff Gary nach Jaspers T-Shirt-Saum und zog es ihm kurzerhand aus, bevor er ihn auf die Decke hinunterdrückte. Er beugte sich über ihn und küsste ihn zärtlich. »Können wir jetzt aufhören, über andere Männer zu reden?«, murmelte er. Sein Herz erhöhte das Tempo, als er Jasper leise brummen hörte. Dann eroberte er den sinnlichen Mund, erkundete ihn mit seinen Lippen und seiner Zunge und genoss das zufriedene Seufzen seines Freundes.

»Schlaf mit mir, Gary«, flüsterte Jasper plötzlich und sah ihn abwartend und fast schon unsicher an. Dann hob er die Hüften und drängte sich ihm entgegen. »Bitte nimm mich.«

Garys Herz sprang in seinen Hals hinauf, was das Sprechen unmöglich machte. Also nickte er. Ein Strahlen breitete sich auf Jaspers Gesicht aus. Dann wurde er ein Stück nach unten gezogen und die Lippen seines Freundes flogen förmlich über Garys Gesicht und seinen Hals. Jaspers Finger zerrten an seinem T-Shirt, um es kurz darauf über seinen Kopf zu ziehen.

»Du bist so sexy«, flüsterte Jasper heiser, während er sein Becken an Garys rieb und die Finger über dessen Rücken gleiten ließ.

Küssend arbeitete Gary sich Jaspers Hals, dessen Schultern und Brustmuskeln entlang. Stöhnend ließ sein Freund ihn gewähren. Gary fuhr mit der Hand über die Beule in Jaspers Jogginghose, fummelte die Schleife der Kordel auf, während er seine Zunge um den flachen Bauchnabel gleiten ließ. Jaspers Finger wühlten in Garys Haaren. Als er endlich den Knoten der Hose gelöst hatte, zerrte er an ihrem Bund.

Jasper half ihm, indem er den Hintern anhob, und gleich darauf lag er nur mit einem engen Slip bekleidet vor ihm. Gary setzte sich auf die muskulösen Oberschenkel seines Freundes zurück und betrachtete ihn ausgiebig. Er bemerkte, dass sich ein feuchter Fleck in dem letzten Stoffstück bildete und streichelte bedächtig darüber.

Jasper schloss die Augen und stöhnte laut. »Baby, du folterst mich«, krächzte er nach einer Weile.

Gary lächelte und stand vom Bett auf, um seine Klamotten loszuwerden. Jasper machte Anstalten, sich den Slip von den Hüften zu schieben, doch er hielt ihn zurück. »Nicht!«

Sein Freund hielt inne und sah ihn fragend an.

»Lass mich den Anblick noch einen kleinen Moment genießen«, bat Gary. Es hatte ihn bisher nicht wirklich interessiert, was der andere für Unterwäsche trug. Er hatte teilweise nicht mal drauf geachtet, doch bei Jasper war das anders. Der Mann sah einfach unglaublich sexy aus. Der enge Slip ließ keinerlei Zweifel daran, wie erregt Jasper war und er betonte zudem dessen schlanke Taille und die ausgeprägten Muskeln in der Leistengegend.

Als Gary sich vorerst sattgesehen hatte, nickte er Jasper zu, der ihn abwartend mit den Daumen im Bund beobachtet hatte. »Okay, du kannst weitermachen.«

Jasper lachte und schob sich den Stoff über die Beine. Dann ließ er sich auf die Decke fallen, stützte sich auf die Unterarme zurück und grinste, bevor er die Beine anzog und sie aufreizend spreizte. Die feuchte, glatte Eichel glänzte, als Jasper seinen eigenen Penis umfasst und mit dem Daumen die Lusttropfen auf der frei liegenden Spitze verrieb. »Komm her, Baby«, raunte er ihm zu, wobei Gary das leichte Zittern in seiner Stimme jedoch nicht entging.

Lächelnd folgte Gary der Einladung und kniete sich zwischen Jaspers Beine. Sein Herz beschleunigte das Tempo und er schluckte nervös.

»Alles okay?«, fragte Gary leise, da er ihm die Unsicherheit angesehen haben musste. »Wir müssen das nicht machen. Du kannst jederzeit oben liegen.«

»Alles okay«, antwortete Jasper und zog ihn in seine Arme. »Es ist nur eine Weile her, also –« Garys harter Penis bohrte sich in seine Hoden, als er sich über ihn beugte. »Oh.«

Garys Hand wanderte zwischen ihre Körper und positionierte die freche Härte so, dass ihre Penisse aneinanderlagen. Er sah hinunter und biss sich wieder so verdammt sexy auf die Lippe. »Dein Schwanz ist so hübsch.«

Verdutzt sah Jasper ihn an. Noch nie hatte ihm jemand gesagt, dass sein Penis *hübsch* sei. Er hatte seine fehlende Vorhaut auch nie für etwas Besonderes, sondern schlicht für eine medizinische Notwendigkeit gehalten, aber Gary schien es ziemlich anzumachen, dass er beschnitten war.

»Danke schön.« Jasper grinste.

Garys Kopf fuhr hoch. Erschrocken sah er ihn an. Jasper musste sich das Lachen verkneifen, als eine feine Röte Garys Hals hinauf wanderte. »Oh verdammt, das klang blöd, oder? Ich meinte nicht hübsch wie *hübsch*, sondern wie schön. Dein Penis ist schön. Oder sexy. Ja, sexy, das meinte ich.« Gequält verzog er das Gesicht. »Es wird nicht besser, oder?«

»Nein«, versicherte Jasper glucksend. »Aber es gefällt mir, dass mein Schwanz dich so aus dem Konzept bringt.«

Gary nickte. »Das tut er.« Dann sah er wieder hinunter. »Die Adern«, flüsterte er, während er den Zeigefinger daran entlanggleiten ließ. »Und deine nackte Eichel.« Der Finger wanderte höher, umrundete die kleine Öffnung und sammelte den Lusttropfen ein, der unter seiner Berührung daraus hervorquoll. Ein herrliches Prickeln konzentrierte sich in Jaspers Spitze, als Garys Fingerkuppe die Feuchtigkeit darauf verrieb. »So hübsch und schön und sexy«, raunte er ihm zu.

Jasper schloss die Augen und ergab sich den geschickten Fingern seines Freundes, die nun über seine Hoden streichelten, während ihre prallen Erektionen aneinander rieben. »Bitte, Gary«, keuchte er, als er es nicht mehr aushielt. Er spreizte die Beine weiter, hoffte, dass sein Freund die Aufforderung verstand. Warme, feuchte Lippen legten sich um seinen rechten Nippel, saugten sachte daran. Das entstehende Kribbeln duellierte sich mit dem Prickeln, das von seinem Anus ausging, den Garys Finger sanft umrundete. »Oh Himmel.«

»So sexy«, wiederholte Gary leise, bevor er sich Jaspers linkem Nippel widmete.

Ein leichter Druck an Jaspers Eingang ließ ihn laut stöhnen. »Das ist gut. Mehr.« Der Druck verstärkte sich, jedoch nicht genug. Jasper versuchte sich ihm entgegenzuschieben, doch statt in ihn einzudringen, wanderte Garys Finger seine Spalte Richtung Hoden entlang.

Frustriert schnaubte Jasper und öffnetet die Augen. Zwei blaue Seen blickten ihm abwartend entgegen. Gary lächelte und senkte den Kopf. Jasper ließ seine Finger durch die blonden Haare seines Freundes gleiten und umfasste dessen Hinterkopf, als ihre Lippen sich trafen.

Garys Hand schloss sich um ihre Penisse und sie beide keuchten laut auf. Jasper streckte seinen rechten Arm aus und versuchte den Nachttisch zu ertasten. Als er ihn nicht fand, reckte er sich ein Stück.

Gary hob schmunzelnd den Kopf. »Ungeduldig?«

»Ich platze gleich«, sagte er und schob sich ein Stück das Bett hinauf, um an die Schublade zu kommen, in der er die notwendigen Utensilien aufbewahrte. Gary nutzte die Position sofort unverschämt aus und schloss die Lippen um seine Eichel. »Fuck.« Eilig tastete Jasper in der Schublade herum und warf das Gleitgel aufs Bett, bevor er ein Kondom aus der Pappschachtel schüttelte. »Gary, bitte, stopp«, flehte er. »Ich komme gleich.«

Sein Freund gab ihn frei und er seufzte erleichtert, nur um dann erneut zu wimmern, als Gary seine Hoden küsste, während er die Hände in Jaspers Kniekehlen legte und sie ihm Richtung Brust drückte. »Schön so halten«, wurde er angewiesen. Dann tauchte Gary erneut ab.

»Oh Gott, oh mein Gott«, keuchte Jasper, während sich die feuchte Zunge den Weg zwischen seine Pobacken bahnte. »Oh Himmel!«

Gary brummte, offensichtlich zufrieden mit seiner Reaktion, und begann ihn ausgiebig zu verwöhnen. Jasper spürte, wie sein Anus zuckte, das Kribbeln immer stärker wurde und sein Penis immer mehr Feuchtigkeit produzierte.

»Gary, Baby, bitte nimm mich. Ich halte das nicht mehr aus«, flehte er am Rand seiner Beherrschung. Er würde jeden Moment kommen.

Die Zunge drang in ihn ein und Jasper hatte arge Mühe, seine Beine festzuhalten, die unkontrolliert zu zittern begannen. Neben sich hörte er das Klicken der Gleitgeltube und im nächsten Moment wurde kühles Gel zwischen seinen Pobacken verteilt. Eifrige Finger bahnten sich ihren Weg in seinen Körper, deren Anzahl in schnellem Tempo zunahm.

»Du bist so heiß, Jas. Gleich bin ich in dir.«

Die Finger verschwanden, Kondompapier knisterte. Sein Eingang zuckte vorfreudig und Jasper zwang sich, die Augen zu öffnen. Gary starrte mit rot geschwollenen, leicht geöffneten Lippen zwischen seine Beine, während er mit einer fließenden Handbewegung das Kondom über seine Länge rollte. Dann rutschte er an ihn heran und positionierte sich. Ihre Blicke begegneten sich und als Gary ihm einen letzten fragenden Blick zuwarf, nickte Jasper und hob sein Becken einladend. »Bitte, Baby.«

Garys Eichel presste sich gegen seinen Eingang, überwand mit sachtem Druck den Widerstand und dann war er endlich in ihm. Jasper stockte der Atem. Sein Herz hämmerte in seiner Brust und das Kribbeln in seinem Unterleib war beinahe unerträglich. Gary schob sich weiter in ihn, erhöhte stetig den Druck, verharrte dann und sah ihn abwartend an. »Okay?«

»Bitte beweg dich«, brachte Jasper hervor.

Als Gary sich vorsichtig zurückzog, flutete ein überwältigendes Kribbeln Jaspers Unterleib. Stöhnend ließ er sein linkes Bein los, griff seine Schwanzwurzel und drückte sie fest, um seinen Orgasmus so lange wie möglich hinauszuzögern.

Gary rutschte ein wenig hin und her, legte sich Jaspers Beine um die Hüften, dann schob er sich wieder in ihn. Jasper hatte keinen blassen Schimmer, wie lange er sich würde zurückhalten können und protestierte, als Garys Hand seine Finger von seinem Penis löste. »Ich komme gleich.«

Gary lachte heiser und ließ sein Becken kreisen. »Das war mein Ziel. Komm für mich, Jas«, flüsterte er.

Dann liebte er ihn. Erst zärtlich, mit gleichmäßigen, langsamen und den Verstand raubenden Stößen. Das Keuchen und Stöhnen, das Garys Lippen dabei entrann, feuerte Jaspers Erregung nur weiter an und als das Kribbeln kaum noch auszuhalten war, erhöhte sein Freund das Tempo. Immer schneller nahm er ihn. Für den Bruchteil einer Sekunde hatte Jasper das Gefühl, es nicht länger auszuhalten, dann schlossen sich Garys Finger um seinen Schaft und das Kribbeln überwältigte ihn beinahe augenblicklich. Stöhnend bog er den Rücken durch, als sein Sperma in mehreren Schüben über Garys Finger und seinen Oberkörper schoss.

»Oh, yeah«, keuchte Gary. »Das ist heiß. Oh Himmel.«

Jasper öffnete die Augen. Gary starrte ihm wie hypnotisiert entgegen. »Ja, ja. Gleich«, keuchte er. Die Gleichmäßigkeit seiner Stöße verlor sich, während er durch ihn hindurch zu sehen schien. »Ich komme. Aaahhh!«

Stöhnend krallte Gary sich in Jaspers Hüften und schob

sich tief in ihn. Er hatte noch nie ein erotischeres Bild gesehen als das eines zuckenden, stöhnenden Gary vor ihm. Mit einem fast schon gequälten Gesichtsausdruck, offenem Mund, geröteten Wangen und geschlossenen Augen kam er laut. Dann ließ er sich auf ihn fallen und Jasper schloss lächelnd die Arme um ihn.

»Heftig«, murmelte Gary atemlos. »Unglaublich. So hart gekommen. Liebe dich. Richtig gut.«

Gerührt von Garys zusammenhangslosem Gemurmel küsste Jasper dessen Haare. Er konnte das Klopfen des Herzens seines Freundes an seinem Bauch spüren, so heftig schien es zu schlagen. Zärtlich streichelte er über die weiche Haut an Garys Schultern. Sein Freund hob den Kopf und grinste träge. Jasper lächelte zurück und hielt ihn fest, als Gary Anstalten machte, sich aus ihm zurückzuziehen.

»Nur noch einen kleinen Moment, bitte«, flüsterte Jasper.

Gary schob seinen noch harten Penis wieder ganz in ihn, kuschelte eine kratzige Wange an seine Schulter und seufzte leise. Eng umschlungen blieben sie liegen, lauschten dem Klopfen ihrer Herzen. Als Gary plötzlich leise zu schnarchen begann, musste Jasper schmunzeln. Kurz darauf verteilte sich jedoch unangenehme Feuchtigkeit zwischen seinen Beinen. Er rollte seinen erschöpften Freund vorsichtig auf die Seite und inspizierte die Sauerei.

Gary bewegte sich und schlug die Augen auf. »Oh, tut mir leid«, sagte er leise und stemmte sich auf die Unterarme. »Bin ich eingeschlafen?«

»Ja, ist aber nicht schlimm«, versicherte Jasper, nahm sich ein Taschentuch vom Nachtschrank, fischte das Kondom von der Matratze und wickelte es darin ein. »Kommst du mit duschen?«, fragte er, als er aufgestanden war.

Gary griff nach seiner ausgestreckten Hand und zog ihn

blitzschnell zurück nach unten, sodass Jasper auf seiner Brust landete. »Ich liebe dich«, flüsterte er und hauchte ihm einen Kuss auf die Lippen.

Als sie ein paar Minuten später unter dem warmen Wasser standen, schmiegte Gary sich an Jaspers Brust. »Wie lange war Doreen denn vorhin schon da?«

»Nicht lange. So zehn Minuten«, antwortete Jasper und verteilte weiter Schaum auf dem Körper seines Freundes.

Er war ziemlich überrascht gewesen, als sie an seiner Tür geklingelt und tränenüberströmt vor ihm gestanden hatte. Unmöglich hätte er sie abweisen können und nachdem sie sich stammelnd bei ihm entschuldigt und ihm ihre Version der Geschichte erzählt hatte, hatte er sich eingestehen müssen, dass er sie mochte, auch wenn er natürlich nicht guthieß, was sie getan hatte. Dennoch hatte sie die Größe gehabt, sich zu entschuldigen und in gewisser Weise war er ihr auch dankbar, denn ohne sie stünde er jetzt kaum mit der Liebe seines Lebens unter der Dusche.

# ELFTES KAPITEL

Gary lud gerade die letzten Kartons aus dem Auto, das er sich von seiner Noch-Ehefrau geborgt hatte, und wollte sie in seine Wohnung tragen, als Jasper ihm auf der Treppe entgegengerannt kam.

»Ach, hier bist du!«, sagte er aufgeregt, während er zum Stehen kam.

Gary sah ihn überrascht an. »Ich hab dir heute Morgen doch erzählt, dass ich noch die restlichen Sachen hole. Was ist los? Ist was passiert?«

Jasper schüttelte den Kopf, dann schluckte er. »Ist es noch viel? Ich helfe mit Tragen, dann geht es schneller.«

»Halt!« Gary schnappte ihn am Arm, als sein Freund sich bereits umgewandt hatte. »Was verheimlichst du mir?« Sie waren jetzt seit drei Monaten ein Paar und mittlerweile kannte er Jasper gut genug, um zu wissen, wann er etwas auf dem Herzen hatte.

Sein Freund seufzte und sah über seine Schulter. »Lass uns erst schnell die Kartons holen, ja? Dann erzähle ich es dir.«

Widerwillig stimmt Gary zu. Als auch der letzte Rest

seines Hab und Guts den Weg in sein Wohnzimmer gefunden hatte, richtete Gary sich auf und sah sich zu Jasper um, der tief durchatmete und dann mit einem kleinen hellgrünen Zettel in der Hand auf ihn zukam.

»Wir haben sie gefunden.«

Augenblicklich wurde Garys Hals trocken und sein Herz begann, heftig zu hämmern.

»Sie wohnt einige Hundert Kilometer von hier in einer kleinen Stadt. Ich weiß nicht, ob es deine Heimatstadt ist, aber … hier.« Jasper drückte ihm den Zettel in die Hand und Gary musste all seinen Mut aufbringen, um das Papier aufzufalten und die Handschrift seines Freundes zu lesen.

Er schüttelte den Kopf. »Nein, das ist zwei Orte weiter.« Eine Telefonnummer stand unter der Anschrift und das Geburtsdatum. Es war tatsächlich im Mai, so wie er es in Erinnerung hatte.

Jasper trat hinter ihn und schlang die Arme um Garys Bauch. »Dein Herz rast ja«, bemerkte er leise.

»Mir ist richtig übel«, gab er zu, wobei ihm ein unkontrolliertes Lachen entwich. »Unglaublich. Danke.«

Einen Moment lang standen sie schweigend in seinem Wohnzimmer, umringt von Kartons und mit Blick auf den kleinen grünen Zettel in seiner Hand.

»Rufst du sie an oder wollen wir einfach mal hinfahren?«, fragte Jasper schließlich.

»Wie lange fahren wir da?«

»Sechs Stunden bestimmt.«

Das war zu weit, um mal eben hinzufahren. Und er wusste ja nicht mal, ob sie ihn erkennen, geschweige denn sehen wollen würde. »Dann rufe ich lieber an.«

»Ist gut.« Sein Freund nickte und gab ihm einen Kuss auf den Hals. »Du musst das nicht sofort machen«, wisperte er ihm ins Ohr.

»Ich möchte aber«, gab Gary zu. Er hatte so lange

darauf gewartet, seine kleine Schwester zurückzubekommen. Es verging kein Tag, an dem er nicht darüber nachdachte, was wohl aus ihr geworden war, wie es ihr ging. Beinahe automatisch ging seine Hand zu seiner Jeanstasche und er zog sein Handy hervor. Ein kurzer Blick auf das Display verriet ihm, dass der Akku noch halb voll war. Es war kurz nach fünf Uhr nachmittags, also wäre es vermutlich eine gute Zeit zum Telefonieren.

»Unglaublich«, flüsterte er ergriffen, als er langsam die Telefonnummer eintippte und sie vorsichtshalber noch mal kontrollierte, ehe er auf den Anrufbutton drückte.

Jaspers Arme schlossen sich kurz noch etwas fester um ihn, dann wollte er sich von ihm lösen, doch Gary hielt ihn fest und warf ihm einen flehenden Blick zu, sodass sein Freund nickte und ihn wieder an seine starke Brust zog.

»Finke, hallo!«, ertönte eine fröhliche weibliche Stimme aus dem Hörer. »Hallo? Wer ist denn da?«

Gary atmete tief ein. »Ähm … Ha–hallo, Bianka. Ich … ähm … Hier ist Gary. Ich meine Edgar. Finke. Ich … ich weiß nicht, ob du dich an mich erinnerst, aber ich bin dein –«

»Bruder?«

Für einen Moment herrschte Totenstille in der Leitung, während Gary sich zu sammeln versuchte.

»Ja«, brachte er schließlich krächzend hervor. »Hallo.«

»Hi«, antwortet seine Schwester offenbar ebenfalls überwältigt. »Du … du lebst?«

»Ja, natürlich lebe ich«, sagte er verwirrt. »Ich war nur –«

»Sie hat gesagt, du wärst bei einem Badeunfall ertrunken. Ich habe wochenlang geweint, immer wieder nach dir gefragt. Ich durfte nicht mit auf die Beerdigung, konnte es nicht verstehen, aber ich …«, schluchzte seine Schwester ins Telefon. »Sie hat mir verboten, über dich zu sprechen. Ich hatte immer solche Angst vor ihr«, fügte sie flüsternd hinzu. »Oh Gott, bist du es wirklich?«

»Ja«, versicherte er atemlos. »Ja, ich bin es. Und mir geht es gut. Sehr gut sogar. Gott, wenn ich das gewusst hätte … Es tut mir so leid.« Sein schlechtes Gewissen schlug heftig über ihm zusammen. Warum hatte er nicht früher nach ihr gesucht? Er hätte doch in seine Heimatstadt fahren, nach ihr suchen und sie sicher auch finden können. Nur dass er, als er es endlich von dort weggeschafft hatte, sich geschworen hatte, nie wieder einen Fuß in diese Stadt zu setzen.

»Mami, warum weinst du? Wer ist da dran?«, hörte er eine Mädchenstimme durch das Telefon fragen.

»Erzähle ich dir später, Schatz. Lässt du mich telefonieren und gehst kurz zu Papa, ja?«, antwortete Bianka leise.

»Ist gut.«

»Hast du eine Tochter?«, fragte Gary erstaunt.

»Ja. Ähm … ja. Sie ist zwölf und ein echter Wirbelwind.«

»Zwölf schon? Oh, wow.«

Jasper schien über den Themenwechsel beruhigt zu sein, denn er löste sich von ihm und zog ihn an der Hand sanft mit sich zum Sofa.

»Ja, wow.« Bianka schien noch immer überwältigt zu sein und Gary ging es nicht anders. »Sie war für uns alle eine Überraschung, genau wie ihr fünfjähriger Bruder.«

»Wie heißen sie denn?« Er war Onkel! Er konnte es noch gar nicht fassen.

»Emma und Nico«, antwortete seine Schwester. »Hast du … hast du auch Kinder?«

Er lachte. »Nein. Nein, ich bin schwul.«

»Oh. Ach so. Aber das ist doch kein Hindernis«, entgegnete sie fast schon empört.

Jasper schien sie gehört zu haben, denn er lachte leise und drückte Garys Hand.

»Ja, das stimmt wohl«, räumte er ein. »Aber ich möchte auch keine.«

Für einen Moment herrschte Stille, während er fieberhaft überlegte, was er sagen konnte. Eigentlich war er noch zu überwältigt davon, überhaupt mit seiner Schwester zu sprechen, um etwas Sinnvolles hervorzubringen.

»Wie hast du mich denn gefunden? Wo wohnst du überhaupt?«, ergriff sie wieder das Wort, wofür er dankbar war.

Gary seufzte. »Am anderen Ende des Landes, sechs Stunden von euch entfernt. Mein Freund hat deine Adresse und Telefonnummer rausgefunden. Er ist … war Personenschützer.«

»Oh, ein Bodyguard, wie cool«, staunte sie offenbar beeindruckt.

Jasper verdrehte die Augen, sagte jedoch nichts weiter dazu.

Gary grinste. »So ähnlich, ja. Was machst du denn beruflich?«

»Ich mache gerade meine Ausbildung zur Friseurin. Durch Emma und Nico habe ich einiges verpasst und musste erst meinen Schulabschluss nachholen und bin jetzt im zweiten Lehrjahr«, erzählte sie aufgeregt. »Und du?«

»Ich war bis vor Kurzem Lehrer am Gymnasium. Jetzt bin ich in der Erwachsenenbildung und unterrichte demnächst Personenschützer.«

»Klingt ja spannend«, fand sie, bevor sie seufzte. »Schade, dass du so weit weg bist, ich würde dich gern sehen und umarmen. Ich kann's echt noch nicht fassen, dass du … na ja, lebst. Wie konnte sie nur …«

Gary wusste nicht, ob er erzählen sollte, was damals vorgefallen war. So richtig bereit war er nicht dazu und er beschloss erst mal, es ihr nur zu erzählen, wenn sie ausdrücklich danach fragte.

Jasper schien seine Anspannung zu spüren, denn er legte ihm die Hand auf den Oberschenkel und drückte ihn kurz, während er ihm ein verständnisvolles Lächeln schenkte.

»Vielleicht können Jasper, mein Freund, und ich euch ja mal besuchen kommen«, schlug Gary vor. »Wenn du magst und es dir passt. Irgendwann mal. Vielleicht.«

»Das wäre toll«, flüsterte sie schniefend. »Geht es dir wirklich gut?«

»Ja.« Er lächelte. »Ja, es geht mir gut.«

»Das ist gut«, sagte sie mit brüchiger Stimme. »Ich bin ganz überwältigt.«

»Ich auch«, gab er zu, lehnte sich gegen Jaspers Schulter zurück, der sofort die Arme um ihn schloss. »Haben wir noch andere Geschwister?«, fragte er schließlich.

»Nein«, antwortet sie ein wenig gepresst. »Es … sind nur noch du und ich.«

»Oh.« Ein seltsamer Gefühlsbrei waberte durch Garys Körper. Er hatte immer gedacht, dass es ihm gleichgültig wäre, was aus seiner Mutter geworden war, aber das war es nicht. Er war … erleichtert. Scham überkam ihn und er versuchte dieses schreckliche Gefühl der Erleichterung zurückzudrängen, denn er wollte das nicht fühlen. Wenn es um seine Mutter ging, wollte er gar nichts fühlen. Nicht den Hass, nicht die Wut, nicht die Enttäuschung und schon gar nicht diese gemeine Erleichterung darüber, ihr nie wieder gegenübertreten zu müssen. Er weigerte sich, so ein Mensch zu sein. »Geht Emma denn gern zur Schule?«, fragte er, um sich abzulenken.

»Ähm, ja. Ja, sie geht gern. Mittlerweile. Sie hat zwischendurch die Schule gewechselt und musste sich etwas einfinden, aber jetzt fühlt sie sich wohl und geht gerne hin.«

Wieder breitete sich Schweigen aus.

»Bleiben wir in Kontakt, Gary?«, fragte sie schließlich leise.

Tränen stiegen ihm in die Augen. »Gott, ja bitte«, flüsterte er mit zitternder Stimme. »Ich hab dich doch gerade erst wiedergefunden.«

»Gut. Ich bin so froh, dass du mich gesucht hast. Richte deinem Freund meinen Dank aus, ja? Wie hast du gesagt, heißt er?«

»Jasper«, antwortete er und sah selbigen lächelnd an. »Er sitzt neben mir und hält meine Hand.«

Bianka schniefte leise. »Das ist schön. Ich möchte ihn kennenlernen. Und … dich auch. Ich kann mich kaum daran erinnern, wie du ausgesehen hast. Du warst noch ein Teenager, ja?«

Gary schluckte. »Fünfzehn.«

»Gott«, flüsterte sie offenbar erschüttert. »Erzählst du mir, was damals passiert ist?«

Verzweifelt versuchte er die Tränen wegzublinzeln, die erneut in seine Augen schossen. Erinnerungen durchfluteten ihn, als Bilder vor seinem inneren Auge aufflammten. Der Park, in dem er auf der Erde gekauert und hinter Büschen versteckt die Nächte verbracht hatte. Seinen Rucksack an sich gepresst und unendlich allein. Sein Schulgebäude, in dem er sich morgens auf der Toilette notdürftig gewaschen hatte. Die Mülltonnen hinter den Restaurants, in denen er nach Essen gesucht hatte. Das Gesicht seiner Mutter, so voller Hass und Abscheu, als sie ihn aus der Tür gestoßen und ihm die schrecklichsten Dinge angedroht hatte, sollte er jemals wieder in die Nähe ihres Hauses kommen.

Das Telefon wurde ihm aus der Hand genommen und

über ein Rauschen hinweg hörte er Jaspers Stimme, während dieser ihm in kreisenden Bewegungen über den Rücken streichelte.

»Das sage ich ihm«, sagte sein Freund. »Natürlich. Bis bald.«

Starke Arme schlangen sich um seinen Körper, zogen ihn an Jaspers breite Brust, während Tränen über Garys Wangen liefen und er unkontrolliert zu schluchzen begann. Wütend auf sich selbst, darauf, dass es ihm noch immer so naheging, krallte er sich in den Pullover seines Freundes, der ihn hielt, ihm beruhigende Worte ins Ohr flüsterte und für ihn da war.

Nur langsam beruhigte er sich, zwang sich, gleichmäßig zu atmen, tief Luft zu holen und wischte sich mit dem Handrücken über die Augen. »Was hast du mit ihr ausgemacht?«

»Dass sie in ihren Kalender guckt, wann es bei ihnen passt und wir sie dann besuchen fahren. Vielleicht können wir fliegen, dann sind wir nicht ganz so lange unterwegs«, antwortete Jasper und streichelte dabei über Garys Schultern und den Rücken. »Ich soll dir ausrichten, dass es ihr leidtut.«

»Sie kann ja nichts dafür«, flüsterte er. »Sie dachte, dass ich ertrunken bin. Unsere Mutter hat ihr das eingeredet.«

Jaspers Brust hob sich, als er scharf Luft in seine Lungen sog. »Das ist schrecklich. Ich kann nur ahnen, was gerade in euch vorgehen muss.«

Gary sah zu ihm auf. »Danke, dass du da bist.«

Jasper lächelte. »Ich habe es dir doch versprochen, Baby. Ich werde immer auf dich aufpassen, solange du mich lässt.«

»Das wird dann wohl ein Auftrag auf unbestimmte Zeit«, gab Gary zu bedenken. Sein Herz begann, laut in seiner Brust zu klopfen. Ein wenig Angst, dass Jasper ihn doch noch enttäuschen würde, hatte er noch, aber mittlerweile war da auch Vertrauen. Und ganz viel Liebe. »Und bezahlen kann ich dich nur in Küssen.«

Jasper grinste und drückte ihm ein Küsschen auf die Nase. »Der lukrativste Auftrag, den ich je angenommen habe.«

Gary lachte leise und legte die Wange auf Japsers Schulter ab. Fasziniert und ein wenig ehrfürchtig sah er in die blitzenden grünen Augen seines Freundes auf. Er konnte noch immer kaum fassen, dass er in Jaspers Armen lag.

Er war sich sicher gewesen, niemals jemanden zu finden, der ihn aufrichtig lieben würde und dem er vertrauen konnte.

Und dann hatte das Leben ihn eines Besseren belehrt und er musste zugeben, dass die größten Überraschungen manchmal die besten waren.

# EPILOG

*4 Jahre später*

Gary schloss die Augen und genoss die warme Sonne auf seiner Haut. Jaspers Hand streichelte sanft über seinen Bauch, während Gary seinen Kopf ein wenig auf der starken Brust hin und her schob, um eine bequeme Position zu finden.

»Hast du's bald?«, grummelte sein Freund.

»Deine Brust ist zu hart«, beschwerte er sich und rutschte stattdessen ein Stück hinunter auf Jaspers Bauch. Dort angekommen, schob er seinen Hintern rum und streckte die Beine aus, sodass sie nun in Form eines Ts auf der Decke lagen und Jasper seinen Bauch weiter streicheln konnte. »Das ist besser.«

»Mhm«, brummte sein Freund. »Stimmt.«

Lächelnd seufzte Gary zufrieden. Es kam selten vor, dass sie beide einen ganzen Nachmittag lang freihatten und da es heute so wunderbar warm war, hatten sie beschlossen, in den Park zu fahren und sich in die Sonne zu legen.

Jaspers Studio lief so gut, dass er kaum Zeit zum Luftholen hatte, auch wenn er immer versuchte, zumindest zum Abendessen zu Hause zu sein. Mittlerweile schrieben sie jedoch so gute Zahlen, dass er seit diesem Monat zwei Trainer mehr hatte einstellen können und Gary hoffte, dass sie jetzt mehr Zeit füreinander hätten.

Sie waren vor zweieinhalb Jahren zusammen in eine hübsche Wohnung in der Nähe von Jaspers Studio gezogen und es könnte nicht besser zwischen ihnen laufen. Zwar stritten sie hin und wieder wie jedes Paar, aber nie über etwas wirklich Ernstes. Eher darüber, wer vergessen hatte, den Müll rauszubringen oder das Bad zu putzen. Er musste zugeben, dass er immer noch einen Putzfimmel hatte und Jasper ihn mit seinem Hang zur Unordnung regelmäßig in den Wahnsinn trieb. Dafür motzte dieser, wenn Gary sonntags nicht aus dem Bett kam, sein Freund jedoch bereits seit Stunden Kohldampf schob.

Was die Arbeitszeit anging, sah es bei Gary auch nicht viel besser aus. Sein Job als Lehrer für die Personenschützer versprach zwar theoretisch geregelte Arbeitszeiten, aber irgendwie schaffte er es doch nie vor fünf aus dem Büro, da immer jemand in seinem Zimmer stand und die eine oder andere Frage hatte oder etwas näher erläutert haben wollte. Er hätte nie gedacht, dass ihm die Erwachsenenbildung derart viel Spaß machen würde, aber er war froh, dass er Alex' Jobangebot damals angenommen hatte.

»Ein Eis wäre jetzt schön«, murmelte Jasper nach einer Weile.

Gary nickte. »Holst du?«, fragte er hoffnungsvoll.

»Hm.«

Das hieß wohl eher nein. Aber er konnte es verstehen. Schließlich hatte er selbst auch keine große Lust, zu dem kleinen Kiosk am Parkeingang zu latschen und Eis zu holen, das auf dem Rückweg bereits schmelzen würde.

»Ich nehme zwei Kugeln Erdbeere«, versuchte er es trotzdem.

Jasper lachte leise, was seinen Bauch und somit auch Garys Kopf hüpfen ließ. »Ich geh gleich.«

»Eilt nicht«, versicherte er.

Synchron atmeten sie beide aus und genossen weiter den tollen Nachmittag. Er musste an seine Nichte und seinen Neffen denken, der der süßeste, frechste und liebenswerteste Wirbelwind war, den er je kennenlernen durfte. Seine Schwester wohnte noch immer viel zu weit weg, aber sie versuchten, sich zumindest zu den Geburtstagen, zu Weihnachten und wann immer sie es einrichten konnten, zu sehen. Er war Jasper noch immer unglaublich dankbar dafür, dass er Bianka ausfindig gemacht hatte. Und auch für alles andere.

Ein Schatten legte sich plötzlich über Garys Gesicht. Etwas genervt, weil die wärmende Sonne nun fehlte, öffnete er die Augen, um zu sehen, wer oder was da sein Sonnenbad störte.

Lennard stand neben der Decke und grinste ihnen entgegen. An der Hand hielt er ein Mädel, das etwas schüchtern dreinblickte. »Hi«, grüßte er.

»Geh aus der Sonne«, grummelte Jasper, ehe Gary den Gruß erwidern konnte.

Lennard lachte. »Nina, darf ich vorstellen, mein Bruderherz und sein Freund Gary.«

Der Kleine, der gar nicht mehr so klein war, hatte mittlerweile ein ganzes Stück an Größe und ein paar Muskeln zugelegt. Aus dem unsicheren Teenager war mittlerweile ein junger Mann geworden. In ein paar Wochen würde er sein Abitur in den Händen halten und anschließend ein Studium zum Lebensmitteltechniker an der Uni hier in der Stadt beginnen. Gary war furchtbar stolz auf Lennard, ebenso wie Jaspers Eltern und der große Bruder selbst.

Gary grinste, als er sich in eine sitzende Position aufrichtete und dem Mädel die Hand reichte. »Hallo. Von dir haben wir schon ein bisschen was gehört.« Lennard war seit einigen Wochen mit Nina zusammen und erzählte quasi ununterbrochen von ihr.

Sie bekam rote Wangen und warf einen verstohlenen Blick auf ihren Freund, der über das ganze Gesicht strahlte. »Ich hoffe, nur Gutes.«

»Natürlich«, versicherte Gary lächelnd.

Jasper hatte sich zwischenzeitig ebenfalls aufgesetzt und die Unterarme auf die angezogenen Knie gestützt. »Hallo, Nina. Nett, dich mal kennenzulernen«, begrüßte er sie nun und streckte ihr die Hand hin.

Sie schluckte sichtbar, dann nahm sie schüchtern seine Hand. »Hallo.«

Gary sah zu Lennard auf. »Habt ihr uns zufällig entdeckt oder gesucht?«

»Zufällig gesehen. Wir waren am Ententeich, aber die Viecher saßen die ganze Zeit nur im Schatten und haben sich nicht die Bohne für unser Brot interessiert«, erzählte er.

Nina kicherte. »Lenn hat sogar versucht, sie anzulocken, aber Tierstimmen zu imitieren ist nicht seine Stärke.«

Aus Jaspers Augen blitzte der Schalk. »Vielleicht keine Enten, aber du hättest ihn mal mit drei Jahren sehen müssen. Da hat er jedem Bauernhof Konkurrenz gemacht und mich und unsere Eltern mit seinem *Muh* und *Mäh* in den Wahnsinn getrieben.«

»Mann, Jasi«, stöhnte Lennard mit roten Wangen. »Hör nicht auf ihn. Das stimmt nicht.«

»Ich hab Videos davon«, offenbarte Jasper, woraufhin der kleine Bruder die Augen verdrehte.

Nina lächelte verlegen, traute sich aber offenbar nicht so richtig, Jasper anzusehen, was Gary irgendwie süß fand und ihn an sich selbst erinnerte. Es war ihm, bevor sie zusammengekommen waren, damals schließlich nicht viel anders ergangen, obwohl er sich sicher war, dass es bei ihr eher an Jaspers Statur und der Tatsache, dass er der große Bruder ihres Freundes war, lag.

»Und, habt ihr noch was Schönes vor?«, mischte er sich wieder ein.

Lennard nickte. »Wir wollen uns gleich ein Eis holen und dann in die Stadt gehen. Nina braucht noch Schuhe für den Abschlussball.« So ganz glücklich schien er mit der Aussicht auf einen Bummel durch Schuhläden nicht zu sein, aber offenbar wollte er seine Freundin nicht enttäuschen, die ihn dafür anhimmelte.

»Na, dann wünschen wir viel Erfolg«, meinte Jasper und lächelte Nina freundlich an, deren Wangen tiefrot anliefen.

»Danke«, antwortete sie kaum hörbar.

»Geht ihr Samstag irgendwohin?«, wollte Lennard wissen.

Gary zuckte mit den Schultern und sah seinen Freund an. »Bisher ist nichts geplant, oder?«

Jasper schien kurz zu überlegen, dann schüttelte er langsam den Kopf. »Nein, ich glaub nicht. Wieso?«

Lennard setzte seinen Hundeblick auf, was Gary eine ziemlich genaue Vorstellung von dem gab, was als Nächstes kommen würde. »Kann ich dein Auto haben?«, fragte Lennard auch prompt.

Jasper stöhnte genervt, denn sein Bruder hatte zwar seit über einem Jahr den Führerschein, aber eben kein eigenes Auto, sodass er ihn ständig danach fragte, wenn ihre Eltern ihr Auto nicht hergaben. »Von mir aus.«

»Du bist der Beste!«, versicherte Lennard strahlend.

»Ja, ja«, brummte Jasper. »Diesmal bringst du es aber mit mehr als drei Tropfen Sprit im Tank zurück.«

Sein Bruder nickte eilig. »Passiert nicht wieder.«

Gary grinste, als er Jaspers erwartungsvollen Blick

bemerkte, mit dem er Lennard ansah, der sichtbar schluckte. »Wie viel brauchst du?«, fragte Jasper seufzend, schließlich war es Ende des Monats und Lennard garantiert pleite.

»Hey, das klingt ja so, als würde ich mir ständig Geld von dir borgen«, beschwerte sich der Kleine trotzig.

»Borgen hieße, dass ich es wiedersehen würde«, murmelte Jasper, während er sein Portemonnaie aus der Tasche zog. »Reichen zehn für Eis und Getränke?«

Lennard grinste. »Auf jeden Fall! Danke schön.«

Jasper zog zwanzig Euro aus der Brieftasche und reichte sie seinem Bruder. »Ich nehme zwei Kugeln Vanille«, sagte er, dann wandte er sich zu Gary um. »Und zwei Kugeln Erdbeere für dich?«

Gary nickte begeistert, woraufhin Lennard mit einem leichten Schmollmund den Geldschein nahm.

»Den Rest kannst du behalten«, gab Jasper sich großzügig. »Aber sag's nicht Mama.«

Das ließ den Kleinen wieder strahlen. »Klasse. Willst du solange hier warten oder kommst du mit zum Kiosk?«, wandte er sich an seine Freundin.

»Ich komme mit«, versicherte sie sofort und sah dann Gary an. »Bis gleich.«

Gary lächelte, woraufhin sie kurz zu Jasper schielte, dann aber ihren Freund ansah, der nickte und mit ihr an der Hand zum Hauptweg lief.

»Hat sie Angst vor mir?«, fragte Jasper stirnrunzelnd.

Gary drückte ihn lachend auf die Decke zurück, um es sich wieder auf seinem Bauch bequem zu machen. »Ich glaub schon.«

Jasper schnaubte. »Ich tu doch keinem was.«

»Du wirkst aber nun mal ein wenig einschüchternd«, informierte er ihn und schloss erneut die Augen.

»Hm. Ich war doch nett zu ihr.«

Gary grinste nur.

»Etwa nicht?«, hakte Jasper grummelnd nach. »Ich hab sogar einen Witz gemacht.«

»Du hast deinen Bruder bloßgestellt«, korrigierte Gary amüsiert.

»Und *das* war witzig«, sagte Jasper mit offensichtlicher Belustigung in der Stimme. »Und nicht gelogen. Er ist wirklich wochenlang rumgerannt und hat jeden angemuht.«

Gary gluckste. »Trotzdem war das nicht nett. Er mag das Mädel offensichtlich.«

Jasper schnaubte. »Das haben wir bei diesem Florian auch gedacht.«

»Fabian.«

»Wie auch immer. Und wie lange hatte er den? Nicht mal drei Monate.«

»Er orientiert sich noch«, versuchte Gary seinem Freund nicht zum ersten Mal zu erklären.

Jasper schnaubte wieder. »Soll sich mal entscheiden.«

»Warum?«, fragte Gary überrascht. »Dann ist er halt bi, na und?«

»Das meinte ich doch nicht«, entgegnete Jasper und drückte kurz seinen Oberarm. »Ist mir gleich, wen er aufreißt, aber warum muss ich ständig Geld für seine Dates rausrücken? Er ist doch vorhin nur zu uns gekommen, weil er Geld für das Eis seiner neuen Freundin brauchte.«

Gary konnte sich das Lachen nicht verkneifen. »Ach komm, es ist bestimmt schon vier Wochen her, dass er dich angepumpt hat.«

»Ja, und *warum* ist das so?«, wollte Jasper herausfordernd wissen.

»Weil er sparsamer geworden ist?«

»Oder weil der Freund seines Bruders ihm mal wieder was zugesteckt hat?«, kam die offensichtlich rhetorische Frage zurück.

Gary grinste. »Wann wolltest du mir denn von ihm erzählen?«

Für einen Moment schwieg Jasper, dann rappelte er sich auf, sodass Gary den Kopf anhob und auf die Decke legte. »Von wem?«

»Deinem Freund«, antwortete er so ernst wie möglich, als er in Jaspers verwirrtes Gesicht sah, obwohl er keinerlei Zweifel an der Treue seines Freundes hatte. Jasper hatte ihm in den letzten viereinhalb Jahren jeden Tag aufs Neue gezeigt, dass es sich hin und wieder lohnte, zu vertrauen, und das tat Gary. »Der, der deinem Bruder heimlich Geld zusteckt. Vielleicht hat er ja auch was für mich übrig.«

Jasper verdrehte die Augen. »Was soll ich mit dir Scherzkeks bloß noch machen, hm?«

»Küssen?«

Jasper lachte, dann beugte er sich zu ihm runter und drückte ihm einen flüchtigen Kuss auf die Lippen. Als er sich von ihm lösen wollte, legte Gary eine Hand auf Jaspers Hinterkopf und zog ihn zurück. Jasper rutschte ein Stück auf der Decke runter, sodass er neben ihm lag, eine Hand auf seine Hüfte legte und dann zärtlich seine Zunge in Garys Mund schob und den Kuss vertiefte.

»Hier, euer Eis. Schmilzt schon«, wurden sie unterbrochen.

Gary sah auf, als Jasper sich zu Nina, die sichtlich verlegen auf ihr Eis starrte, und seinem Bruder umwandte und ihm die Eistüten abnahm. »Danke.«

»So, wir gehen dann. Viel Spaß noch.«

Gary nickte. »Bis Samstag.« Er nahm Jasper die Waffel mit Erdbeereis aus der Hand und leckte eilig ein paar Tropfen weg, die bereits daran entlangliefen.

Lennard und Nina winkten, dann gingen sie wieder.

»Ach verdammt. Hast du Taschentücher dabei?«, wollte Jasper wissen.

»Nein.« Gary sah auf. Dann brach er in Gelächter aus, denn quer über Jaspers rechte Wange zog sich eine hellgelbe Vanillespur und auch an seiner Nasenspitze und dem Kinn klebten dicke Tropfen geschmolzenen Eises. »Wie siehst du denn aus?«

»Ich kann gar nicht so schnell lecken, wie es tropft!«, beschwerte sich Jasper, woraufhin Gary den Kopf in den Nacken warf und lauthals lachte. »Du weißt genau, wie ich das meine«, beschwerte Jasper sich, konnte ein Grinsen aber offenbar nicht unterdrücken.

Gary lachte noch lauter. »Aber nur, weil ich weiß, dass das in deinem Gesicht da Vanilleeis ist.«

Sein Freund schüttelte leise lachend den Kopf, dann deutete er auf Garys Eis, das ihm bereits über die Finger lief. »Du tropfst, Scherzkeks.«

Eilig steckte er sich die Finger in den Mund, während er das Eis in seiner anderen Hand drehte und wendete, damit nicht noch mehr daran herunterlief.

»Steh auf, wir gehen nach Hause«, sagte Jasper plötzlich mit heiserer Stimme, während er bereits von der Decke gesprungen war und daran zog.

Überrascht sah Gary auf. »Wir gehen schon?« Er blickte wieder auf sein Eis, das immer schneller schmolz, und leckte eilig ein paarmal an dem kläglichen Rest seiner zwei Kugeln entlang, woraufhin Jasper erneut an der Decke zerrte.

»Oh Mann, Baby, du machst mich wahnsinnig. Steh schon auf!«

*Ach, so war das also!* Grinsend sah Gary seinen Freund an. Dann leckte er genüsslich eine Runde rund um die Kugeln.

Jasper, der sich übrigens noch immer davor drückte, sich tätowieren zu lassen, knurrte leise. »Los jetzt, Gary.«

Garys Blick fiel auf die deutliche Beule in Jaspers Jeansshorts. »Also wirklich, Sweetheart«, tadelte er, während er sich langsam erhob. »Wir sind hier in der Öffentlichkeit.«

Jasper knüllte eilig die Decke zusammen und hielt sie sich vor den Schritt. »Wenn du nicht so sexy dein Eis lecken würdest, könnte ich jetzt auch vernünftig laufen, statt zu watscheln«, zischte er, noch immer im ganzen Gesicht mit Eis beschmiert.

Gary hielt ihn am Arm fest, nahm einen Zipfel der Decke und wischte ihm so gut es eben ging Wange, Nase und Kinn sauber. »Ich liebe dich«, sagte er zärtlich, während er tief in die dunkelgrünen, funkelnden Augen seines Freundes sah.

»Ich liebe dich auch, Baby.« Jasper lächelte liebevoll und gab ihm ein Küsschen auf die Nasenspitze. »Und jetzt iss dein Eis und komm!«

Ende

# ÜBER DIE AUTORIN

Jessica Martin, geboren 1984 in einer Kleinstadt im Harzvorland, lebt mit ihrem Mann und zwei Kindern im Herzen Sachsen-Anhalts. Die Liebe zum Lesen begleitet sie bereits seit frühester Jugend, doch erst im zarten Alter von 29 Jahren entdeckte sie die Freude am Schreiben. Seitdem trifft man sie in jeder (vermeintlich) unbeobachteten Minute, bewaffnet mit Laptop, zur Not auch Kugelschreiber und Notizbuch sowie einer ordentlichen Dosis Koffein, an, um ihre Geschichten aufzuschreiben. Ihre hartnäckigen, manchmal sturköpfigen, aber immer liebenswerten Protagonisten, die von der großen Liebe erzählen, müssen einfach zu Wort kommen.

## BÜCHER VON JESSICA MARTIN

### TI AMO - UNGLEICH & PERFEKT

*Gegensätze ziehen sich an – oder bringen einen an den Rand des Wahnsinns.*

Sachbearbeiter Finn Beer verliert nicht mehr Worte als notwendig. Gute Bücher und eine aufgeräumte Wohnung sind ihm wichtig. Im Gegensatz zu seinem neuen Mitbewohner und Kollegen Erik.

Informatiker Erik Stiller hinterlässt überall Chaos, redet viel und oft in den unpassendsten Momenten. Nicht mal die blank liegenden Nerven seines Mitbewohners können ihn drosseln.

Doch mit der Zeit bringen italienisches Essen, eine gemeinsame Phobie und schwierige Vergangenheiten sie einander näher. Um aus ungleich jedoch perfekt werden lassen zu können, bedarf es schließlich der richtigen Worte zur richtigen Zeit.

## BÜCHER VOM MAIN VERLAG

### DAS HERZ DES NUSSKNACKERS VON CALLI HALL

Alle Jahre wieder sieht Patrick einem einsamen Weihnachtsabend entgegen. Einziges Highlight ist das alljährliche Weihnachtsgeschenk seines Onkels. Doch dieses Jahr wird unerwartet alles anders.

Eine magische Weihnachtsromanze.

## Hugs & Fucks Memories von Juli D. Finn

Sie sind ein charismatisches Duo Infernale und zusammen unschlagbar.

Josh und Maddy sind einfach geborene Rahmensprenger. In kleinen, wundervollen Anekdoten erzählen uns die beiden von ihren legendären Abenteuern an der UCLA. Dabei vergisst zumindest Josh sehr gern, dass Maddy vergeben ist.

Nach Joshs Bibel kommen nun die Memories. 100 % Josh & Maddy in einem Buch!